대한민국 말하기 고과서

김미경의
아트 스피치

대한민국 말하기 교과서

김미경의
아트 스피치

• 김미경 지음 •

얼마 전 출판기념회 때 김미경 원장에게 서평을 말해달라고 부탁한 적이 있었다. 그런데 내용이 어찌나 감동적이던지 '아트 스피치란 이런 것이구나.' 하는 생각이 들었다. 우리 회사 리더들도 김 원장의 아트 스피치 과정에 등록해 스피치 코칭을 받고 있다. 리더로서 최고의 경쟁력은 남을 설득하는 능력이기 때문이다. 조직원에게 감동과 영향력을 주는 리더이고 싶다면? 이 책을 읽어라!

_이승한(홈플러스 회장)

얼마 전 EBS CEO 특강에 출연해 강의를 해달라는 요청을 받았다. 1시간 동안의 TV 강연이라니 눈앞이 감감했다. 그때 바로 강연의 달인 김미경 원장을 찾았다. 몇 차례의 코칭 끝에 '세상에서 가장 행복한 CEO'란 주제로 녹화를 무사히 마쳤다. 그 후 강연 요청이 쇄도해 새로운 인생을 살고 있다. 스피치를 아는 순간 당신의 인생도 새로운 도전으로 가득 차게 될 것이다.

_이혁병(ADT 캡스 회장)

MBC 희망특강「파랑새」에서 김미경 원장이 나에 대해 강의한 적이 있었다. 나는 방송을 보고 난 뒤 그녀에게 바로 전화를 걸었다. "세상에, 어떻게 저보다 더 저를 잘 아세요?" 남이섬이 피터팬 경영에 성공한 이유를 '강우현식 성공 기법'으로 분석하는 모습을 보며 관찰력이 대단하다는 생각이 들었다. 그러면서도 어쩌면 그렇게 쉽고 편안하게 얘기하는지. 나는 그녀의 얘기에 저절로 빠져들었다. 김미경 원장이야말로 설득의 마술사다.

_강우현(남이섬 대표)

나도 책을 내고 강연을 하는 사람이지만 늘 김미경 원장의 강의를 볼 때마다 감탄을 하곤 한다. 어쩌면 그렇게 적절한 에피소드를 활용해 어려운 논리도 쉽게 풀어 가는지 놀라울 뿐이다. 특히 자신의 살아온 이야기를 콘텐츠 속에 녹여 구수하게 풀어낼 때면 정신없이 빠져들다가 나중에는 무릎을 탁 치며 깨닫게 한다. 독자들 역시 이 책에 푹 빠져들다 마지막 장을 넘길 때 커다란 느낌표 하나를 갖게 될 것이다.

_조서환(세라젬 헬스 앤 뷰티 대표)

정치인들에게 스피치는 생명과도 같다. 특히 선거 때는 짧은 시간 안에 대중을 설득시켜야 한다. 그런데 우리의 현실은 목청 높여 소리 지르는 수준에 머물러 있다. 그런 면에서 김미경 원장은 참으로 소중한 존재다. 마치 오바마처럼 정치 스피치에 내용을 담아 대중의 마음을 움직이는 방법을 제대로 코칭하고 있기 때문이다. 그녀 덕분에 우리나라 정치인들의 스피치도 한 단계 업그레이드되고 있다.

_고승덕(국회의원)

CEO는 스피치를 통해 강력한 파워를 갖는다. 스피치는 특히 회사의 비전을 제시하고 수천 명의 직원을 이끌어가는 데 있어서 절대적이다. 그러나 스피치는 잘못 말하면 잔소리가 될 수 있다. 나는 다행히도 김미경 원장을 만나 잔소리가 아닌 감동적인 콘텐츠 스피치를 하는 법을 배웠다. 이 책에는 그런 김미경 원장의 노하우가 자세히 담겨 있다. 직원들의 가슴을 불지르고 싶은 CEO들에게 일독을 권한다.

_이경하(중외제약 부회장)

내가 MC를 맡고 있는 프로에 김미경 원장이 강연을 하러 와서 알게 됐다. 그때 충청도 사투리를 어찌나 구수하게 구사하는지 홀딱 반하고 말았다. 나는 김미경 원장에게 반해 "미경 씨, 우리 엄마가 충청도여."란 말 한 마디로 동생으로 만들었다. 그때부터 친하게 지내다가 최근 들어 개인 코칭까지 받고 있다. 예능 프로에 출연했을 때 에피소드로 사람들을 웃기고 울리는 법을 배우기 위해서다. 나는 말로 먹고 사는 방송인들의 선생님 노릇을 하는 충청도 동생, 김미경 원장이 늘 자랑스럽다.

_임예진(방송인)

몇 년 전 김미경 원장이 법무부 직원들 앞에서 양성평등에 대해 강의한 적이 있었다. 보수적이고 딱딱한 검사와 직원들이 한참 웃다가 마지막에는 스스로를 돌아보는 시간까지 가졌다. 나는 그때부터 김 원장의 열렬한 팬이 됐다. 법조인은 그 누구도 적으로 만들지 않으면서 짧은 말 한 마디로 판사, 배심원, 사건 관계인들을 잘 설득해야 한다. 갈수록 설득 스피치가 중요해지고 있는 시점에 이런 책이 나와 무척 반갑다. 우리 법조인들의 필독 도서로 널리 읽히길 희망한다.

_문성우(전 법무부 차관/법무법인 바른 대표)

나는 김미경 원장의 강의를 옆에서 지켜볼 때마다 입을 떡 벌리곤 한다. 똑같은 내용도 에피소드를 통해서 재미, 감동, 해답을 제시하기 때문이다. 김 원장의 강연은 한 마디로 '스피치 명품'이다. 사실 몰래 메모한 적도 많다. 함께 녹화하는 날이면 얼마나 설레고 기대가 되는지 모른다. 사람은 책에서 글로 배우는 것도 많지만 쉽게 배우는 것으로는 말을 따라갈 수 없다. 이제 대세는 스피치다. 성공을 꿈꾸는 젊은이들일수록 '스펙'에 매달리기보다는 나를 제대로 표현하고 주변 사람을 설득하는 스피치 실력을 키워야 한다. 그 첫걸음을 내딛는 모든 이들에게 이 책을 권하고 싶다.

_김태원(강사/구글코리아 대리)

세상에는 두 종류의 CEO가 있다. A-B-A'를 아는 CEO와 모르는 CEO이다. 나를 비롯한 아트 스피치 최고경영자 과정을 졸업한 원우들은 요즘 후자의 스피치를 들을 때마다 묘한 버릇 하나가 생겼다. 머릿속에 A-B-A'를 그려놓고 '나라면 저 얘기를 이렇게 할 텐데.' 라고 재구성하는 것이다. 이 모든 것을 가르친 사람은 CEO들의 영원한 스피치 스승 김미경 원장이다. 벌써 아트 스피치가 6기로 접어들고 있다. 대한민국 모든 CEO가 A-B-A'로 스피치를 하는 그날까지 아트 스피치는 계속돼야 한다. 죽~.

_이경준(IBK 투자증권 고문)

나는 김미경 원장을 MBC 「기분 좋은 날」을 통해 만났다. 나는 김 원장에게 인간적으로도 강연자로도 최고의 점수를 주고 싶다. 특히 녹화장에서 청중을 울리고 웃기는 그녀의 카리스마는 옆에서 봐도 입이 떡 벌어질 정도다. 김미경 원장의 얘기를 듣다 보면 마치 한 편의 스펙터클한 영화를 본 듯한 느낌이 들곤 한다. 이 책을 통해 대한민국 국민 모두가 재미, 흥미, 의미가 담뿍 담긴 스피치를 신나게 즐기는 그날이 하루 빨리 오기를 소망한다.

_이재용(아나운서)

나는 「김미화의 U」를 진행하면서 김미경 원장을 처음 만났다. 나는 김 원장이 태어날 때부터 '말'을 맛있게 요리하는 천부적인 재능이 있는 사람인 줄 알았다. 그런데 그녀의 말을 들어보니 부단한 노력으로 말솜씨를 늘렸단다. 이 책을 다 읽으면 나도 김 원장처럼 구수하게 누군가의 친구가 될 수 있으리라. '말'로써 세상을 조금씩 변화시키고 있는 김 원장에게 큰 응원을 보낸다.

_김미화(방송인)

김미경 원장은 콘텐츠의 귀재다. 나는 항상 누군가의 희망이 되고 싶었다. 그래서 나는 내 인생과 철학을 체계적이면서도 보다 더 간단명료하게 표현하고자 노력해왔다. 그러던 차에 김미경 원장이 '서진규의 셀프 리더십'이라는 주제로 '드라마보다 더 드라마틱하다'고 할 만큼 복잡한 내 인생을 6단계로 나눠 간단명료하게 설명하는 것을 보고 놀랐다. 나는 내 성공의 히스토리를 타인의 삶을 변화시킬 수 있는 또 다른 모습의 콘텐츠로 재탄생시켜준 김 원장에게 진심으로 감사드린다.

_서진규(희망연구소 소장)

애를 넷 낳고 보니 어느 날, 출산 홍보대사가 돼 있었다. 여대생들에게 애 많이 낳자는 강연을 해달라고 하는데 대략 난감했다. 개그는 길어봐야 1분인데 나보고 1시간 동안이나 혼자 떠들라니. 결국 방송을 하면서 알고 지냈던 김미경 원장을 찾아가서 매달렸다. 과연 그녀는 '스신(스피치의 신)'이었다. 몇 시간 내 이야기를 듣더니 1시간짜리 강의 구성안을 뚝딱 만들어내는 게 아닌가. 길게 말하고 싶은 사람은 김미경 원장을 찾아가보라. 한방에 해결될 것이다.

_김지선(개그우먼)

아트 스피치 김미경 원장이 드디어 책을 냈다니 반가울 뿐이다. 나는 변호사로 일할 때나 대변인으로 활동할 때나 항상 화두는 '소통'이었다. 소송부터 성명 발표, 연설, TV 토론까지 모든 스피치는 설득과 소통을 위한 것이기 때문이다. 김미경 원장이 전하는 설득의 비밀. 이 책을 통해 대한민국이 더욱 소통이 잘 되는 나라가 되기를 기대해본다.

_조윤선(국회의원)

스피치는 사람의 영혼을 감동시키고 설득하는 일이다

스피치는 과학이다

불후의 명곡은 과학적이다. 모차르트나 베토벤의 교향곡이 사람의 감성을 울리는 것은 철저히 과학적인 구조를 갖고 있기 때문이다. 음표와 악상기호 등 음악의 모든 요소들이 마치 잘 계산된 수학 공식처럼 조화를 이루면서 사람을 감동시킨다. 리듬만 있어도 가락만 있어도 부족하다.

스피치도 마찬가지다. 스피치는 임기응변력이나 타고난 재능만으로 되는 것이 아니다. 웅변 학원이나 아나운서 학원에 가서 소리를 지르거나 발음 연습을 한다고 되는 것도 아니다. 스피치는 사람의 영혼을 감동시키고 설득하는 일이다. 당연히 그만큼의 노력이 필요하다.

음악이 리듬, 가락, 화성 등의 요소로 이루어진다면 스피치는 콘텐츠, 채색, 몸짓 언어, 청중, 공간 언어 등으로 이루어진다. 오바마의 스피치가 미국인들의 심금을 울렸던 것도 이 5가지가 완벽히 어우러졌기 때문이다.

콘텐츠는 좋은데 말에 강약이 없거나 제스처가 단조롭다면 청중의 귀에 제대로 들리지 않는다. 콘텐츠나 몸짓 언어가 괜찮아도 청중과 호흡하지 못하면 말짱 도루묵이다. 따라서 스피치를 제대로 하려면 스피치를 구성하는 각각의 요소와 법칙에 대해 철저히 배우고 익혀야 한다. 다시 말해 스피치는 제대로만 배우면 누구나 잘할 수 있다.

지금까지 우리가 스피치를 '배운다고 되겠냐'며 지레 포기했던 이유는 '과학'으로 접근하지 않았기 때문이다. 발음과 발성 외에는 무엇을 어떻게 배워야 할지 제대로 된 커리큘럼조차 없었다.

나 역시 마찬가지였다. 내가 왜 말을 잘하는지 몰랐고 생각조차 해보지 않았다. 그러나 돌이켜 생각해 보니 나는 스피치를 마치 음악을 하듯 해왔다.

나는 전공인 작곡을 살려 A-B-A'라는 음악의 기본구조를 스피치에 대입했고 각종 악상기호들을 넣어 스피치에 셈여림을 주었다. 오케스트라 지휘자처럼 청중을 콘서트 관객 대하듯했고 콘텐츠에 맞춰 몸을 움직였다. 스피치는 음악과 닮은 점이 너무 많았다.

아트 스피치는 그렇게 만들어졌고 점차 커리큘럼으로 체계화됐고 CEO 과정과 실무자 과정 등을 통해 지금까지 수백 명의 졸업생을 배출하며 최고의 스피치 아카데미로 성장했다.

이 책은 아트 스피치의 모든 원리와 노하우를 담은 교과서임과 동시에 국민 강사로 성공하기까지 파란만장했던 성장기를 담은 나의 '스피치 자서전'이기도 하다.

스피치는 예술이다

아직도 많은 사람들이 스피치를 웅변으로 착각한다. 자신의 생각을 정확한 발음과 큰 목소리로 청중에게 '잘 전달하는 것' 정도로 여긴다. 그러다 보니 막히지 않고 술술 말하면 말 잘하는 사람으로 통한다. 그러나 이제는 기준 자체가 달라져야 한다.

스피치는 진실한 콘텐츠의 힘으로 내 삶을 표현하는 것이다. 그러므로 가장 중요한 것은 내가 갖고 있는 콘텐츠 중에서 할 말을 뽑아내 정리하는 일이다. 제대로 된 스피치는 사람의 마음을 움직이고 타인

에게 좋은 영향을 미친다. 할 말이 없는 사람은 아무리 발음과 발성이 훌륭해도 귀를 닫게 만든다.

아트 스피치가 여타의 화술 교육과 다른 것도 바로 이 지점이다. 아트 스피치는 콘텐츠 만드는 법을 집중적으로 다룬다. 콘텐츠는 개인마다 제각각이다. 하지만 청중을 감동하게 만들고 설득하는 법칙은 몇 가지로 압축된다. 이 책에서는 콘텐츠 찾기부터 구조, 설계, 에피소드 구성법까지 자세히 설명했다.

그 다음은 나와 소통할 대상인 청중에 대한 이해가 필요하다. 그러나 많은 스피커들이 콘텐츠만 들고 연단에 서곤 한다. 청중을 제대로 파악하지 않은 채 준비해간 이야기만 줄줄이 늘어놓는다.

그러나 청중이 빠진 스피치는 무조건 실패다. 말을 할수록 청중과 더 멀어지기 쉽다. 나 역시 뼈저린 실패를 맛보았고 이를 토대로 청중의 특성을 파악하는 법과 청중 속으로 들어가는 법을 깨달았다. 나아가 청중의 눈빛을 읽고 그들의 가슴속 이야기를 즉석에서 대신해줄 정도의 공감능력도 키웠다.

콘텐츠 작성법과 청중 이해가 됐다면 이제는 무한서비스 정신으로 무장해야 한다. 스피치에서 말이란 내가 한 말이 아니라 청중의 귀에 들린 말이다.

나는 말의 전달력을 높이는 법칙을 음악에서 찾았다. 셈여림, 장단,

감정을 실어서 행진곡처럼 강하게 설득하기나 빠르게 몰아치듯이 말하기 등은 악상기호와 같다.

실제 아트 스피치에서 악상기호를 활용해봤다. 점점 강하게인 크레센도, 점점 빠르게인 아첼레란도, 잠깐 멈춤인 수비토파우제 등을 대입해서 코칭을 해봤더니 이전과 완전히 달라졌다. 웅변 스피치에서 설득 공감 스피치로 업그레이드됐다. 스피치에 채색을 입힌 셈이다. 아트 스피치에서만 찾아볼 수 있는 차별화된 교육 콘텐츠다.

청중에게 잘 들리게 말하려면 몸짓 언어도 마스터해야 한다. 아이들이 동요에 딱 맞는 춤을 추면 가사가 더 잘 들리듯 몸짓 언어가 들어가면 콘텐츠 파워가 엄청나게 커지기 때문이다. 몸짓 언어는 단순히 손동작에서 끝나지 않는다. 눈빛, 표정, 허리, 어깨, 상체 등 움직이는 모든 것들이 포함된다.

또한 청중과 소통을 원활하게 하기 위한 최적의 공간 세팅도 빼놓을 수 없다.

스피치의 구성 요소인 콘텐츠, 채색, 몸짓 언어, 청중, 공간, 언어가 모두 일정한 수준에 올라 완벽한 조화를 이룰 때 비로소 말은 예술이 된다. 아름다운 음악처럼 사람의 마음을 울리게 된다. 세계적인 스피치의 대가들 역시 누가 가르쳐주지 않아도 다들 이렇게 해왔다. 다만 지금까지는 발음과 발성 외에 스피치의 세부적인 법칙을 찾아내고

이를 교육하고 매뉴얼화한 사람이 없었을 뿐이다.

갈수록 말이 중요한 시대가 되고 있다. 말이 권력구조에서 자유로워질수록 소통 능력이 중요시되기 때문이다. 요즘에는 초등학생과 대학생들까지 스피치 리더십에 목말라한다. 프레젠테이션에 목숨을 거는 직장인들도 많다. 하지만 안타깝게도 기존의 스피치 교육은 지엽적인 발음과 발성교육에 그친다.

스피치에서 가장 중요한 것은 발음이 아닌 콘텐츠다. 아무리 사투리가 심하고 혀가 짧아도 들을 만한 말이면 청중은 다 듣게 돼 있다. 스피치는 다양한 요소로 완성된다. 따라서 할 말만 있다면 한두 가지 요소로도 청중을 감동시킬 수 있다.

누구나 이 책에 나온 대로 스피치 훈련을 한다면 큰 성과를 거둘 것이다. 기억하자. 스피치는 과학이다. 과학적 훈련에 열정이 보태질 때 당신도 오바마 못지않은 '아트 스피커'로 거듭날 것이다.

CONTENTS ● ● ● ● ● ● ●

Part 2 Contents Speech 콘텐츠 스피치

Part 3 Sympathy Speech 공감 스피치

Part 4 Music Speech 뮤직 스피치

Part 5 Visual Speech 비주얼 스피치

Part 6 Standing Speech 스탠딩 스피치

말의 본질은 결코 번지르르함에 있지 않다.
자신의 마음을 전해 남의 마음을 움직이는 것이 소통의 기본이다.
그러려면 진실한 콘텐츠의 힘이 필요하다.
스피치에 농익은 철학과 경험이 들어가야 비로소 내 말이 된다.

Part 1
Power Speech
파워 스피치

OI 스피치에 대한 편견을 깨자

세상만사 모두 스피치로 통한다

한국인들치고 스피치에 자신 있는 사람이 드물다. 한국인들은 외국인들이 토론이나 프레젠테이션 잘하는 걸 보면 이렇게 말한다.

"어릴 때부터 말하는 법을 배우니 당연히 잘하지."

한국인들은 외국인들에 비해 설득력, 협상력, 표현력 등이 모두 떨어진다. 그 이유도 잘 안다. 우리를 둘러싼 환경이 결코 말하는 문화나 토론하는 문화가 아니기 때문이다.

예전에는 집안에서 애들이 말하면 '말대답'으로 간주됐다. 부모가 야단칠 때는 말없이 듣고 있어야만 했다. 밥상 앞에서도 조용히 밥만 먹어야 했다. 학교에서는 어땠나? 지금이야 발표력을 중요시 여기지만 그전에는 선생님에게 질문하기도 쉽지 않았다. 조금 엉뚱한 걸 물어보기라도 하면 어김없이 혼났다. 선생님과 다른 의견을 말하는 건 시건방진 행동이었다. 그러니 선생님과 토론을 한다는 건 꿈도 꾸지 못할 일이었다. 그런 분위기는 대학에서도 계속 이어졌다. 한 마디로 교수는 말하는 사람이었고 학생은 듣는 사람이었다.

우리가 사회에 첫발을 내딛기까지 스피치에 대해 배운 건 하나였다. 침묵은 금이고 웅변은 은이고 말 많은 건 '똥값'이다.

"어디서 말대답인가?" "말이면 단 줄 알아?" "어이구 말이나 못하면……." "하여간 말은 많아 가지고." "말 잘하면 다 사기꾼이야."

우리는 어릴 때부터 이런 말들을 귀에 못이 박이도록 들어왔다.

그렇지만 사회에 나오니 이게 웬일인가? 상황이 완전히 달라진다. 말을 못하면 바보 취급을 당한다. 말 값이 몸 값이다. 해외 바이어 앞에서 프레젠테이션을 할 때도, 예산을 따기 위해 상사를 설득할 때도, 팀별 토론을 할 때도 스피치가 관건이 돼버렸다. 후배들은 중요한 순간마다 스피치로 기회를 잡아 승승장구한다. 그럴 때마다 속에서 울화가 치밀 지경이다.

'진즉에 스피치 학원이라도 다닐걸…….'

스피치는 무조건 배우면 된다

사람들은 스피치 교육의 필요성을 인정하면서도 그냥 포기하고 산다. 그 이유는 두 가지다.

첫째 이유는 스피치가 배워서 될 게 아니라고 생각하기 때문이다.

"말이 어디 배운다고 되나요? 타고나는 거죠. 전 포기했어요."

"말을 잘하려면 사람들 앞에 나서는 걸 좋아해야 하는데 전 소심해서 안 돼요."

말 못해서 당하는 설움을 이야기하다가도 막상 말을 배우라고 하면 다들 고개를 젓는다. 그러나 내가 현장에서 스피치를 가르치면서 얻은 결론은 조금 다르다. 스피치는 무조건 배우면 된다.

1여 년 전 전직 장관 한 분이 찾아왔다. 퇴직 후 강연 청탁을 많이 받는데 강연을 제대로 해보고 싶다고 했다. 그런데 표정이 떨떠름했다. 알고 보니 아내의 성화 때문에 억지로 온 것이었다.

"여기 오기 전 집사람한테 짜증을 많이 냈어요. 제가 말을 못하는 사람도 아니고 그렇다고 아나운서처럼 할 것도 아닌데 뭘 이렇게까지……."

그분은 스피치를 배운다는 것 자체를 창피하게 생각했다. 내가 장관까지 한 사람인데 그깟 말 좀 하는 게 뭐가 어렵겠냐는 식이었다. 일단 스튜디오로 가서 평소에 하던 스피치를 해보라고 했다.

역시나 그분은 처음부터 끝까지 '장관답게' 말했다. 말하는 투가 '제가 적극적으로 정책을 검토해 열심히 노력해서 큰 성과를 드리겠습니다'라는 식의 전형적인 공무원 스타일이었다.

공직자나 CEO들의 스피치는 크게 두 종류로 나뉜다. 하나는 부하 직원인 대리나 과장이 써준 원고를 그대로 읽는 타입이다. 또 하나는 생각나는 대로 두서없이 말하는 타입이다. 둘 다 준비하지 않기는 마찬가지다. 청중의 반응은 당연히 시원찮다. 그러나 부하 직원들이 이들의 눈과 귀를 가린다.

"장관님! 오늘 연설도 정말 감동적이었습니다. 역시 대단하십니다!"

주변에서 그러면 정말 그런 줄 안다. 그분도 마찬가지였다. 그러나 '현역'이 아닌 '전직' 신분으로 강연에 나서니 청중이 시큰둥한 반응을 보여 여간 당혹스럽지 않았다고 한다.

스피치는 진짜 하고 싶은 이야기를 하는 거다

"사람들에게 정말 하고 싶은 이야기는 무엇이죠?"

그제야 그분이 자기의 속내를 말하기 시작했다. 장관 시절 새벽에 집에서 청사까지 걸어가며 야당 반대로 추진이 불투명해진 정책에 대해 고민했던 이야기며 새로운 아이디어를 얻어 위기를 돌파한 이야기 등 진솔한 에피소드들이 쏟아져 나왔다. 나는 그분의 이야기에 정신없이 빠져들었다.

"방금 하신 이야기를 강연장에서 꼭 하세요. 머리에 쏙쏙 들어오거든요."

"네? 그래도 될까요?"

"지금까지 들고 다니던 A4 10장짜리 연설문은 휴지통에 버리고 진짜 하고 싶은 이야기를 하세요. 그게 바로 스피치예요."

그분은 지금까지 자신이 한 말이 '말이 아니었다'는 사실을 깨달았다. 그는 A4 10장에 달하는 글을 사람들 앞에서 그저 읽었을 따름

이다. 어릴 때부터 말을 어떻게 해야 하는지 배운 적 없는 대다수 사람들은 말을 위한 원고가 아니라 글을 위한 원고를 쓴다. 딱딱한 보고서 같은 원고에 얼굴을 파묻고 중얼중얼 읽는 모습은 초등학교 국어시간을 연상시킨다.

그런 스피치에 소통, 설득, 공감이 있을 리 없다. 스피치할 때 가장 중요한 요소는 말 잘하는 방법이 아니라 하고 싶은 말을 자연스럽게 전달하는 능력이다. 공식적인 회의에서도 주눅 들지 말고 친구랑 밤새 수다 떨듯이 할 말을 할 수 있어야 한다.

나는 몇 달 동안 그분에게 특별 훈련을 시켰다. 그분이 하고 싶은 말을 에피소드로 만들어 구조를 짜고 적절한 단어들을 넣어 매끄럽게 다듬었다. 더불어 청중에게 잘 전달되도록 말의 크기, 강약, 속도, 손짓, 몸짓 등을 강도 높게 연습시켰다. 몇 달 후 그분의 스피치는 몰라보게 달라졌다.

그분은 이제 마음의 웅덩이에서 말을 퍼 나르기 시작했다. 청중은 진심이 담긴 준비된 말에 공감했다. 청중과 주파수를 맞춘 말은 커다란 에너지를 담아 울려 퍼졌다. 그분은 몇 달간의 스피치 교육 과정이 끝나고 하산하는 날 웃으며 말했다.

"스피치는 청중과의 공감이 제일 중요하더군요. 그러려면 말하는 법을 제대로 공부해야 하고요. 제가 이번에 그걸 배웠습니다."

둘째 이유는 말에 대한 편견 때문이다. 말만 번지르르하게 하면 뭐 하냐는 것이다. 주변을 둘러보면 그렇게 말하는 사람이 의외로 많다.

"저는 말을 못하는 게 매력이에요. 얼굴도 잘생겼는데 말까지 번지르르하면 얼마나 뺀질뺀질해 보이겠어요."

우스갯소리 같지만 진심이다. '말만 번지르르하다'는 말 속에는 말에 대한 뿌리 깊은 불신과 피해 의식이 숨어 있다.

말과 글이 개방된 지는 불과 100년 남짓이다. 대부분의 백성들이 글을 몰랐다. 구한말까지만 해도 소수의 양반들이 말과 글을 독점했다. 그들 지배층은 자신들의 탐욕과 사리사욕을 채우는 데 말을 이용했다.

스피치는 진실한 콘텐츠로 이루어져야 한다

오늘날도 마찬가지다. 정치인들 중 한 말에 책임지는 사람은 드물다. 그러다 보니 한국인들은 앞에 나서는 사람을 별로 좋아하지 않는다. 그나마 묵묵히 몸으로 일하는 건 봐줄 만한데 말만 앞세우는 건 특히 싫어한다. 누가 앞에 나와서 말로 떠들기 시작하면 무조건 점수부터 깎고 본다.

'말만 번지르르하다'는 말 속에는 들을 만한 내용이 없다는 의미도 숨어 있다. 사람들 귀에 듣기 좋은 말일 뿐 끝까지 책임지지 않는 말이다. 실제 우리 주변에는 번지르르한 말을 잘하는 사람들이 꽤 있다.

얼마 전 한 대기업 자문회의에 초청을 받은 적이 있었다. 8명의 자문위원들이 회장에게 조언하는 자리였다. 각자 자신의 전문 분야 중에서 핵심 사항만 골라 2~3분 정도씩 돌아가면서 이야기했다. 그런데 50대 중반으로 보이는 한 자문위원은 다른 사람들의 말을 깨알같

이 적더니 무려 10분 동안 브리핑을 했다.

말은 청산유수였지만 정작 본인이 말하고자 하는 내용은 하나도 없었다. 회장을 비롯해 모든 사람의 얼굴에 지루한 빛이 역력했다. 그러나 그는 처음부터 소통할 생각이 전혀 없는 사람처럼 끝까지 말을 이어나갔다.

회사마다 그런 사람들이 꼭 한 명씩 있게 마련이다. 그럴싸한 말로 남의 아이디어를 자기 것인 양 포장하는 사람 말이다. 그런 사람들 때문에 스피치를 배우기 싫다는 선의의 피해자들이 적지 않다.

그러나 말의 본질은 결코 번지르르함에 있지 않다. 자신의 마음을 전해 남의 마음을 움직이는 것이 소통의 기본이다. 그러려면 진실한 콘텐츠의 힘이 필요하다. 스피치에 농익은 철학과 경험이 들어가 있어야 한다. 제대로 된 스피치란 진실한 말로 사람의 마음을 움직이고 타인에게 좋은 영향을 끼치는 것이다.

'말은 배울 필요도 없고 배워서 되는 게 아니다. 말만 번지르르하면 뭐 하냐.'

영향력 있는 스피커가 되고 싶다면 그런 편견에서 벗어나야 한다. 말에 대한 편견만 떨쳐도 50퍼센트는 성공한 셈이다. 이때 말하는 능력이 급격히 커진다. '아트 스피치 CEO 과정' 14주 중 3주가 스피치에 대한 편견을 깨는 강의로 채워져 있다. 그만큼 우리 안의 편견이 뿌리 깊다.

한 외국계 회사 상무가 싱가포르 발령 문제로 딱 3주 동안 강의를 받았다. 그런데 반년이 지나 만난 그는 고맙다고 인사부터 했다.

"원장님 덕분에 스피치 실력이 많이 늘었습니다."

"정작 스킬은 하나도 못 가르쳐드렸는데요?"

"원장님이 말에 대한 편견을 버리라고 하셨잖아요. 그 말 듣고 예전보다 스피치에 조금 더 신경 썼을 뿐인데 신기하게 늘더군요."

스피치에 대한 존경심을 갖고 진지하게 다가서자

그는 아트 스피치 강의를 들으면서 스피치에 더욱 정성을 기울이고 관심을 쏟기로 마음먹었단다. 그렇게 스피치에 대한 생각을 바꾸자 먼저 말의 품질이 달라졌다고 한다. 그의 경우를 보더라도 스피치에 대한 편견과 고정관념을 바꾸는 게 얼마나 중요한지 알 수 있다.

세계적으로 우리나라처럼 노래방 스타가 많은 나라는 없을 것이다. 100명 중 80명은 노래방에서 가수 대접을 받는다. 원래 우리가 노래를 잘하는 민족이어서가 아니다. 부단한 연습이 있었기 때문이다. 20여 년 전 노래방이 처음 생긴 후 남녀노소 얼마나 많은 사람들이 노래방에서 살다시피 했던가? 누군가 마이크 잡고 노래 좀 한다 싶으면 다들 한 마디 한다.

"노래방에 돈 좀 들였겠네."

노래 실력도 돈을 들인 만큼 늘게 마련이다. 사람들은 창법은 물론 무대 매너, 퍼포먼스, 표정 연기까지 능숙한 이들에게 박수 치고 열광한다. 노래 잘하는 사람과 잘 노는 직원은 어디에서든 인기를

끈다.

스피치도 마찬가지다. 노래방으로 전 국민의 노래 실력이 늘었듯이 우리나라에 '스피치 방'이 생기면 전 국민이 지금보다 훨씬 말을 잘할 것이다. 그런데 만약 우리 사회가 노래 잘하면 사기꾼이라고 깎아내리거나 노래 잘하면 윗사람에게 찍히는 문화라고 상상해보자. 아마 아무도 노래 연습을 하지 않을 것이다.

우선, 말에 대한 편견부터 버리자. 당신이 말에 대한 존경심을 갖고 진지하게 다가서는 순간 이미 말을 잘할 준비를 갖춘 셈이다.

O2 스피치의 권력구조를 깨자

말의 구조는 수직이 아닌 수평이다

외국 드라마나 영화를 보면 20대 청년이 60대 노인과 거리낌 없이 대화하는 장면이 나온다. 젊은이는 하고 싶은 말을 다한다. 또 아니다 싶으면 눈을 부릅뜨고 따지기도 한다. 우리가 보기에는 예의 없어 보이지만 한편 그런 문화가 부럽기도 하다.

우리는 태어날 때부터 일정한 권력구조 속에서 말을 배웠다. 자식들은 아버지가 하는 말을 무조건 들어야 했다. 말대답을 해서는 안 된다. 아버지보다 말을 많이 해도 안 된다. 어쩌다 말할 때도 '올릴 말씀' '드릴 말씀'만 걸러서 해야 했다.

모든 인간관계에 적용된다. 스승이 말하면 제자가 듣고 남편이 말하면 아내가 들어야 한다. 군대는 권력구조의 정점이다. 아랫사람은

윗사람의 말에 무조건 복종한다.

　서양인들이 말을 잘하는 이유는 평등한 권력구조 때문이다. 그들은 나이나 성별에 관계없이 동등하게 말한다. 서로 간에 말이 자유롭게 오간다. 그러나 우리나라처럼 권력의 상하 구조가 분명한 경우는 말이 내려오기는 쉬운데 올라가기는 정말 어렵다. 회사에서도 부하 직원들은 자신의 속내를 함부로 비쳐서는 안 된다. 그저 상사가 좋아할 용비어천가만 되풀이한다.

　"사장님, 오늘 연설 정말 대단했습니다. 들을 때마다 느끼는 거지만 배울 점이 한두 가지가 아닙니다!"

　조직 내에는 위로 상납할 말이 정해져 있다. 특히 부장급 이상의 세대들은 말씀 올리는 문화에 익숙하다. 사장이 술을 먹자고 하면 결혼기념일도 뒷전이다. 마누라한테 구박을 받아도 할 수 없다. 상사가 전화하면 집에서 쉬고 있다가도 회사 근처에서 술을 마시는 중이라고 거짓말을 하고 뛰쳐나가야 한다.

　"역시 부장님이라면 해내실 줄 알았습니다!"

　그렇게 밤새 지루한 이야기를 들어주고 맞장구쳐준다. 한국 남자들은 조직 내에서 이렇게 살아간다.

　얼마 전 안면이 있는 장관과 그 밑의 5급 공무원과 함께 식사할 일이 있었다. 나는 5급 공무원이 너무 말이 없어서 숨도 안 쉬는 줄 알았다. 그가 밥 먹는 내내 한 말이라고는 '아!' '네에…….' '어유' 같은 추임새뿐이었다.

　"자네도 말을 좀 하지 그래?"

그는 장관이 멍석을 깔아줄 때만 몇 마디 할 뿐 곧 추임새 모드로 돌아갔다.

"여긴 누룽지 안 주나?"

장관이 식사를 마칠 무렵 이렇게 말했다. 그러자 그는 벌떡 일어나 나갔다가 식당 아줌마와 누룽지를 들고 함께 돌아왔다. 그 장면을 보면서 권력을 실감했다. 사람들이 권력 앞에서는 밥도 제대로 못 먹고 숨도 제대로 못 쉬며 말도 제대로 못 한다. 한국 남자들은 평생 그렇게 살아왔다.

그런데 요즘 신입사원들은 예전 같지 않단다. 말을 수직 개념이 아닌 수평 개념으로 인식하기 때문이다. 게다가 유학파들도 많아 도무지 윗사람의 말이 먹히지 않는다고 한다.

"김 대리, 내일 회식할 거니까 다들 시간 비우라고 해."

"부장님, 곤란합니다. 그런 건 2주 전에 미리 말하셨어야죠. 내일 여자 친구랑 영화 보기로 해서 힘들 것 같습니다."

"뭐야? 지금 그걸 말이라고 하나?"

부장들 중에는 한 마디 하면 열 마디 하는 신입사원들을 보며 목덜미를 잡는 경우가 하나둘이 아니다. 그런 말을 들을 때면 기가 막히다 못해 허무할 지경이다. 부장들은 신입사원 때 회식이라면 결혼기념일도 미루고 참석했는데 말이다.

집안에서도 수직, 군대에서도 수직, 직장에서도 수직 문화에 익숙해진 사람들 눈으로는 요즘 신입사원들을 도저히 이해할 수 없다. 그렇다고 무작정 군대식으로 하면 또 다른 문제가 생긴다. 신입사원 몇

몇이 그만두기라도 하면 젊은 세대와 소통하지 못하는 무능한 상사로 찍히는 세상 아닌가?

이제 부장들은 위로 말씀 올리는 것은 물론 아랫사람 말까지 들어줘야 할 판이다. 그래서 요즘 기업마다 직장 내 다양한 이들과 소통하고 리드하는 법을 가르치는 다양성 매니지먼트Diversity Management, 밸런스 리더십Balance leadership 등을 도입하고 있다.

우리 회사에서도 요즘 가장 많이 하는 게 바로 밸런스 리더십 교육이다. 가령 젊은 직원들과의 원활한 대화를 위해 40대 부장들에게 힙합과 랩을 가르친다. 젊은 후배들이 왜 랩을 좋아하는지 몸소 체험하면서 대화 통로를 넓히도록 기초 교육을 실시하는 것이다.

얼마 전에는 한 대기업에서 재미있는 교육을 의뢰 받았다. '여성 공무원과 재미있게 대화하는 법'을 3시간 동안 가르쳐달라는 것이었다. 요즘 구청이나 시청에 가면 공무원 상당수가 여성들이다. 특히 7, 9급 공무원들 가운데 많다고 한다. 그런데 그 여성 공무원들을 상대하기가 여간 어려운 일이 아니란다.

"말도 마세요. 밥을 사겠다고 해도 싫다지, 술을 사겠다고 하면 집에 간다지, 백화점 상품권을 선물하면 기겁하지. 도대체 뭘 어떻게 해야 할지 모르겠다니까요."

예전에는 남자들끼리 통하는 언어가 있었다. 보통은 술을 한 잔 사면서 '족보'부터 캐기 시작한다.

"그런데 계장님은 군대 어디 나오셨습니까?"

"8사단 오뚜기 부대 출신인데?"

"이런 우연이! 저도 1995년도에 오뚜기 부대 입대했다 아닙니까?"

"뭐야? 그런 건 미리 말했어야지. 앞으론 선배님이라고 불러!"

서로의 공통점을 발견하는 순간 공적인 관계는 사적인 형님 동생 사이가 된다. 그렇게 남자들은 밤새 술 먹고 토하고 사우나를 하면서 소통한다. 그러나 여자들에게 그런 방식은 통할 리 없다.

"수고가 많으신데 제가 감사의 뜻으로 점심 한 끼 대접해도 될까요?"

"밥은 됐고요. 조금 있다 커피나 한잔하시죠."

여성 공무원들에게 딱 하나 통하는 게 있다. 바로 말. 여성 공무원들은 전화 통화를 재미있게 하거나 말이 좀 통한다 싶은 직원에게는 바로 친밀감을 표시한다. 결국 그 기업은 그녀들의 호감을 사려면 말로 친해지는 수밖에 없다고 결론을 내린 것이다.

세상이 변하기는 했다. '여성 공무원과 재미있게 대화하는 법'이 강연 주제로 올라올 정도니 말이다. 예전에 회사에서 말은 남자들만의 전유물이었다. 여자들이 주로 하는 말은 이랬다.

"네, 차장님 전화 바꿔드리겠습니다."

그러나 사회 전반적으로 인력구조가 새롭게 바뀌면서 소통 대상과 방법, 색깔 모두가 달라졌다.

말이 안 통하는 사람은 매력이 없다

요즘 말의 구조는 과거처럼 반드시 상하로 이루어져 있지 않다. 수평 혹은 부채꼴 구조에 가깝다. 즉 이제는 주위의 모든 사람들과 소통해야 한다. 지금도 옛 향수에 젖어 수직 구조에 적합한 말을 고수한다면 그 사람은 매력 없는 사람으로 찍히고 외톨이가 된다. 요즘은 인간적인 매력이 있어야 리더십을 발휘할 수 있다. 말이 안 통하는 사람에게 매력을 느낄 사람은 아무도 없다.

권력을 버리고 말이 통하는 사람이 되기 위해 노력해야 한다. 권력을 행사하면 인간 대 인간으로 대화하는 길이 좁아지기 때문이다. 소통에서 제일 중요한 것은 터널의 넓이다. 소통의 터널이 좁으면 지나갈 수 있는 말이 별로 없다. 꼭 해야 될 말만 하게 된다. 그러나 소통의 터널이 넓으면 미주알고주알 터놓고 이야기하게 된다. 사람들은 굳이 하지 않아도 될 말을 주고받는 사이가 돼야 친해지는 법이다.

직장 내에서 소통의 터널이 유난히 좁은 상사들이 있다. 누가 그런 부류에 속하는지 금방 티가 난다. 부하 직원들이 보고할 때를 제외하곤 근처에도 안 가기 때문이다. 부하 직원들은 그런 상사들의 말 중 필요한 말만 가려듣고 나머지는 흘려버린다. 그러다 보니 제대로 의사소통이 이루어지지 않는다. 그러나 상사들은 그 사실을 모른 채 서로 비슷한 고민을 한다.

'나는 분명 알아듣게 이야기했는데 왜 내 말대로 안 되지?'

터널은 쌍방이 같이 뚫어야 한다. 밸런스 리더십 교육장에서 50대 아저씨들이 아이돌 가수의 춤을 배우는 이유가 뭘까? 신입사원들과 소통의 터널을 넓히기 위해서다. 나도 평소 직원들과 소통의 터널을 넓히기 위해 노력을 많이 한다. 나는 직원들을 방으로 불러 일대일로 이야기하기도 한다.

최근에는 마케팅을 맡고 있는 박 대리를 방으로 불렀다. 입사 1년 차인 박 대리는 요즘 표정이 영 별로다. 얼마 전까지 시키지 않은 일까지 도맡을 정도로 생기가 넘치더니 지금은 말수가 부쩍 줄었다. 일도 대충대충 했다. 나는 일주일간 지켜본 뒤 면담을 신청했다.

"박 대리, 요즘 고민 있니? 표정이 왜 그래?"

"아뇨, 별 문제 없는데요."

"그런데 왜 일에 집중하지 못해?"

"대표님이 잘못 보신 것 같은데요."

뚱한 박 대리의 표정을 보자 더 이상 할 말이 없었다. 대화는 5분 만에 끝나고 말았다. 박 대리의 뒷모습을 보면서 속으로 뜨끔했다. 내가 생각한 것보다 대화 통로가 훨씬 좁았다. 가는 파이프 관으로 주고받을 이야기는 고작 그 정도였다.

나는 그날부터 박 대리와의 통로를 넓히는 작업을 시작했다. 첫 시작은 '아무 말 없이 점심 먹기'였다.

"네가 좋아하는 부대찌개 먹으러 가자."

나는 약속이 없는 날이면 박 대리의 팔을 끌었다. 때로는 날씨 이야기를 하고 때로는 말없이 밥만 먹으면서 서로 마음을 트는 연습을 했다. 한 번은 박 대리가 요즘 살사댄스를 배운다는 첩보를 입수했다. 나는 박 대리에게 연습하는 모습을 보고 싶다고 했다.

우리는 살사댄스를 함께 배우면서 공감대를 넓혔다. 박 대리는 춤 이야기, 밥 이야기, 엄마 이야기, 또 남자 친구 이야기까지 했다. 일주일 정도 지나자 밥을 먹다 말고 고해성사를 했다. 자신이 판단해서 진행한 프로젝트에 문제가 생기자 윗사람이 권한을 문제 삼으며 심하게 질책했다는 것이다. 박 대리는 자신의 의지대로 할 수 있는 일이 무엇인지 회의에 빠졌단다.

"일이 잘못됐다 할지라도 윗사람이 네가 가진 권한까지 문제 삼은 건 잘못됐네. 앞으로는 그런 일 없을 테니 다음 프로젝트 책임지고 확실히 해봐."

그 뒤로 박 대리는 예전의 밝은 모습으로 되돌아왔다. 우리가 함께 만든 소통의 통로로 말과 신뢰가 오간 결과다.

말의 권력구조 아래로 내려오면 '소통의 왕'이 된다

부하 직원들은 상사와의 대화 통로 넓이가 어느 정도인지 귀신같이 안다. 부하 직원들이 중요한 고민을 털어놓지 않거나 점심시간에 자기들끼리만 나가버린다면 대화 통로 넓이가 어느 정도인지 고민해봐야 한다. 대화 통로 넓이가 너무 좁다는 느낌이 들면 말의 권좌에 있다는 인상부터 빨리 지워야 한다.

부하 직원들은 상사가 직장 내 서열은 1급이지만 말은 1급이 아닐 때 비로소 마음을 연다. 말마저 높은 곳에 있으면 가느다란 통로를 겨우 통과하는 말만 전해진다. 그는 권력이 높을지는 모르나 좁은 세상에서 사는 사람이다. 임금이 세상 물정을 제일 모른다는 말이 있다. 임금에게는 듣기 좋은 말만 귀에 들리고 정작 들어야 할 말은 허공으로 사라지기 때문이다. 바닥 민심 제일 모르는 사람이 대통령이고 직원의 고충을 제일 모르는 사람이 CEO일 수 있다.

말의 권력구조에서 위에 있을수록 '소통의 시녀'가 되고 밑으로 내려올수록 '소통의 왕'이 된다는 사실을 꼭 기억하자.

얼마 전 사외이사로 있는 K기업의 자문회의에 참가했다. 사장이 가운데 근엄하게 앉고 임원들은 양쪽으로 나란히 죽 앉았다. 사장이 입을 열기까지 임원들은 약속이나 한 듯 침묵을 지켰다.

결국 사장이 말문을 열었다.

"내 생각에는……."

그제야 임원들이 앞다퉈 말하기 시작했다. 내용은 더 기가 막혔다. 여섯 명의 임원들이 돌아가면서 하는 말이 천편일률적이었다.

"첫째, 사장님의 말씀을 요즘 경제 상황에 대입해 분석해봤는데 이러저러한 면에서 타당했습니다. 둘째, 사장님의 아이디어는 글로벌 CEO가 아니라면 생각할 수 없을 정도로 뛰어납니다. 셋째, 사장님의 선견지명은 마치 전성기 때의 잭 웰치를 보는 것 같습니다."

모두가 사장의 말이 왜 옳은지만 검증하고 있었다. 그 처연한 샐러리맨들을 보자니 진작 회사를 그만두고 독립하기를 잘했다 싶었다. 한편으로는 저런 주옥같은 말들을 잘 기억했다가 언젠가 써먹어야겠다는 생각마저 들었다. 그들의 아부 솜씨는 거의 달인의 경지였다.

사장이 썰렁한 농담을 해도 단체로 배를 잡고 웃었다. 그래도 나는 소신파라 자문 비용을 안 받을 각오로 입바른 소리를 했다.

"사장님 말씀 중에 첫 번째는 옳지만 두 번째와 세 번째 의제는 남들이 다 예측한 것들이고 공공연구에서도 논문이 20편 이상 발표됐습니다."

나는 조목조목 문제를 짚었다. 임원 중 절반의 얼굴이 노래졌다. 사장 얼굴도 마찬가지였다. 사장은 여태껏 회의석상에서 '아니오'라는 말을 처음 들어본 것 같았다. 사장은 말의 권력구조에 잘 길들여져 있었다. 회의를 끝내고 악수하는 표정이 무척이나 씁쓸했다. 나중에 임원 두 분이 속내를 털어놓았다.

"김 원장님, 그때 말씀 정말 잘하셨어요. 제 속이 다 후련합니다."

정작 내 마음은 편치 않았다. 내 남편을 비롯해 한국의 수많은 남자들이 직장에서 힘들게 일하며 돈을 번다는 사실을 실감했기 때문이다.

최근에 한 중견 그룹 회장을 개인 코칭했다. 그분은 스피치의 기본기는 탄탄한데 불필요한 습관어가 문제였다. '그러니까' '에……' 같은 말이 입에 붙어 전체적인 스피치의 흐름을 방해했다. 나는 평소에 하던 대로 사정없이 야단쳤다.

"잠깐, 회장님 그거 하시지 말라고 했죠. 처음부터 다시 해보세요!"

그분은 처음에는 어색해했으나 본인의 실력이 늘어가는 걸 느끼면서 적극적으로 강의를 따라왔다. 내가 코칭 막바지에 박수를 치며 최고라고 엄지손가락을 세우자 어린아이처럼 기뻐했다. 강의가 끝나자 계단을 깡충깡충 뛰어 내려갈 정도였다. 예전의 근엄했던 모습은 찾아볼 수 없었다. 며칠 후 비서실에서 전화가 왔다.

"원장님, 아무리 코치라지만 저희 회장님께 그러시면 곤란하죠."

강의할 때 옆에서 안절부절못하던 비서실장이 고민 끝에 전화한 것이다. 마음속으로 안타까웠다. 평소 그분에게 어떤 말만 올라갈지 눈에 보였기 때문이다.

회장님도 사장님도 인간이다. 평등한 말에 익숙하지 않을 뿐이다. 훈련하면 얼마든지 저 높은 곳에서 낮은 곳으로 내려올 분들이 많다. 부하 직원의 무사 안일한 태도와 말이 토끼처럼 뛸 상사를 무서운 곰으로 만드는 건 아닌지 생각해볼 일이다.

소통의 터널은 쌍방이 함께 만드는 것이다.

O3 스피치 시대가 오고 있다

스피치 잘하는 사람이 리더가 된다

미국 대통령으로 오바마가 당선된 이후 서점가에 한동안 오바마 관련 책들이 홍수를 이루었다. 그중에서도 스피치와 관련된 책들이 가장 많이 팔렸다. 그의 스피치가 얼마나 진실했고 당선에 어떤 영향을 미쳤는지를 조목조목 분석한 책들이다.

그의 연설은 스피치 역사에 한 획을 그었다. 심지어 한국의 초등학생들에게까지 영향을 미쳤다. 열성 엄마들이 아이들에게 오바마 관련 책들을 사주며 부추기기도 한단다.

"말을 잘하면 대통령이 될 수 있어."

나도 오바마의 스피치 관련 책들을 여러 권 읽었다. 그런데 내가 주목한 건 따로 있었다. 그의 위대한 스피치 뒤에는 남다른 '스피치 멘토'가 여러 명 있었다는 사실이다. 그에게 가장 많은 영향을 끼친 멘토는 바로 아버지였다.

스피치가 사람을 바꾸고 세상을 바꾼다

오바마는 어린 시절 하와이의 푸나호우 학교에 다닐 때 아버지를 처음 만났다. 두 살 때 헤어져 얼굴조차 몰랐던 아버지였다. 처음 만난 아버지는 상상 속의 아프리카 추장과는 거리가 멀었다. 키가 크고 마른데다 지팡이를 짚고 절뚝거렸다. 오바마는 반가움보다 낯설고 서먹서먹함부터 느꼈다.

어느 날 아버지가 학교에 일일교사로 오게 됐다. 어린 오바마는 가슴을 졸였다. 그는 부잣집 백인 아이들로부터 온갖 차별과 따돌림을 당했다. 그래서 친구들에게 아버지가 케냐의 위대한 추장이라고 말했다. 만약 아버지가 아이들 앞에서 진흙으로 만든 오두막 따위나 이야기한다면 자신이 했던 거짓말이 들통 날 게 뻔했다.

그러나 강단에 선 아버지는 먼 옛날 아프리카에 대해 차분하면서도 힘 있는 목소리로 이야기하기 시작했다. 평원을 누비는 사나운 동물들, 사자를 죽여야만 진정한 어른으로 인정받는 루오 족의 관습, 자유를 위해 끝까지 영국과 싸웠던 케냐의 역사에 대해서도 들려주었다.

마침내 강연이 끝나자 선생님과 아이들은 아버지에게 뜨거운 박수와 환호를 보냈다. 한때 정치인이었던 아버지는 스피치의 힘에 대해

누구보다 잘 알고 있었다. 그리고 어린 오바마에게 진실이 담긴 말이 사람들의 마음을 어떻게 움직이는지 몸소 보여주었다. 아버지는 그의 스피치 멘토였다.

10여 년 후 오바마는 하버드 로스쿨에서 역사상 처음으로 「하버드 로 리뷰Harvard Law Review」 흑인 편집장이 됐다. 그는 일일교사로 왔던 아버지를 떠올리며 수많은 사람들 앞에 섰다. 그는 그때부터 명연설가로 학내에서 이름을 날렸다.

자녀를 말 잘하는 아이로 키우고 싶다면 스피치 학원부터 보낼 일이 아니다. 가까운 곳에 멘토가 있어야 한다. 특히 부모 자신이 존경하고 따를 만한 스피치 멘토라면 가장 바람직하다. 현실적으로 불가능하다면 최소한 스피치 파트너라도 돼줘야 한다.

내게도 최고의 스피치 파트너가 둘 있었다. 바로 우리 부모님이다.

중학교 1학년 국어시간이었다. 선생님이 「푸른 눈길을 걸어가는 나그네」라는 시를 읽다가 질문했다.

"왜 시인은 하얀 눈을 푸르다고 했을까? 아는 사람?"

나는 겁 없이 손을 번쩍 들고 말했다.

"눈이 너무 하얗다 못해 시리다는 뜻인 것 같은데요."

"훌륭해. 미경이는 감수성이 정말 뛰어나구나!"

나는 집에 가서 부모님 앞에서 오늘의 무용담을 자랑스럽게 이야기했다. 그러자 엄마가 한 수 더 떴다.

"그려, 난 우리 미경이가 그럴 줄 알았어. 쟤는 어릴 때부터 말을 진짜 잘했다니까."

나는 엄마의 칭찬에 으쓱해져서는 그날 밤부터 선생님이 질문하면 또 어떤 독창적인 답변을 할까 신나게 연구했다. 아버지는 말을 잘하는 편은 아니지만 예나 지금이나 자식들 이야기 듣는 걸 가장 즐긴다.

"아버지, 오늘 달리기 1등 하는 민수만 죽자고 쫓아가서 2등 했어요."

"그려? 갸 아버지도 초등학교 댕길 적에 만날 1등 했는디 부전자전인갑다. 나도 갸한테 져서 맨날 2등 했는디(웃음)."

어린 시절 날이면 날마다 우리 부녀는 낄낄거리면서 신나게 수다를 떨곤 했다. 아버지는 내가 엉뚱한 이야기를 하거나 이상한 질문을 해도 야단친 적이 한 번 없었다. 언제나 내 말을 끝까지 들어주고 고개를 끄덕여주었다.

나는 대학을 졸업하고 피아노 학원을 운영했다. 그러다 속상한 일이 생기면 먼저 아버지에게 전화했다. 건반을 장작 패듯 두들기는 애를 2년 꼬박 가르쳐서 간신히 「엘리제를 위하여」를 치게 만든 적이 있다. 그런데 그 다음날 아이가 와서 학원을 그만뒀다.

"엄마가 오늘까지만 치고 학원 그만 다니래요."

아이 엄마가 케이크라도 하나 들고 와서 미안하지만 이러저러해서 이제 그만 보내겠다고 했으면 좋았을 텐데. 나는 뒤돌아보지도 않고 나간 아이에게 스승도 무엇도 아니었다. 그때 처음 음악 전공한 것을 후회했다.

아버지는 내 이야기를 듣고 두 시간 동안 전화로 그 아이 엄마를 욕

하기도 하면서 달래주었다. 나는 눈물이 나다가도 아버지랑 통화하면 어느새 웃었다. 아버지는 잘나가던 피아노 학원을 그만두고 강사를 하겠다고 했을 때도 명쾌한 답을 주었다.

"아버지, 저 학원 그만두고 강사하려고요."

"남편은 뭐라고 하디?"

"그냥 학원이나 계속하라던데요."

"그 녀석은 너랑 산 지 몇 년 안 돼서 널 몰라. 넌 어렸을 때부터 피아노도 잘 쳤지만 말을 잘했어. 네 언니는 운동회 갔다 와서 5분 이야기하는데 너는 50분씩 이야기하더라니까. 넌 잘할 수 있을 거야. 당장 학원 때려치우고 강사 시작해."

아버지는 내가 인생에서 중요한 결정을 내릴 때 '왜?'라고 묻지 않았다. 내가 피아노 학원 때문에 얼마나 스트레스를 받았는지 잘 알기 때문이다.

아버지는 30여 년간 한결같은 스피치 파트너였다. 내 인생에 대해 말할 자격이 있었고 언제나 들을 만한 가치가 있는 말을 해주었다. 나는 그런 아버지를 전적으로 신뢰했고 세상을 향해 겁 없이 도전할 수 있었다.

다가올 100퍼센트 스피치 시대를 준비하라

우리가 '반 글 반 스피치의 시대'를 살았다면 우리 아이들은 '100퍼센트 스피치 시대'를 살아가야 한다. 이제 고객에게 물건을 팔고 상사를 설득하려면 문서가 아닌 말로 설득해야 한다.

따라서 소통하는 인재로 만들고 싶다면 집에서부터 준비시켜야 한다. 부모는 아이들의 스피치 멘토는 못 되더라도 최소한 스피치 파트너는 돼야 한다. 그러나 안타깝게도 그런 집은 많지 않다. 어머니는 입만 열면 공부하라는 말만 하는 공부 매니저이고 아버지는 지시하는 권력자일 뿐이다. 회사에서와 마찬가지로 말을 권력구조 안에 가두고 있는 것이다.

예전 아버지들은 집안에서 거의 말을 하지 않고 근엄하게 행동했다. 아버지가 말을 많이 하면 자식들이 우습게 본다고 생각했다. 주로 하는 말은 지시 아니면 훈계였다.

"넷째야, 이리 건너오너라."

아버지가 안방에서 부르면 넷째는 그날 혼나게 마련이다. 한 시간 내내 무릎 꿇고 머리 조아리며 훈계 말씀을 들어야 했다. 그렇게 자란 40~50대 가장들이 요즘 아이들에게 비슷한 방법을 쓸 때가 있다. 그러나 요즘 애들에게 예전 방식이 통할 리 없다.

평소 친하게 지내는 정 이사와 점심을 함께 먹은 날이었다. 그때 그분은 밥을 먹다 말고 하소연하기 시작했다. 고등학생인 아들 녀석이 요즘 컴퓨터 게임에만 빠져 성적이 뚝뚝 떨어졌단다. 그래서 하루는 날을 잡아 일장연설을 했다고 한다. 아들이 의외로 잘못을 시인하고 열심히 고개를 끄덕이더란다. 그런데 조금 뒤 화장실을 가다 우연히 아들의 통화 내용을 엿듣고 실망했다는 것이다.

"왜 잔소리가 일찍 끝났냐고? 얌마 내가 누군데? 다 방법이 있지.

무조건 고개 끄덕이면서 대답만 열심히 해. 그럼 금방 끝나. 너도 다음번엔 꼭 그렇게 해."

아버지 말을 한 귀로 듣고 한 귀로 흘리면서 알아듣는 척만 한 것이다. 애들이 말의 권력구조를 악용해 머리 꼭대기에 올라앉은 셈이다. 정 이사는 이 일로 꽤 충격을 받은 듯했다.

"원장님, 요즘 애들이 그렇다니까요. 도대체 애들하고 어떻게 말해야 되는 겁니까?"

아직도 많은 아버지들이 집에서 과묵한 황제로 살고 있다. 리모컨과 텔레비전만 붙들고 있다가 애들에게 가끔 하는 말란 게 이렇다.

"숙제는?"

"학교는 잘 갔다 왔냐?"

"컴퓨터 껐니?"

그건 점검이지 대화가 아니다. 아이들은 자신을 점검하는 권력자와 마주하는 게 불편하니 대답도 점점 간단해진다.

"이번에 시험 잘 봤니?"

"잘 모르겠는데요."

"지난번 성적보다는 오를 것 같니?"

"성적표 나와봐야 알죠. 저 이제 들어가도 돼요?"

자신보다 목소리가 더 굵은 놈이 방문을 닫고 들어가는 순간 온 집안이 적막해진다. 자식과의 관계는 그걸로 끝이다. 그렇게 자란 아이들은 나중에 장가를 가도 똑같다. 집에 전화했을 때 은퇴한 아버지가 받으면 시큰둥하게 묻는다.

"별일 없으세요?"

평생 자식들에게 별일 없냐고 묻던 아버지는 나중에 자식들에게도 똑같은 말을 듣게 된다. 나이 70이 넘으면 방 안에 갇히는 상황이 온다. 가족들이 거실에서 웃고 떠들 때 방 안에서 혼자 사과도 먹고 신문도 본다. 아버지들은 마치 감옥 안의 죄수처럼 자식들이 사식 넣어주는 상황이 돼서야 땅을 치고 후회한다.

나는 중년 남성들을 대상으로 강연할 때마다 묻는다.

"아이들과 친하세요?"

그렇다고 답하는 사람은 열에 한 명 정도다. 엄마들도 마찬가지다. 부모들 중에는 자식들하고 한 번도 친해져본 적 없이 출가시키는 경우가 의외로 많다. 그런데 그런 부모가 아이들에게 뜬금없이 질문할 때가 있다.

"요새 무슨 고민 있니?"

"혹시 남자 친구 생겼냐?"

아이들은 바보가 아니다. 매일 수다 떠는 친구에게도 할까 말까 한 중요한 정보를 별로 안 친한 사람에게 왜 주나? 아무리 부모와 자식 사이라고 해도 그건 욕심이다.

나도 첫째 딸 상요와 정말 친해지고 싶었다. 그러나 상요는 상요대로 나는 나대로 너무 바빠서 친해질 시간이 없었다. 그러다 아이가 고등학교를 졸업하자 큰맘 먹고 둘이 함께 홍콩으로 여행을 떠났다. 남편도 함께 갈까 했지만 둘만 가는 게 더 좋겠다고 판단했다. 부모가 함께 가면 아이는 인간 대 인간이 아니라 자식 대 부모라는 관계에

얽매이기 때문이다.

그렇게 우리는 색다른 소통 워크숍을 떠났다. 초반에는 함께 이곳 저곳을 구경하며 간단한 대화만 주고받았다. 그러다 바다가 보이는 노천카페에 갔다. 상요가 갑자기 커피를 마시며 바다를 구경하다 말고 말을 걸어왔다.

"Mom, Why don't we talk in English(엄마, 우리 영어로 대화해볼까)?"

아이는 영어로 그동안 마음속에 담아두었던 말들을 하나씩 꺼내놓기 시작했다. 고등학교 때 왜 공부를 제대로 안 했는지, 고민은 무엇이었는지, 엄마를 얼마나 존경하는지 등. 상요는 엄마가 자신의 우상이라면서 세상에서 가장 겁나는 일이 엄마처럼 되지 못하는 거라고 했다.

나도 짧은 영어로 그동안 딸에게 하고 싶었던 말들을 전했다. 우리 둘은 단어가 틀리면 막 웃기도 하고 단어가 생각 안 나면 더듬더듬 말하기도 하면서 대화를 이어갔다. 상요에게 왜 영어로 말했냐고 물으니 쑥스러워서 그랬단다.

나중에 돌이켜 생각해보니 영어로 말하기를 잘했다는 생각이 들었다. 상요는 영어를 잘하고 나는 영어에 어눌하니 자연히 말의 권력구조를 깰 수 있었다. 나는 영어로 잔소리도 못 하고 진부한 말도 못 한다. 게다가 영어에는 존댓말이 없으니 엄마도 무조건 You가 된다. 그래서 우리는 서로 평등하고 진지하게 말을 주고받을 수 있었다. 나중에는 짧은 영어로 세상만사 이야기를 다 할 수 있었다.

신나게 대화하는 도중 그동안 발견하지 못했던 딸의 진면목이 눈에 들어왔다. 상요는 내 딸이지만 참 괜찮은 아이로 비쳐졌다. 나와 딸이 4박 5일 동안의 여행을 통해 함께 만든 소통의 터널은 지금도 이어지고 있다. 이번 겨울에는 중학생인 둘째랑 4박 5일 스키 여행을 계획하고 있다. 뭘 물으면 굵은 목소리로 "몰라요."만 연발하는 녀석과 원초적 대화를 나누기 위해서다.

"엄마, 다리에 힘 좀 주라고. 그러니까 미끄러지지."

"이놈아, 너 그러다 넘어져. 앞이나 똑바로 쳐다봐."

부모와 자식 사이에는 이런 원초적 대화가 필요하다. 아이들이 한창 엄마 품속에서 놀던 일고여덟 살 때 대화로 되돌아가는 것이다. 그러면 다시 정이 들고 마음이 열리지 않을까? 아이들과 친해져야 고차원적인 질문을 할 자격이 생긴다고 본다. 가끔은 아이들이 먼저 부모에게 다가와 이성 친구 이야기나 장래 고민 등을 들려주기도 한다.

스피치 파트너가 있는 집에서 성장한 아이들은 자신의 말이 어른에게 통하는 걸 경험한다. 부모가 자신이 한 말에 설득당하고 또 칭찬도 해주기 때문이다. 그런 아이들은 사회에 나가서도 말하는 데 두려움을 느끼지 않고 자신 있게 행동한다. 스피치는 어느 날 갑자기 학원에서 능력을 부여받는 게 아니다. 어렸을 때부터 훈련을 받고서 사회로 나온 사람이 잘한다.

우리 집에서는 첫째 상요가 말을 무척 잘한다. 딸아이가 오히려 내 스피치 파트너 역할을 할 때가 많다. 나는 상요가 가끔 재미있는 말이나 명언 등을 할 때 과장스러울 정도로 칭찬한다.

"니가 하는 말은 진짜 예술이다. 어떻게 그런 단어를 생각해냈니?"

아이는 내 말에 기분이 좋아진다. 그래서 다음에는 어떤 재미있는 말을 할지 연구한다. 꼭 어릴 때의 내 모습을 보는 것 같다. 상요는 말에 자신감이 넘친다.

'내가 엄마도 설득하는데 누군 설득 못 하겠어?'

그런 생각이 아이를 든든히 받치고 있다.

만일 부모가 자녀의 말을 하나도 들어주지 않고 설득당해주지도 않는다면 어떨까? 그런 부모 밑에서 자란 아이들은 어른이 돼서도 '누구나 날 무시할 거야.'라고 생각한다. 밖에 나가서도 제대로 말을 못 한다.

"누굴 닮아서 애가 말을 제대로 못 해?"

부모는 아이를 호통치고 혼내는 대신 스스로 되돌아봐야 한다. 집에서 권력으로 소통하는 부모는 아이들의 장래를 막는 것은 물론 결국 스스로 외로운 방에 가둬버릴지 모른다.

04 스피치로 영향력을 높여라

최근 스피치를 배우려는 사람들의 유형이 다양해지고 있다. 얼마 전에는 유명 개그맨 A씨가 찾아왔다. 평소 이미지가 좋아 정부의 홍보대사를 하고 있는데 관련 단체와 대학에서 강연 요청이 꽤 많이 들어온단다. 그러나 A씨는 지금까지 강단에 제대로 선 적이 없었다. 바쁘다는 핑계로 번번이 사양한 것이다.

"원장님, 사실은 제게 아픈 추억이 있어요."

"뭔데요?"

"예전에 멋모르고 대학에서 강연한 적이 있었어요. 그런데 10분 정도 이야기하니까 더 이상 할 말이 없는 거예요. 태어나서 그런 굴욕은 처음이었죠."

A씨는 처음으로 마음을 털어놓는다며 말했다.

사람들은 텔레비전에서 그렇게 잘 웃기고 말 잘하는 사람이 스피치를 못 한다고 하면 이해하지 못 한다. 개그와 스피치가 엄연히 별개의 영역이라는 걸 몰라서다.

　"방송 일만 해도 벅찰 텐데 강연을 왜 하고 싶어졌어요?"

　"개그가 아니라 강연으로 사람들을 만나는 건 새로운 도전이잖아요. 의미도 있는 것 같고요."

　한편 유명 탤런트 S씨도 찾아왔다. 그녀는 수십 년간 브라운관을 누볐고 지금은 후배들로부터 존경을 받는 연기자였다. 그런데 S씨에게도 A씨와 비슷한 아픔이 있었다. 멋모르고 지방 문화센터 강연을 갔다가 제대로 망신을 당했던 것.

　처음 강단에 설 때만 해도 청중의 분위기는 뜨거웠단다. 화면으로만 보던 사람을 눈앞에서 보니 왜 그렇지 않겠는가? 그러나 기대가 컸던 만큼 실망도 점점 커졌다. S씨 말로는 10분 이야기하니까 더 할 말이 없더라는 것이다. 강연 주제는 '30년 연기 인생'이었다. 그동안 방송가에서 산전수전 다 겪은 그녀가 아닌가? 2박 3일 동안 이야기해도 모자랄 만큼 할 말이 많을 거라 생각했는데 막상 강단에 올라가니 말문이 막히더란다. 결국 그녀는 그렇게 말하고 강단에서 내려왔다고 한다.

　"저기, 사인이나 해드릴까요?"

　그날의 굴욕으로 절치부심하던 S씨. 그녀는 우연히 텔레비전에서 내가 강연하는 모습을 보고 회사로 찾아왔다. S씨가 스피치를 배우려는 이유는 보다 현실적이었다. 어차피 나이가 들수록 배역은 맡기 힘들어지는 법. 노년이 돼서도 대중 앞에 서고 싶은데 그게 꼭 연기를 통해야만 하는가라는 생각이 들었다고 한다.

"선생님의 30년 연기 인생 속에 청중이 주목할 만한 철학, 노하우, 에피소드들이 굉장히 많을 것 같은데요?"

"아유, 저한테 그런 게 어디 있어요? 그냥 열심히 살아온 거지."

S씨는 손사래를 치면서 고개를 절레절레 흔들었다. 그러나 연기 인생을 이야기하자 온갖 스토리들이 줄줄 흘러 나왔다. S씨는 전성기 때 비련의 여주인공 역만 했다. 주인공 아닌 배역은 들어오지도 않았고 거들떠보지도 않았다.

그러나 결혼하고 아이를 낳자 상황이 달라졌다. 맨 처음 들어온 역할은 여주인공의 시누이였다. 당시 그녀에게는 주인공 배역이 아니라 시누이 배역을 맡는다는 게 큰 충격이었다. S씨는 그때 연기를 그만두려고까지 생각했다고 한다.

당시만 해도 여배우에게 결혼은 곧 은퇴를 의미했다. 결혼 후 다시 방송에 나오면 가정에 문제가 있다는 오해를 받던 시절이었다. 그녀는 그런 세간의 의혹까지 받으면서 조연을 해야 하는지 고민을 많이 했단다. 그러나 S씨는 결국 시누이 역할을 받아들였다. 외모와 나이가 아니라 진짜 연기로 시청자들을 만날 때가 왔다고 마음을 다잡은 것이다. 당시의 현명한 선택으로 S씨는 지금까지 연기력을 인정받는 배우로 살고 있다.

나는 그녀의 이야기를 들으며 박수를 쳤다. 그녀의 에피소드는 성공한 사람들이 겪게 마련인 시련과 극복의 과정을 고스란히 담고 있

었다. 그녀는 자신이 그토록 많은 이야깃거리를 갖고 있다는 사실에 기뻐했다. 나는 그녀의 진솔한 인생 스토리를 기초로 해서 1시간짜리 강연안을 만들어주었다. 그 후 S씨는 전국 문화센터의 스타 강사로 떠올랐다.

"원장님, 요즘 너무 신이 나요. 지방 강연 다니면서 돈도 벌고 선생님 소리도 듣고. 토크쇼에 나가 억지로 안 웃어도 되니 얼마나 좋은지 몰라요(웃음)."

사람들의 가슴을 뛰게 할 엄청난
이야기들을 풀어놓아라

어떤 일이든 특정 전문직으로 30년 이상 살아온 사람들은 무수한 이야깃거리들을 가지고 있다. 그런 사람들이 스피치 실력을 조금만 갈고 닦으면 품격 있는 제2의 인생을 시작할 수 있다.

지난해에는 양궁 3관왕으로 유명한 김수녕 씨가 스피치를 배우고 싶다고 찾아왔다. 그녀는 우리에게 앳된 얼굴의 '신궁 김수녕'으로 기억되지만 지금은 아이 둘을 키우는 평범한 주부로 살고 있었다. 가끔 잡지에 근황이 소개되곤 했는데 얼마 전부터는 기업이나 대학에서 강연 요청이 들어온단다. 그녀에게 강연은 놓칠 수 없는 새로운 도전이었다.

나는 그녀의 첫인상만 보고 강연을 제대로 할 수 있을까 걱정스러웠다. 그녀는 기어들어가는 목소리로 얌전하게 말하는데 두서가 없었다. 그런데 놀라운 점은 한 마디 한 마디가 다 격언이요 명언이라는 사실이었다.

"3관왕이라는 부담감 때문에 활을 쏘기 전에 긴장되지 않았어요?"

"저는 제 양손으로 들 수 있을 만큼의 부담만 가져요. 들 수 없으면 내려놔요."

"10점 만점이 안 나올 땐 어떻게 마인드 컨트롤 했어요?"

"저는 시위를 떠난 화살에는 마음을 두지 않아요."

무표정한 얼굴로 툭툭 던지는 말이지만 그 속에 엄청난 내공이 있었다. 목표를 향해 매진하는 자세며 결과를 담담히 받아들이는 법 등. 그녀가 하는 이야기는 누구나 공감할 만한 내용을 담고 있었다.

한 번은 그녀가 '오조준'에 관해 이야기했다. 바람 부는 날 움직이는 목표물을 맞히는 연습을 할 때였다. 다른 선수들은 오조준을 염두에 두며 시위를 당겼다. 하지만 그녀는 그냥 쐈단다. 이미 10여 년간 몸이 바람의 흐름과 세기를 겪어왔기 때문에 그냥 무념무상의 상태로 쏘았다는 것이다. 프로를 꿈꾸는 학생들에게 들려주면 좋을 이야기였다. 그녀의 말 속에 '진정한 프로는 닥쳤을 때 준비하는 자가 아니라 평소 연습과 훈련으로 이미 준비된 자'라는 메시지가 함축돼 있었다.

김수녕 씨는 목소리가 작고 말이 어눌해도 대담성을 갖고 있었다. 이화여대에서 첫 강연을 할 때 전혀 떨지 않고 차분히 강연했다고 한다. 반응은 기대 이상. 그녀의 강연에 감동한 학생들은 나중에 김수녕 명언록이라는 책자를 만들어 선물하기까지 했다.

운동은 무에서 유를 창조하는 엄청난 '셀프 리더십'이 필요한 분야다. 특히 프로 운동선수들은 숱한 영광과 실패를 맛본다. 남들보다 인생을 몇 배 압축해서 사는 것이다. 김수녕 씨도 치열한 자기와의 싸움을 통해 풍부한 콘텐츠를 축적하고 있었다. 정작 자신은 그걸 몰랐다. 많은 운동선수들이 자기 안에 얼마나 많은 콘텐츠가 숨어 있는지 모른다. 은퇴하고 할 수 있는 일이 코치밖에 없는 건 아니다. 오랜 선수 생활의 경험을 스피치로 풀어낸다면 더 많은 이들에게 영향력을 미칠 수 있지 않을까?

요즘은 현직에 있을 때부터 스피치로 영향력을 높이는 사람이 늘고 있다. 아트 스피치 4기 수강생이었던 고도일 신경외과병원 원장이 대표적인 케이스다. 그는 스피치를 통해 더 많은 사람들을 치료할 수 있다고 믿는 분이다. 고 원장은 환자들이 척추와 관련된 작은 통증을 방치해 큰 병으로 키우는 경우를 적지 않게 보았다고 한다.

그는 30대부터 환자뿐만 아니라 일반인들에게도 병의 원인과 예방법을 알리는 강연을 했다. 그는 일반 대중 강연부터 텔레비전 강연까지 스피치를 통해 많은 이들에게 의료 지식을 전수했다. 그는 스피치를 통해 치료와 예방법을 알리는 것이 의사의 또 다른 의무라고 생각한다.

세라젬 헬스 앤 뷰티의 조서환 대표도 마찬가지다. 그는 KT에서 부사장으로 근무할 때 짬짬이 시간을 내 자신만의 독특한 마케팅 경험과 노하우를 전파했다. 강연을 들었던 직장인들과 대학생들은 감동의 눈물을 흘렸다.

군대 시절 사고로 한 팔을 잃은 역경을 딛고 성공한 이야기는 많은 이들에게 '나도 할 수 있다'는 동기를 부여했다. 청중은 그가 '하나로 샴푸'를 히트시킨 이야기며 'SHOW'라는 브랜드를 만들었던 이야기 등을 실감나게 들려줄 때마다 박수를 쳤다. 청중은 강사의 성공이 마치 자신의 성공인 것처럼 몰입했다.

만약 그가 자신의 성공 스토리와 노하우를 스피치로 풀어내지 않았다면 지금처럼 많은 이들에게 동기 부여자의 역할을 할 수 있었을까? KT를 그만둔 후에도 '조서환'이라는 개인 브랜드로 승승장구할 수 있었을까?

나와 함께 MBC 희망특강 「파랑새」에 고정 출연하는 김태원 강사는 대학생 때부터 강연을 시작했다. 대학생이 느끼는 고뇌, 갈등, 미래에 대한 불안감 등을 같은 대학생 입장에서 이야기했다. 많은 이들이 공감했다. 그는 대학생 때부터 이름을 날렸다. 지금은 구글 코리아에 근무하는 대리지만 텔레비전에서는 이미 유명 강사로 통한다. 젊은이의 시각이 필요한 강연이라면 어떤 주제든 탁월하게 소화한다.

나는 그를 보면서 꼭 말이 농익은 사람만 강연할 수 있는 게 아니라는 점을 배웠다. 우리나라도 앞으로 전문직의 노하우를 전달해줄 고도일 원장과 조서환 대표 그리고 그때그때의 상황에 따라 청중에게 꼭 필요한 말을 해줄 수 있는 김태원 씨 같은 사람들이 많이 나와야 한다.

어릴 때부터 엄마가 말하는 모습을 보며 자란 첫째 딸 상요는 스피치에 대한 두려움이 없다. 얼마 전에는 "나도 강연을 하겠다."고 선언하기도 했다. 50대 기업 임원들을 상대로 10대 여자애들이 어떤 식으로 쇼핑하는지 강연하겠다는 것이다.

"엄마 생각해봐. 리서치 회사의 40대 아저씨가 강연하는 게 그럴 듯하겠어? 아니면 내가 친구들 100명 설문조사한 결과를 발표하는 게 더 그럴듯하겠어?"

스피치 실력을 갈고닦으면 품격 있는 제2의 인생을 살 수 있다

스피치를 잘하면 굳이 강사라는 직업을 갖지 않더라도 인생에서 재미있는 일들을 많이 만들 수 있다. 스피치를 어렵게만 생각하지 말고 취미처럼 대하면 좋을 것이다. 스피치 영역은 발굴되지 않은 광맥과 같다. 21세기는 지식의 시대다. 자신의 지식을 바탕으로 강연안을 만들어보라. 그 콘텐츠는 엄청난 자산이 될 것이다.

최근 들어 스피치를 준비하는 전직 장관과 전직 CEO가 많아지고 있다. 현직에 있을 때부터 미리 준비했다면 더 좋았겠지만 늦게라도 준비하니 다행이다. 30년 이상 한 분야에서 전문가로 일한 분들은 젊은이들의 가슴을 뛰게 할 엄청난 이야깃거리들을 가지고 있다. 상상을 초월하는 마케팅 전략, 위기 때마다 일어섰던 노하우, 모두가 안된다고 했을 때 시도해 성공한 신화 같은 이야기들을 강연한다면 많은 사람들에게 좋은 영향을 줄 수 있을 것이다.

그러나 자신의 이야기를 청중에게 전달하겠다는 사람들이 그리 많지는 않다. 보석 같은 경험과 노하우가 사장되는 걸 볼 때면 무척 안타깝다.

얼마 전 금융 회사에서 오랫동안 CEO로 근무하다 은퇴 후 사외이사를 하고 있는 송 이사를 만났다. 점심을 함께 먹으면서 대화하는데 콘텐츠와 말솜씨가 아주 좋았다. 나는 그분에게 강연할 생각이 없는지 물었다.

"글쎄, 강연해볼 생각은 한 번도 하지 않았는데요. 지금 시작하기에는 너무 늦지 않았을까요?"

현재는 사외이사를 맡고 있으나 사외이사의 임기는 기껏해야 2년이다. 송 이사도 임기가 6개월가량 남아 그렇지 않아도 고민하고 있었다.

"이사님, 한 번 진지하게 생각해보세요. 제가 점심 먹으면서 30분 들어도 이렇게 배울 게 많은데 강연안으로 만들면 얼마나 좋은 콘텐츠가 되겠어요. 강연을 통해 후배들에게 노하우를 전수하고 존경도 받고요. 게다가 용돈까지 벌면 노후가 얼마나 품격 있겠어요?"

최고의 자리까지 오른 사람은 그 뒤의 일을 선택할 때 고민을 많이 한다. 대개가 그전 지위보다 못한 자리에서 일하기 때문이다. CEO들은 사외이사를 전전하거나 직원 한두 명 둔 컨설팅 회사를 차린다. 괜히 사업에 손댔다가 주변에서 "나이 들어서까지 왜 저러고 사나?"는 이야기를 듣기 십상이다. 그러니 아예 손을 놓고 골프장에서 소일하는 분들도 많다.

그런데 스피치는 자본금이 들지 않고 오히려 경제적으로나 사회적으로 안정된 생활을 누리게끔 해준다. 외국의 경우를 봐도 잘 알 수 있다. 잭 웰치나 빌 클린턴 등은 은퇴 이후 강연과 저술 활동으로 현

직 못지않은 영향력을 행사하고 있다.

만약 스티븐 스필버그 같은 사람이 은퇴 이후 강연을 한다고 생각해보자. 유니버설 스튜디오에 몰래 숨어들어 유령 회사를 차린 이야기, 바닷가에서 우연히 투자자를 만나 영화감독을 하게 된 이야기, 수많은 영화의 비하인드 스토리, 자신의 성공 노하우 등을 이야기한다면 젊은이들이 모여들 것이다. 스티븐 스필버그가 마이크를 잡을 때마다 수많은 스티븐 스필버그가 새로 태어날 것이다. 이런 엄청난 일을 가능케 하는 게 바로 스피치다.

여기에는 한 가지 조건이 있다. 제대로 준비를 하고 무대에 올라야한다. 말을 많이 하는 걸 폄하하는 분위기 속에서 살아온 CEO들이스피치를 제대로 배웠을 리 없다. 자칫 사람들을 혼수상태로 몰고 갈수 있기 때문이다.

삼성 그룹에 오래 근무하다 은퇴한 P부사장이 대표적인 경우다. 그는 집에서 쉬고 있던 차에 강연 요청이 들어와 설레는 마음으로 강연장으로 나갔다. 그는 10분 만에 청중들을 모두 졸게 만들었다. 자신이 일한 분야에서는 존경을 한 몸에 받았지만 스피치는 횡설수설로 일관한 것이다. 그 후 P부사장을 찾는 회사는 한 군데도 없었다. 당시 그의 강연을 들었던 사람들은 '저분은 지면으로 접할 때가 더나았다.'고 생각했단다.

준비 안 된 스피치는 안 하느니만 못하다. 오랫동안 쌓은 경험과 노하우가 빛을 발하도록 미리 준비해보자. 그러면 당신에게도 찬란한제2의 인생이 펼쳐질 것이다.

단지 말을 잘한다는 이유로 강사로 나서는 건 옳지 않다.

말에 책임을 져야 하고 보람을 느껴야 한다.

'할 말 없는' 사람이 말을 많이 하면 '할 일 없어지는' 상황이 오게 마련 아닌가?

전문 스피치는 타인의 삶을 업그레이드시키거나

최소한 좋은 영향을 주기 위해서 하는 말이다.

따라서 삶의 경험과 지식과 지혜가 담긴 콘텐츠가 절대적으로 중요하다.

Part 2
Contents Speech
콘텐츠 스피치

OI 스피치의 관건은
테크닉이 아니라 콘텐츠이다

스피치는 콘텐츠로 승부한다

텔레비전 강연을 하면서 얼굴과 이름이 알려지자 수많은 사람들이 찾아왔다. 자신들도 강의를 해보고 싶다는 것이다. 메일을 보내오는가 하면 회사로 무작정 찾아오기도 한다.

그들에게는 한 가지 공통점이 있다. 어렸을 때부터 말 잘한다는 소리를 엄청 들었다는 것이다. 심지어 동네 반상회에서 이런 말까지 들었단다.

"어머, 자기 말하는 거 보니 김미경이랑 똑같네. 한 번 나가서 말해봐!"

몇 년 전에는 하도 찾아오는 분들이 많아 강사 양성 과정을 운영하기도 했다. 10명을 모아 장장 3일 동안 강의 콘텐츠 만드는 방법을 열정적으로 가르쳤다. 대주제 및 소주제 정하는 법부터 에피소드 활용법까지 나만의 노하우를 아낌없이 전수했다. 그런데 수강생들의 표정이 영 떨떠름했다. 가르치면서도 반응이 왜 이러나 싶었는데 나중에 하는 말이 가관이었다.

"원장님, 저희가 배우고 싶은 건 강의 방법이 아니라 내용인데요. 청중을 감동시킬 내용은 언제 주실 건가요?"

그 말은 마치 딴 사람이 쓴 책을 내 책이라고 우기는 억지와 다를 바 없다. 남의 콘텐츠를 함부로 도용하겠다는 소리였다. 실제 그들에게 시연을 하게 해보면 인터넷에서 떠도는 이야기나 남의 강의 듣고 베낀 이야기 등을 마치 자기 말처럼 뻔뻔스럽게 했다. 지루하고 진부한 말을 듣고 있자니 속이 울렁거렸다.

우리 주변에는 콘텐츠로 사기를 치려는 사람들이 무척 많다. 즉 남의 생각과 아이디어를 가로채 출세하려는 것이다. 그런 사람들은 타인에게 영향을 미치는 직업을 선택해서는 안 된다. 요리 싫어하는 사람이 음식점 차리면 안 되는 것이나 돈 좋아하는 사람이 성직자 하면 안 되는 이치와 똑같다.

단지 말을 잘한다는 이유로 강사로 나서는 건 옳지 않다. 말에 책임을 져야 하고 보람을 느껴야 한다. '할 말 없는' 사람이 말을 많이 하면 '할 일 없어지는' 상황이 오게 마련 아닌가?

나는 지금도 자신이 말을 잘한다며 강연을 하고 싶다는 사람들에게 묻는다.

"사람들에게 무슨 말을 하고 싶으세요?"

나를 찾아온 사람들은 대개 이렇게 대답한다.

"무슨 말이든 시키는 대로 열심히 할게요."

누군가 콘텐츠를 만들어주면 자기는 말만 하겠다는 것이다. 그때마다 나는 이렇게 말하곤 한다.

"죄송하지만 생존 스피치와 전문 스피치는 달라요."

생존 스피치는 우리가 살아가면서 하는 일상적인 말이다. 즉 수퍼마켓에서 물건 사고 친구와 수다 떨고 어제 본 드라마를 누군가에게 설명하는 따위의 말이다.

전문 스피치에는 삶의 경험, 지식, 지혜가 담겨 있다

전문 스피치는 목적 자체가 생존 스피치와 전혀 다르다. 전문 스피치는 타인의 삶을 업그레이드시키거나 최소한 좋은 영향을 주기 위해서 하는 말이다. 따라서 삶의 경험과 지식, 지혜가 담긴 콘텐츠가 절대적으로 중요하다.

전문 스피치는 자본주의 사회에서 일정한 가치로 환산된다. 아무리 달변이라도 콘텐츠가 들을 만한 가치가 없다면 헛일이다. 내면을 채우는 강연이 아니라 시간만 낭비하는 강연이라면 처음부터 유통 자체가 불가능하다.

그렇다면 어떤 사람이 말을 해야 할까? 예를 들면 한비야 씨 같은 사람이다. 그녀의 직업은 원래 강사가 아니었다. 그녀는 지구 곳곳을 다니는 오지여행가이자 작가이며 월드비전 긴급구호팀 팀장으로 가난한 곳에 도움의 손길을 내밀었다.

실제 그녀는 전문 강사처럼 말을 잘하지는 못한다. 사투리를 섞어 말하기도 하고 단어 선택이나 말의 구성을 매끄럽게 하지도 못한다. 그러나 사람들은 그녀의 이야기를 듣고 싶어 한다. 남들이 하지 못한 독특한 경험과 그 속에서 얻은 삶의 지혜가 말에 녹아 있기 때문이다. 책에서 읽은 그녀의 환희와 고통을 실제 본인의 입을 통해 듣는다고 생각해보라. 말 잘하는 일류 스피커보다 한비야 씨의 말이 훨씬 더 감동적이다.

나만의 독특한 콘텐츠를 갖춰라

전문 스피치는 나만이 할 수 있는 말, 나만의 독특한 콘텐츠를 갖춰야 비로소 할 수 있다. 예를 들어 아프리카에서 봉사하며 말년을 아름답게 보냈던 오드리 헵번이 국제 구호단체에서 강연한다고 생각해보자. 그녀는 평생 스피커와는 거리가 먼 삶을 살았지만 강연장은 사람들로 미어터질 것이다.

그렇지만 어떤 사람이 스피치 학원을 20년 다녔다고 해서 청중이 모여들까? 청중은 들을 만한 말에 귀를 기울인다. 누구나 할 수 있는 말에는 10분만 들어도 지루함을 느낀다. 청중을 귀기울이게 만들려면 독특한 콘텐츠가 있어야 한다.

정보의 홍수 속에 살아가는 현대인들은 똑똑하다. 그들은 강연을 듣기 전에 들을 만한 콘텐츠인지 아닌지 귀신같이 구분한다. 그렇다고 한비야 씨나 오드리 헵번 같은 유명인만 강연할 수 있는 건 아니다. 그가 회사원이든 주부든 독특한 자신만의 콘텐츠를 가진 사람이라면 누구나 강연할 수 있다.

똑같은 일을 경험했던 사람들 중에서도 강연을 지루하게 하는 사람이 있는가 하면 정말 들을 만하게 하는 사람이 있다. 심재혁 레드캡 투어 사장을 예로 들어보자.

그는 1970년대 LG상사에 입사한 뒤 서류 가방을 들고 전 세계를 돌아다니며 물건을 팔았다. 당시 심 사장과 비슷한 일을 했던 수출 역군들은 최소 5만 명 정도는 될 것이다. 그런데 그는 수십 년간 자신만의 일을 한 가지 더 했다. 외국 출장 나갈 때마다 현지의 음식과 술을 맛보는 데 취미를 붙인 것이다. 나라마다 제각각인 술의 역사와 종류, 맛 그리고 술잔 모양까지 공부했다.

그는 서류 가방에 수출 목록만 담은 게 아니라 각국의 술과 음식 목록도 함께 가져오기 시작했다. 그가 20여 년간 취미로 했던 일은 수년 전 인터콘티넨탈 호텔 사장으로 취임하면서 빛을 발했다. 술과 음식에 대한 해박한 지식을 들려주면 손님들이 무척 즐거워했다. 직접 마시고 경험한 술 이야기를 하니 다들 관심이 갈 수밖에. 그는 내친 김에 해박한 술 지식으로 폭탄주를 만들기 시작했다.

"폭탄주는 없어져야 할 한국의 전유물이 아닙니다. 서양에서도 마셨어요. 미국에서는 보일러 메이커Boiler Maker라고 하고 영국이나 싱

가포르에서는 뎁스 차지Depth Charge라고 부르죠. 우리 조상들도 예로부터 자중홍自中紅이라고 해서 막걸리에 소주나 홍주를 타서 마셨어요. 자, 여기 회오리 술 드실 분?"

그의 즉석 폭탄주 강연과 제조 퍼포먼스는 입소문을 타기 시작했다. 얼마 후에는 강연 요청이 들어왔다. 심재혁 사장은 대중강연을 잘하는 스타일은 아니다. 워낙 목소리의 톤이 일정해 청중이 졸 가능성이 높다. 그러나 사람들은 아무리 졸려도 귀를 세운다. 내용이 흥미롭고 들을 만하기 때문이다.

지금도 해외 영업하는 사람들을 만날 기회가 있다. 그들 중에는 마일리지가 100만이 넘는다고 자랑하는 이들이 있다. 그러나 마일리지가 100만이고 200만이면 뭐 하나? 여행이나 출장이 빛바랜 추억일 뿐이다. 똑같이 10년 동안 비행기를 타도 누구는 강연을 하고 누구는 자랑으로 끝나니 말이다. 그 가치의 차이를 생각해볼 필요가 있다.

20년간 주부로만 살았어도 스피커가 될 수 있다. 지난번 MBC에서 사교육에 관한 강연을 한 뒤 한 주부에게 편지를 받았다. 두 아이를 과외와 학원 도움 없이 서울대에 보낸 이야기가 담겨 있었다. 그녀는 마사지 숍에서 일하고 남편은 중소기업에서 일하는 평범한 집안이었다. 그녀의 이야기 중 마음에 콕 박히는 대목이 있었다.

"아이들을 사교육 없이 키우고 싶다고요? 그건 엄마의 역할을 직업으로 하느냐 취미로 하느냐에 달렸습니다. 저는 직업 엄마였어요. 제가 했던 일을 연봉으로 치면 1억 원이 넘습니다."

그녀는 아이들이 유치원을 마칠 때까지 자유롭게 놀게 했다. 아이

들이 초등학교에 입학하자 매일 7시에 퇴근하고 8시에 함께 저녁을 먹고 9시 반까지 대화하는 생활을 반복했다. 학교에서 있었던 이야기도 듣고 선생님이 해주셨던 이야기도 물으며 함께 숙제도 하면서 공부하는 습관을 자연스럽게 몸에 배게 했다.

그렇게 몇 년이 지나자 아이들은 시키지 않아도 매일 한 시간 이상 스스로 공부하기 시작했다. 중고등학교 때부터 성적이 오르기 시작한 아이들은 학원 근처에도 가지 않고 서울대에 나란히 합격했다.

요즘 사교육비는 초등학교 때부터 한 달에 최소 수십만 원 이상 든다. 만약 가정교사를 고용해 365일 내내 아이 둘에게 맞춤교육을 시킨다면 얼마나 들까? 그것만 따져봐도 최소한 3,000만 원 이상은 들지 않을까? 그러나 많은 엄마들은 직업이 아닌 취미로 엄마 역할을 한다. 학습지와 학원에 자신의 역할을 대신 맡기고 자신은 텔레비전을 보거나 밖에서 볼일을 본다.

아이의 성적을 좌우하는 것은 학원과 과외다. 학원과 과외 선생이 없으면 아이의 성적은 수직 하강한다. 그러나 '직업 엄마'가 곁에서 공을 들인 아이는 다르다. 엄마가 아이 옆에서 맞춤교육을 해 공부 습관을 만들어주면 그 뒤로는 알아서 공부한다.

그 엄마의 편지를 읽고 난 뒤 난생처음으로 전업주부가 되고 싶다는 생각이 들었다. 그 정도로 나를 자극했다. 그 엄마라면 '나는 직업 엄마였다'라는 주제로 강연해도 좋을 것이다. 비록 말재주는 없어도 주부들에게 틀림없이 공감을 얻지 않을까?

전업주부도 얼마든지 강연할 수 있다. 말을 얼마나 잘하느냐가 중요한 게 아니라 살아온 인생의 깊이와 사물을 바라보는 관찰력, 그리고 세상의 이치를 얼마나 깨우쳤느냐가 중요하다.

말이 어눌하고 스피치 기교가 떨어져도 할 말 있는 사람이 말을 해야 세상에 좋은 영향을 미칠 수 있다. 반면 학식과 직책이 높아도 들을 만한 이야기가 없으면 입을 닫아야 한다.

강사 생활을 시작할 무렵에는 20대 직장여성들을 대상으로 한 강의 의뢰가 많았다. 나도 20대에 직장 생활을 했으니 그 또래가 어떤 고민을 하는지 눈에 선했다. 나는 하고 싶은 말이 넘쳐 혼자 흥분하면서 강연안을 만들었다.

"여러분! 직장 생활 5년에 통장에 뭐가 남았죠? 카드 빚 500만 원 남았죠? 자기계발 하시나요? 일요일이면 엄마한테 깨우지 말라고 짜증 내죠? 남자? 남자랑은 얼마 전 또 헤어졌잖아요, 안 그래요?"

그렇게 정신없이 말을 쏟아내면 20대 직장여성들은 자기들끼리 얼굴 쳐다보면서 웃느라 정신없다. 본인들 이야기를 점쟁이처럼 맞추니까 내용이 재미있고 귀에 쏙쏙 들어온다는 것이다.

몇 년 전 스토리온의 「박철 쇼」에 나간 적이 있다. 남녀의 심리에 대해 수다 떨듯 자유롭게 이야기했다. 박철 씨가 한참 웃으며 질문했다.

"어디 가서 신 내렸다는 이야기 안 들으세요?"

최고의 칭찬이었다. 내가 논리적 근거와 수많은 사례를 통해 청중이 잠시도 딴짓을 하지 못하게 강연했다는 뜻이다. 아무튼 그 당시 20대 직장여성 대상 강연은 '점쟁이' 소리까지 들으면서 성공적으로 했다.

할 말이 생길 때까지 공부하라

그 후 콘텐츠를 더 넓혀야겠다고 생각하던 차에 한 투자신탁 회사에서 강의 요청이 들어왔다. 주제는 '성공하는 여자의 리더십'이었다. 30대 중후반 여성들 대상이었다. 대개 고졸사원으로 입사해 경력이 15년 이상 된 분들이었다. 나보다 나이와 직장 경력이 많았다.

나로서는 그분들이 회사에서 어떤 애환을 겪는지 알 도리가 없었다. 일주일 동안 고민했지만 마땅한 콘텐츠가 없었다. 도저히 안 되겠기에 비슷한 처지에 있는 몇 명을 만나 겨우 자료를 준비했다. 그렇게 4시간 동안 강의하긴 했는데 그 뒤 10년 동안 그 회사 간판을 쳐다볼 수 없었다. 길을 가다 그 회사 간판만 보이면 두 눈을 질끈 감았다. 당시 내가 얻은 교훈은 한 가지였다.

'할 말이 없으면 하지 말아야 한다.'

그때는 그런 분별력이 없어서 무슨 강연이든 불러만 주면 좋다고 뛰어갔다. 그러나 그 강연은 내가 해서는 안 되는 거였다. 대실패였다. 나는 '할 말'을 만들고 준비하기 위해 미친 듯이 공부했다. 30~40대 여성들의 삶을 알려고 서점에 가서 '여성'자가 들어가는 책은 무조건 구입했다.

당시 14평짜리 연립주택에 살았는데 큰애 방의 옷과 장난감을 다 치우고 커다란 책장을 들였다. 책장을 여성 관련 책으로 가득 채우는 데 얼추 300만 원이 들었다. 나는 며칠 동안 잠도 멀리하고 책만 읽었다. 그렇게 미친 듯이 책을 읽으니 어느 정도 맥이 짚이기 시작했다. 강연의 내용과 목차도 함께 생각났다. 그러나 책에서 읽은 이야기만

짜깁기해서 말할 수는 없었다. 무엇보다 생생한 경험담이 필요했다.

나는 다시 발로 뛰면서 사람들을 만났다. 대형 마트 계산원을 대상으로 한 강연이라면 미리 그분들을 만나 이야기를 들었다. 한 번은 백화점 여자 직원 대상 강연 의뢰가 들어왔다. 나는 강연에 앞서 미리 그들을 만났다. 그들은 대화 중 '까대기 친다'는 말을 했다. 처음에는 무슨 욕인가 싶었는데 알고 보니 박스를 뜯는다는 이야기였다. 이런 현장 용어는 당연히 강연안에 포함했다.

"여러분, 오늘 까대기 몇 개나 치셨어요? 한 100개 정도 치고 나면 다음날 삭신이 쑤셔서 서 있기도 힘드시죠?"

그렇게 강의를 시작하면 백발백중이었다. 콘텐츠 만드는 기본기를 익히니 적어도 할 말이 없어서 낭패를 보는 일은 없어졌다.

김소희 선생은 수제자인 명창 안숙선에게 이렇게 신신당부했다고 한다.

"아무 데나 나가서 소리하지 마라."

그 말은 소리가 농익지 않으면 아무리 높은 자리에 불러도 노래하지 말라는 뜻이었다. 나갈 자리와 안 나갈 자리에 대한 분별력을 키우라는 이야기다. 나도 우리 회사에서 성장한 강사들에게 똑같이 이야기한다.

"할 말이 없으면 절대로 나가지 마세요. 할 말이 생길 때까지 기다려야 해요."

준비가 제대로 되지 않았으면 준비될 때까지 기다려야 한다. 대중 앞에 나서는 사람이라면 누구나 지켜야 할 불문율이다.

얼마 전 로터리 클럽 초청으로 '아름다운 노후'에 대해 강연한 적이 있었다. 청중의 평균 연령이 70대여서 무슨 말을 해야 할지 고민이었다. 강연은 예전에 읽었던 카터 대통령 일대기와 우리 부모님 이야기를 섞어 무사히 마쳤다. 하지만 나는 내 점수를 확실히 알 수 있었다. 100점에서 딱 21점이 모자란 79점이었다. 무척 죄송했다.

그때 이후로 70대를 위한 새로운 강연 콘텐츠를 준비하고 있다. 지식에 대한 목마름은 40대나 70대나 똑같다. 오히려 새로운 정보에서 소외되는 그분들의 열망이 더 클지도 모른다. 그들을 제대로 연구하지 않고서는 16년간 강의한 나로서도 딱히 할 말이 없다. 당분간 70대를 대상으로 한 '노후 강연'은 자제할 생각이다. 제대로 된 말을 구상하고 만들어낼 때까지는 말이다.

「J도 제자들에게 성령을 기다리라고 했다. 오직 성령이 너희에게 임하시면 너희가 권능을 받고 예루살렘과 온 유대와 사마리아와 땅끝까지 이르러 내 증인이 되리라 하니라.
그리스도인은 그리스도 혼자가 말고 하나님의 영, 성령과 동행, 그의 인도와 능력으로 살아가야 한다.」 3/18/13

O2 스피치는 건축처럼 설계도를 짜야 한다

"할 말은 많은데 연단에만 서면 머릿속이 하얘지면서 입이 얼어붙어요."

"정작 할 말은 못하고 쓸데없는 말만 하다 내려와요."

"질문에 답하다 보니 강연은 뒷전이네요."

그들에게는 한 가지 공통점이 있다. 스피치 설계도를 전혀 그리지 않는다는 사실이다.

새해가 되면 각 기업 비서실에서 CEO의 신년사 발표 자리를 만들게 마련이다.

"회장님, 직원 500명 모이는 자리를 마련했는데 좋은 말씀 해주시죠."

평소 하고 싶었던 '좋은 말씀'이 어디 한두 마디였을까?

'평소 할 말도 많았는데 마이크 잡으면 말이 알아서 나오겠지.'

그런 생각으로 강단에 오르면 무조건 실패다. 짧은 시간에 하고 싶은 말을 다할 수는 없는 노릇이다. 대충 5개 정도를 말하려고 했는데 2개는 잊어버리고 3개만 이야기하는 경우, 첫 번째 이야기를 하다 흥분해서 나머지는 숨도 안 쉬고 속사포처럼 하는 경우 등 실패의 유형도 다양하다. 어설프게 단어만 몇 개 적어서 연단에 오르는 경우도 실패하기 쉽다.

CEO들 중에는 신년 비전에 대해 말하려고 올라가서는 젊은 사람들이 너무 패기 없다고 열변을 토하다가 결국 잔소리로 끝맺는 경우도 부지기수다.

설계도면 한 장으로 구조화하라

스피치를 설계하지 않으면 강연자도 할 말을 못 하고 청중도 들을 말을 못 듣는다. 결국 서로가 피해를 보는 스피치가 된다. 스피치는 3분짜리 자기소개든 1시간짜리 강연이든 무조건 설계부터 해야 한다.

하고 싶은 말을 몇 개의 소주제로 나누어 구분하고 앞뒤에 도입부와 종결부를 붙인다. 그렇게 기본적인 설계만 해두면 3분이든 1시간이든 주어진 시간에 맞게 하고 싶은 말을 할 수 있다. 물론 스피치 설계는 사람마다 스타일이 다르다.

홈플러스의 이승한 회장은 대학 때는 경영학을 전공했지만 도시공

학 박사 학위를 받을 정도로 도시설계를 좋아했다. 그분은 모든 것을 상상하고 그래픽화하는 취미가 있다. 그분이 내게 보여준 '인생의 스티어링 휠'이라는 그림은 무척 흥미롭다. 그림의 가운데 원에는 행복이라고 써 있다. 그리고 주위 원마다 일, 가족, 건강, 친구 등이 적혀 있다.

홈플러스 이승한 회장의 '인생의 스티어링휠'

그는 외부 강의를 나갈 때마다 이 도면 한 장으로 자신을 소개한다. 원고로 10장 이상 나올 이야기들을 종이 한 장에 모두 담은 것이다.

그림이 너무 재미있어서 스피치를 이런 방식으로 설계해도 좋을 것 같았다. 실제 이승한 회장은 할 말을 그림으로 구조화했다.

지난해 초 『이코노미스트』의 한 꼭지인 「김미경이 만난 스피치 달인들」에 이승한 회장이 선정돼 인터뷰를 한 적이 있다. '신년사 준비하는 법'이 인터뷰 주제였다. 그는 대답 대신 '비전 하우스'라는 설계도 한 장을 내밀었다.

"여기 집 모양 보이시죠? 지붕에는 대주제가 써 있고 지붕을 받치는 각 기둥에는 소주제들이 적혀 있습니다. 바닥은 기초를 다지는 의미니까 소주제를 실천하기 위해 무엇을 할 것인지 액션 플랜이 담겨 있죠."

전체 말의 내용을 한 장의 설계도면으로 구조화하면 금방 이해가 된다. 말하는 사람도 듣는 사람도 한결 소통하기가 편했다.

전직 일러스트레이터이자 동화작가였던 남이섬 강우현 대표는 그림을 활용한다. 강 대표는 창조 경영과 상상 경영의 대명사로 불린다. 그는 많은 기업과 지방 시·군에서 강연 요청을 받는단다.

그의 남다른 창조성의 밑바탕에는 순수함과 장난기가 숨어 있다. 그는 송파구청이 4,000만 원을 들여 처리하던 은행잎을 무료로 가져와 남이섬의 '가을철 소품'으로 활용한다. 그래서 그는 쓰레기를 '쓸애기'라고 부른다. 그는 불가능함을 나타내는 영어 단어 impossible을 I'm possible로 바꾸어 '나는 할 수 있다'고 외치기도 한다.

몇 년 전부터 많은 사람들이 그의 남다른 상상력을 배우기 위해 남이섬을 찾는다. 그가 24시간도 모자랄 정도로 너무 바쁘다 보니 외부에서는 강연을 하지 않고 남이섬에서만 하기 때문이다.

그의 프레젠테이션에는 별도의 텍스트가 없다. 대부분 그가 그린 그림과 남이섬의 사진들로 진행된다. 그는 점과 점, 점과 선을 이은 그림이 전혀 다른 그림으로 바뀌는 걸 계속 보여준다. 청중은 800장의 그림을 보면서 인식의 틀을 바꾸는 경험을 한다. 강 대표는 그림을 통해 설계하고 그림을 통해 소통하는 독특한 자기만의 방식을 갖고 있다.

내가 만드는 스피치 설계도는 책 목차와 비슷하다. 만약 '창업 성공의 비밀'이라는 주제로 1시간 강연을 한다고 가정해보자.

먼저 A4 용지 3장을 책상 위에 펼쳐 놓는다. 그 위에 3가지 대주제를 하나씩 쓰고 대주제마다 각각의 소주제를 넣으며 에피소드를 끼워 넣는다. 그리고 종결부를 채워 글을 마무리한다. 그렇게 모든 강의마다 3장짜리 강연안을 작성한다.

대주제 1
내 안의 가치를 찾아라
1) 적성형 창업 2) 경력형 창업
3) 취미발전형 창업 4) 살림솜씨형 창업

대주제 2

이럴 때 창업하면 안 된다

1) 허영에 들떠 있을 때
2) 창업에 대한 유혹이 있을 때
3) 서비스에 두려움이 있을 때
4) 직업에 귀천을 따질 때
5) 일확천금을 꿈꿀 때

대주제 3

창업 성공 3단계

1) 디자인 단계 : 나 자신을 디자인하라
2) 쇼 단계 : 나를 차별화하라
3) 리액션 단계 : 고객을 감동시켜라

지금은 컴퓨터로 작성하지만 예전에는 일일이 손으로 써서 만들었다. 예전에 2년 동안 스피치 설계만 한 적도 있었다. 그렇게 해서 만든 설계도 파일만 여러 권이다.

2006년 「MBC 스페셜」 팀에서 갑자기 전화가 왔다. 남녀 간 말 차이에 관한 프로그램을 준비하는데 강연하는 모습을 찍어 자료 화면으로 쓰겠다는 것이다. 하루 종일 카메라로 찍더니 딱 3분짜리로 내보냈다. 그런데 그 장면을 본 MBC 편성국 본부장이 직접 전화를 걸어왔다. MBC에서 정식으로 강연해보자는 것이다. 그때 MBC가 내게 제의한 시간대는 오전 10시였다. 주요 시청자인 주부들에게 할 이야기를 구상해보니 1시간 강연을 세 번 할 양이었다.

첫 시간에는 아내와 남편의 심리에 대해 이야기했다. 방송 날짜가 하필이면 지방 선거일이었다. 속으로 걱정했지만 의외로 시청률이 높게 나왔다. 그 뒤에 했던 2번의 방송도 연속 홈런을 쳤다. MBC에서는 아예 고정 프로를 만들자고 제의했다.

"더는 못 해요. 모든 이야기를 쏟아내서 더 이상 할 말이 없어요."

"주제가 다르면 할 이야기도 달라질 테니 계속 해보시죠."

담당 피디는 속 편한 소리만 했다. 1시간 강연 내용을 2~3개 모으면 책 한 권 분량이 된다. 그 정도로 콘텐츠 만드는 게 보통 일이 아니다. 그러나 좋은 기회이니만큼 무작정 거절하기도 힘들었다. 결국 이를 악물고 방송에 매달렸다.

매주 90분씩 녹화하고 20분은 편집해서 70분짜리 강의를 만들어냈다. '셀프 리더로 성공하는 법' '전업주부와 일하는 여성 간의 갈등' '가족 간의 대화' '21세기 남자로 사는 법' '변화관리' '남녀의 세상 살아가는 법칙' '창업 성공의 비밀' '성희롱' '명절을 바꿔야 한다' 등 수많은 주제를 강의했다.

특히 40~50대 직장인 남성들의 애환을 다룬 '빨대부장' 강의는 주부 시청자가 많음에도 최고의 인기였다. 아내는 그 강의를 녹화해서 남편에게 보여줬고 시어머니는 며느리에게 '네 남편 이야기가 나오니 잘 보라'고 전화할 정도였다.

"몇 년 전, 제가 남편을 따라 가족여행을 갔다가 정말 된통 당한 적이 있어요. 우리 남편 회사는 여름휴가 때마다 직원들끼리 팀을 짜서 호텔을 잡아주는데 어떨 때는 '죽음의 조'가 짜일 때가 있어요. 회사 임원이 들어왔다 하면 접대하느라 휴가도 아닌 거죠. 그런데 남편이 이번엔 자기 '쫄병'밖에 없으니 안심하라는 거예요. 그래서 애들 끌고 내려갔더니 글쎄 스케줄이 바뀌었다며 부사장이 와 있는 거예요.

난 이 남자 동작이 그렇게 빠른 줄 처음 알았어요. 미친 듯이 뛰어가더니 90도로 절하고 체크인 대신해주고 7층으로 가방까지 옮겨다 주는 거예요. 조금 뒤에 부사장이 자갈치 시장에 가고 싶다고 해서 따라갔는데 시장 횟집은 애들이 먹을 게 하나도 없잖아요. 통조림 옥수수만 3캔은 먹었을 거예요. 몇 시간 버티다 겨우 일어섰죠. 그런데 이번에는 부사장 사모님이 5년간 못 만난 스님을 만나야 한다며 절에 가자는 거예요.

그 더운 날, 절에서 3시간 동안이나 기다리는데 애들이 얼마나 힘들어요. 첫째는 성질이 나서 절에 있는 흙을 발로 다 파지, 둘째는 바나나보트 타고 싶다고 울지, 막내는 땀띠 나서 부채질 해줘야지 정신이 하나도 없었죠.

저녁에 또 부사장이랑 남자들 넷이 광안리에 모였어요. 남자들은 재밌어 죽죠. 같이 따라온 여자들은 뭐냐고요. 인생에서 처음 만난 사람들이 무슨 할 말이 있겠어요. 애들은 졸려 죽고 여자들은 지루해 죽는 거예요. 무슨 이야기를 저렇게 재미있게 하나 하고 들어봤는데 정말 하나도 안 웃겨요. 난 우리 남편이 그렇게 안 웃긴 이야기에 잘 웃는 남자인 줄 처음 알았잖아요.

그런데 휴가 갔다 와서 첫째 딸이 저한테 아빠한테 좀 잘하래요. 그렇게 안 웃긴 이야기에 4시간 동안 웃는 거 보라고. 우리 아빠가 제일 길게 웃었다고. 듣고 보니 정말 그렇대요. 참, 한국남자들 사는 것 보니까 너무 불쌍해요. 남편이 벌어오는 돈이 일만 해서 버는 게 아니라 다 그렇게 벌어오는 돈이에요. 남자들이 '내가 술 먹고 싶어서 먹냐? 할 수 없이 마시는 거지'라는 말이 다 맞더란 이야기죠."

그날 강의는 유난히 카메라에 방청객이 많이 잡혔다. 하도 우는 남자가 많아서였다. 그 강의가 나간 후 직장인 남성들로부터 이메일을 숱하게 받았다. 어떻게 우리 마음을 그렇게 잘 아느냐는 것이다.

방송이 점점 입소문을 타면서 시청자들의 반응 또한 더욱 뜨거워졌다. 방송하는 날이면 주변 친구들에게 "김미경 원장 나오니 빨리 보라."고 전화한다는 열성 팬도 생겼다. 그런 이야기를 들을 때마다 보람 있고 뿌듯했지만 개인적으로는 무척 힘들었다. 매주 콘텐츠 만드느라 고3 수험생처럼 살아야 했기 때문이다.

녹화가 끝나면 담당 피디는 다음 주 주제로 뭘 정할지 먼저 물었다. 그렇게 주제만 정하고 가버리면 나는 일주일 동안 책 한 권을 써야 했다. 매번 녹화할 때마다 분장실에서 졸 정도로 피곤에 절어 살았다. 그 과정을 무려 2년 내내 반복했다.

결국 나는 두 손을 들고 말았다.

"내 머리에서 더 이상 나올 말이 없어요. 이젠 그만할래요."

나는 마지막 녹화를 끝내고 방송국에서 나오던 날 수능시험을 치르고 나오는 학생처럼 만세를 불렀다. 2년 동안 너무나 고통스러웠

기 때문이다. 그런데 지금 돌이켜보면 그때가 나를 담금질하는 시기였다. 그 후로는 어떤 주제에도 강연안을 뚝딱뚝딱 만들어냈으니 말이다.

지금 MBC 희망특강 「파랑새」에서 강의할 때는 1장짜리 구성안을 만든다. 도입부와 각 주제 그리고 종결부를 1장에 요약해놓고 머릿속으로 각각의 시간을 계산한다. 그걸 완전히 숙지하고 무대에 오른다. 그러면 사람들은 내 구성안 속에서 절대 빠져나가지 못한다.

예를 들어 MBC 희망특강 「파랑새」에서 안숙선 명창에 대해 의뢰했을 때의 일이다. 나는 먼저 주제에 대해 고민했다. 한 인물을 조명할 때 그에 관한 자료는 아주 다양하다. 명창으로 성장하기까지의 노력과 인내심을 부각할 수도 있고 명창으로서의 자기관리를 이야기할수도 있다. 각각의 시각에 따라 여러 면을 볼 수 있다.

내가 생각한 주제는 '소리로 세상의 이치를 깨달아 가는 사람'이었다. 한 분야의 진정한 프로는 자신의 일을 통해 세상의 이치를 배워나간다. 요리사는 요리로, 무용가는 무용으로, 화가는 그림으로 득도의 경지에 오르는 것이다. 나는 안숙선 명창을 통해 시청자들은 어떻게 그들의 직업으로 세상 이치를 깨달아야 할지에 대한 강연안을 만들었다.

첫째 파트에서는 잘하는 것과 득도하는 것의 차이에 대해 말했다. 잘하는 것은 남의 관점인 반면 득도는 내 관점이다. 잘하는 사람은 셀프 리더십 단계에 머무르지만 득도는 세상과 우주 만물과 같이 움직이는 리더십이라는 것이다. 돈을 잘 버는 것과 돈 버는 이치를 깨닫는 것이 다르듯 소리를 잘하는 것과 소리하는 이치를 깨닫는 건 질적으로 다르다는 점을 강조했다.

둘째 파트에서는 득도하는 사람의 특징을 언급했다. 그들은 하나같이 엄격한 자기만의 기준이 있다. 아무리 남들이 잘했다고 해도 스스로 만족하는 법이 없고 죽기 전까지 눈빛이 살아 있다.

셋째 파트에서는 직업으로 득도하기 위해 필요한 것에 대해 이야기했다. 즉 자기만의 삶의 도덕성, 윤리의식, 분별력 등이 있어야 한다. 그리고 각자의 직업에 도를 담자는 내용으로 강연을 마무리했다.

설계도를 치밀하게 만들려면 주제를 잘 정해야 한다. 할 말이 차고 넘쳐야 설계도도 제대로 만들 수 있다. 따라서 그 어떤 스피치를 하든 말하고자 하는 주제에 몰입하는 것이 가장 중요하다.

스피치 원고는 직접 써야 한다

스피치는 가이드처럼 설계도 속으로 사람들을 이끄는 일이다. 그런데 가이드가 지도나 계획서 없이 엉뚱한 곳으로 사람들을 이끌고 가서는 머리를 긁적이면 어떻게 될까? 많은 사람들이 황당해할 것이다.

스피치 설계도는 말하는 사람이 직접 구상해야 한다. 남이 써준 원고를 그대로 읽는 것은 자신뿐만 아니라 같이 떠난 사람들까지 헤매게 한다. 스스로 설득되지 않는 말로는 결코 남을 설득할 수 없는 법이다.

사람들은 대개 직접 원고 쓰기를 두려워한다. 스스로 글재주가 없

다고 주눅이 들어서다. 그래서 아랫사람이 써온 원고를 그대로 읽는다. 아랫사람이 바뀌면 스피치의 색깔도 달라진다. 원고를 누가 썼든 관계없이 내 목소리로 읽는 순간 그 내용은 내가 책임져야 한다.

명연설가로 이름났던 고 김대중 대통령은 평생 스피치 원고를 직접 쓰고 다듬었다고 한다. 그는 야당의원 시절부터 직접 스피치 원고를 썼다. 대통령으로 재직하는 동안에도 비서가 쓴 원고를 그대로 읽는 법이 없었단다. 거울을 보며 연습하다가 매끄럽지 않거나 설득력이 약한 부분은 직접 고쳤다는 것이다. 그는 그 정도로 스피치 원고에 많은 공을 들였다. 그는 독서광이었기에 무한한 스피치 자원을 가지고 있었다.

"책 읽을 시간이 없어서 감옥에 다시 가야겠어요."

그는 그런 농담을 할 정도로 손에서 책을 놓은 적이 없으니 당연한 일일 것이다. 그는 독서를 통해 역사를 꿰뚫고 앞선 사람들의 경험을 자기 것으로 만들었다.

"서생적 문제의식과 상인의 현실감각을 함께 갖춰야 합니다."

그가 아니면 할 수 없는 명언이었다.

리더는 아무리 바빠도 직접 스피치 원고를 써야 한다. 과거 글쓰기에서 빵점을 받은 사람이라도 사회적 책임을 지게 되면 다시 공부해야 한다. 내가 직접 쓴 원고와 남이 써준 원고는 파급 효과와 진실성에서 차이가 날 수밖에 없다.

지금까지 남이 써준 원고만 읽었다면 한 번은 자신이 직접 원고를 써보기를 권한다. 영향력의 차이를 분명 경험할 수 있을 것이다.

03 스피치에도 황금분할이 있다

나는 대학에서 작곡을 전공했다. 3학년 때 기말 과제로 현악 4중주를 작곡해야 했다. 나는 며칠을 고민하다 도서관에서 이중섭의 「소」를 보고서는 꼬리까지 이어지는 굵은 선에 그만 마음을 뺏기고 말았다. 나는 그림을 보며 소에 관한 짧은 소설을 써보고 싶어졌다. 그리고 그걸 현악 4중주로 표현한다면?

명작에는 격정을 불러일으키는 섬세한 스토리가 있다

사람들은 흔히 작곡이 '필'을 받아 갑자기 되는 걸로 생각한다. 그러나 작곡을 하려면 무엇보다 이야기가 필요하다. 스트라빈스키의

「불새」나 비발디의 「사계」 같은 명작에는 격정을 불러일으키는 섬세한 스토리가 있다.

황량한 들판에 새싹 하나가 불쑥 솟아오르면 이에 질세라 다른 풀들도 싹을 틔우며 경쟁하듯 자라난다. 종달새가 지저귀고 얼음이 녹은 시냇물도 졸졸졸 흐르며 그 사이로 양 떼를 몰고 목동이 등장한다. 양들은 들판 위를 뛰놀고 목동은 봄볕 아래 꾸벅꾸벅 존다. 이윽고 온 들판이 알록달록 화려하게 물들고 목동은 피리를 분다. 그러면 양들은 이리저리 뛰논다. 「사계」 중 '봄'을 감상하면서 머릿속에 그려진 스토리이다.

나는 어린 송아지가 들판을 헤매다가 길을 잃은 뒤 야생의 수소가 되는 과정을 표현해보고 싶었다. 어린 송아지가 길에서 온갖 짐승들을 만나고 사고로 다리가 부러지는 등 수많은 경험을 한 뒤 성숙한 소로 성장하는 스토리였다. 나는 우선 스케치북에다 소를 그리고 소가 겪을 상황을 하나하나 상상하며 이야기에 살을 붙였다.

먼저 빗방울이 떨어지는 날에 엄마 소가 송아지를 낳는 드라마틱한 상황부터 연출했다. 그리고 그 송아지의 히스토리와 음악을 시간 순서대로 배열했다. 물론 갈등이 고조되는 때를 클라이맥스로 잡는다. 다음은 각각의 소리를 만들고 이에 어울리는 악기와 매치한다. 소의 울음소리는 첼로를 메인으로 해서 표현하고 종달새는 바이올린에 맡긴다.

이윽고 스토리를 오선지에 옮길 차례다. 도입부에 빗방울 같은 작은 음들을 넣어 송아지의 탄생을 예고한다. 막 태어나 절뚝거리는 어린 송아지는 A라는 주제로 표현한다. 이어 아빠 소가 등장하면 굵고 웅장한 주제 B가 나오고 엄마 소는 잔잔한 주제 C를 넣어 표현한다.

1악장은 A, B, C의 서로 다른 색깔을 가진 주제들이 평화롭게 어울려 놀도록 둔다. ,

2악장은 음에 변화를 다양하게 주어서 어린 송아지가 겪는 역경과 고난을 노래한다. 클라이맥스는 천둥 번개가 길을 잃고 헤매는 송아지를 내리치는 장면이다. 아주 중요한 장면이다. 4분음표 1개를 32개로 쪼개 쉴 새 없이 위험과 변화에 대한 두려움을 표현하고 굵은 화성으로 번개를 강렬하게 때려주면 클라이맥스로 올라가게 된다.

마지막 3악장은 무조건 1악장의 주제, 선율, 느낌으로 돌아간다. A-B-A' 구조다. 클래식 작곡의 기본 원칙이다. 만약 여기서 또 다른 선율이 등장하면 삼천포로 빠진다. 3악장은 어른이 된 소가 송아지일 때의 자신을 회상하는 것을 나타내는 A-B-C가 다시 흘러나온다. 드디어 종결부. 웅장한 선율로 소의 깨달음인 '나는 내 인생을 살아가렵니다.'를 대신하며 마무리한다.

나는 대학 4년간 작곡을 배우면서 매사를 음악적인 구조로 생각하는 훈련을 했다. 10년 후에 그것이 어떤 식으로 다시 쓰일지 짐작도 못한 채 말이다.

스피치는 음악처럼 일정한 구조를 갖는다

"어쩜 그렇게 말을 잘하세요?"

강사 생활을 시작한 후 많이 들은 말이다. 입에 발린 말도 있었지만 대부분 진심 어린 칭찬이었다.

"원장님 강의는 다른 사람하고 달라요. 5분짜리 음악 같아요. 잔잔하게 시작해 클라이맥스를 지나 마지막에 가서는 꼭 사람을 울린다니까요."

처음에는 사람들이 왜 그렇게 말하는지 몰랐다. 다른 강사들도 다 나와 같으려니 생각했다.

그런데 어느 날 한 신문사 기자와 인터뷰를 할 때였다. 그는 그간 지겹도록 듣던 "음악을 전공하신 분이 어떻게 강의를 하세요?"라는 질문은 하지 않았다. 대신 "원장님은 작곡을 하셔서 강의를 잘하시나 봐요?"라고 하는 것이 아닌가?

그 순간 머리에 번개를 맞은 듯했다. 그의 말이 맞을지도 몰라서였다. 나는 MBC 강의 동영상을 다시 한 번 찬찬히 살폈다. 그리고 한 가지 사실을 알게 됐다. 화면 속의 나는 마치 대학 시절 곡을 쓰듯 강의하고 있었다.

도입부에서는 나를 재미있게 소개하면서 청중과 호흡을 맞춘 뒤 할 말의 실마리를 풀었다. A에서는 몇몇 주제를 제시하고 그 주제가 왜 중요한지 이야기를 풀어나갔다. B에서는 극적인 에피소드를 섞어 클라이맥스로 이끌었다. 그리고 다시 A로 되돌아가 왜 지금까지 그런 이야기를 했는지 주제를 상기시키고 마지막 부분으로 넘어갔다. 이

부분에서 주로 사용하는 방법은 사람들을 울리는 거였다. 환호성을 지르고 박수 치며 끝내는 건 별 재미가 없다. 주제에 어울리는 가슴 뭉클한 이야기를 들려주면 그동안 들은 이야기들이 모두 아름답게 느껴진다.

강연을 마무리할 시간이 되면 담당 피디는 알아서 슬픈 음악을 배경으로 깔았다. 음악은 마무리하라는 사인이었다. 매번 음악은 마무리하는 말과 기막히게 어울렸다. 나중에 녹화한 걸 보면 나조차 눈물이 날 지경이었다. 그 과정은 A-B-A' 구조 속에서 이루어졌다.

나는 그 뒤부터 음악으로 스피치를 분석했다. 음악과 스피치는 비슷한 점이 아주 많다. 아래 「아기 염소」 동요를 한 번 불러보자. 시작 부분과 마무리 부분이 같은 선율이라는 것을 알 수 있다. 그래서 A와 A'라고 부르는 것이다.

• 음악과 스피치의 구조 •

A 파란하늘 파란하늘 꿈이 드리운 푸른 언덕에
아기염소 여럿이 풀을 뜯고 놀아요 해처럼 밝은 얼굴로

B 빗방울이 뚝뚝뚝 떨어지는 날에는 잔뜩 찌푸린 얼굴로
엄마 찾아 음메 아빠 찾아 음메 울상을 짓다가

A' 해가 반짝 곱게 피어나면 너무나 기다렸나봐
폴짝폴짝 콩콩콩 흔들흔들 콩콩콩 신나는 아기 염소들

* A의 노래가락과 A'의 노래가락은 똑같습니다.
  같은 가락이 반복되면 '가사'는 다를지라도 안정적으로 끝나는 느낌이 납니다.

오바마가 선거 운동 내내 사용했던 'Yes, We Can' 연설은 다른 사람들에게는 그저 같은 말의 반복으로 들렸을지 모른다. 그러나 내게는 오바마의 스피치도 음악의 론도^{Rondo} 형식으로 들린다.

우리는 정의와 평등을 실현할 수 있습니다, 예스 위 캔^{Yes we can}.
　　　　　　B　　　　　　　　　　　　A

우리는 기회와 번영을 맞이할 수 있습니다, 예스 위 캔^{Yes we can}.
　　　　　　C　　　　　　　　　　　　A

우리는 이 나라를 치유할 수 있습니다, 예스 위 캔^{Yes we can}.
　　　　　　D　　　　　　　　　　　　A

우리는 이 세계를 고칠 수 있습니다, 예스 위 캔^{Yes we can}.
　　　　　　E　　　　　　　　　　　　A

론도 형식은 BⒶ-CⒶ-DⒶ-EⒶ이다. 주제부 A가 반복되면서 클라이맥스로 끌어올리는 것으로 클래식에서는 흔한 기법이다. 론도 형식은 반복되는 주제부 A가 강조되면서 동일한 메시지가 자연스럽게 귀에 박히게 된다. 오바마는 이런 론도 형식의 장점을 정확히 파악했고 스피치에서 멋지게 응용했다.

음악은 매우 감성적인 영역처럼 보이지만 사실은 매우 수학적이다. 명곡일수록 각 악장의 분량, 화성, 박자 등이 정교하게 계산돼 구성된다. 사람을 감동시키려면 일정한 구조가 필요하기 때문이다. 그런 면에서 스피치도 음악과 똑같다.

음악에서 A-B-A' 구조가 기본이듯 스피치에서도 A-B-A' 구조가 매우 중요하다. A에서 주제가 나오고 B에서 설명을 했으면 다시 본 주제로 돌아가야 한다. 그래야 '아, 이걸 강조하면서 끝내는구나.' 하고 안심하면서 감동과 설득을 당할 마음의 준비를 한다. 흥분한 나머지 옆길로 새는 강연자들이 많다. A'로 돌아가지 못하고 원 주제에서 한참 벗어나 C나 D, F로 떠나는 것이다.

"어쩌다 이런 이야기까지 했는지는 모르겠지만……."

그렇게 말하면서도 여전히 딴 이야기를 계속한다. 똑똑한 청중은 이미 알고 있다. 다만 강연자만 모를 뿐이다. 정말 고약한 사람은 예정 시간을 넘겨서 청중을 굉장히 지루하게 만든다. 청중이 느끼는 감정은 똑같다.

'준비 안 해 왔구나.' '성의가 없다.' '말을 위한 말만 해대는구나.'

지루하게 끌면 끌수록 신뢰감은 바닥나게 마련이다. 제일 좋은 방법은 빨리 주제로 되돌아가는 거다. 야비하게 돌아가는 사람은 '어쨌거나'를 연발하고 순박하게 돌아가는 사람은 머리를 긁적이며 '무슨 이야기하다 여기까지 왔죠?' 하고 묻는다. 그러면 청중은 웃으면서 왔던 길을 알려준다.

스피치 상황에 맞는 장르를 선택한 다음 말의 뼈대를 세워라

2시간짜리 스피치를 음악에 비교하면 오케스트라 같은 대곡이다. 도입부−파트 1·2·3−종결부로 구성된다. 각 파트에는 다시 설득

포인트와 사례가 들어간다. 내가 MBC 희망특강 「파랑새」 강연을 위해 썼던 반기문 유엔 사무총장의 강연안을 한 번 보자.

도입부에서는 미국의 사례를 들며 '존경할 만한 인물이 많다는 것은 국가적 자부심'이라는 이야기를 했다.

파트 1에서는 반기문 총장의 성공 법칙을 이야기하면서 3가지 소주제를 정했다. 파트 2에서는 그의 영어 정복기와 성장기를 통해 다른 사람과 어떤 면에서 차별화될 수 있는지를 보여주었다. 파트 3에서는 성공에 가까워지는 주문 '더 열심히'라는 주제로 그의 조용한 열정과 열심히 노력해 성공한 사람들의 실제 사례를 들었다.

마지막 종결부에서는 속성 편법이 아닌 우직한 방법으로 아이의 성공을 도와주는 부모가 되자는 내용으로 마무리했다.

오케스트라 곡이 인내심을 요구하듯 2시간 강의도 지구력을 필요로 한다. 물론 할 말도 악보 속의 음표 수만큼이나 많아야 한다.

주례사나 신년사는 짧은 피아노곡이나 가요에 해당된다. 오케스트라 1악장 정도면 충분하다. 가장 기본적인 도입부－A－B－A'－종결부가 들어가면 된다. 그런데 짧은 글일수록 주제는 신선해야 한다. 특히 주례사처럼 진부해지기 쉬운 스피치는 자신만의 차별화된 콘텐츠를 만드는 것이 중요하다.

한편 즉석 스피치나 건배사 정도는 CM송이다. CM송은 15~30초 안에 승부를 봐야 한다. 20여 년 전 대학을 졸업하고 CM송 만드는 회사에서 일한 적이 있었다. 곡 하나가 의뢰 들어오면 2주 동안 집에 못 가고 골머리를 앓고는 했다.

대주제	소주제	설득 포인트 & 사례
도입 존경하는 인물의 탄생	존경할 만한 인물이 많다는 것은 국가적 자부심	• 세계적으로 존경할 만한 인물이 많은 미국 • 우리나라도 반기문 총장 같은 세계적으로 존경 받는 '사람 자산'이 많았으면 한다.
파트1 반기문 사무총장의 성공 법칙은 간단하다.	1. 자신의 재능에 올인했다	1. 공부만이 살 길이다.
		2. 공부 잘하는 사람의 변화지 않는 법칙
	2. 스스로 책장을 넘겼다	1. 단체로 책장을 넘기는 아이 vs 혼자 책장을 넘기는 아이
		2. 증평에 나타난 신동, 급조된 신동의 한계
	3. 스스로 원칙을 세웠다	공부 ≠ 자랑거리 , 공부 = 인생의 저력
파트2 혼자 오르는 산에는 특별한 것이 있다.	1. 반 사무총장의 영어 정복기	1. 20번 vs 50번
		2.영어? ≠ 언어 , 영어 = 그들의 삶
		3. 콘텐츠가 힘이다. 서브 사례) 괴테를 토플 예문에서 배우는 우리 아이들
	2. 모든 베이스를 차분히 다 밟다	지루한 그의 성장 과정, 사람도 제대로 농익는 것이 중요
파트3 성공에 가까워지는 주문 '더 열심히'	1. 반기문 사무총장의 조용한 열정	우직한 소처럼 중단 없이 걸어온 길
	2. 성공한 사람들의 법칙 역시 '더 열심히'	환경이 결핍된 사람, 그 모든 두려움의 솔루션은 '더 열심히' 서브 사례) 시골 출신이 자랑스러운 이유는?
결론 '더 열심히'의 수위를 보여줄 수 있는 능력 있는 조력자가 되자.	'더 열심히'의 수위는 제각각	긴 인생의 터널에서 속성과 편법이 아닌 '더 열심히'의 개념을 깨우칠 수 있도록 도와주는 부모가 되자.

당시 내 불후의 역작이 '오예스'였는데 박스째 사다놓고 2주 내내 끼고 살았다. 과자의 맛, 특징, 주요 타깃 층까지 고려해 단 15초 안에 귀에 쏙 들어오는 곡을 쓰려니 보통 일이 아니었다.

즉석 스피치나 건배사도 마찬가지다. 1분 이내에 사람들이 감동하거나 박수 칠 이야기를 해야 한다. 짧을수록 훨씬 더 많이 고민해야 한다. 나는 2시간짜리 강연보다 30초짜리 건배사를 더 오랫동안 준비한다. 건배사는 아예 시를 외우듯 통째로 외워버린다. 2시간 강의는 초반에 감동을 주지 못해도 남아 있는 시간 동안 기회가 있지만 건배사는 만회할 수 없기 때문이다.

CM송은 아주 짧아서 따로 도입부 없이 바로 치고 들어간다. 즉석 스피치나 건배사도 마찬가지다.

"여기 젊은 부부들이 많이 오셨는데 힘내라고 한 말씀 해주시죠."

그런 요청을 받았다면 바로 부부 이야기로 들어가야 한다.

"부부 여러분, 평소에 이거 한 가지는 꼭 하고 삽시다."

그 정도로 요점만 간단히 이야기하면 합격이다. 그런데 눈치 없이 자기를 소개하거나 역사 속의 부부 이야기며 참다운 부부상이란 무엇인가 등 혼자 오케스트라 곡을 쓰는 분들이 있다. 스피치 의뢰가 들어오면 감각적으로 이게 오케스트라인지 가요인지 CM송인지부터 먼저 판단해야 한다.

얼마 전 오랜만에 모교에 가서 동문 노릇을 한 적이 있다. 연고전 시합을 끝내고 온 후배들에게 무료로 음식을 나눠주며 격려하는 자리였다. 그때 대선배 한 분이 무대에 나와 마이크를 잡았다. 여기서 필요한 건 CM송일까 가요일까? 물론 CM송이다. 그러나 그분은 평소대로 가요를 불렀다.

"제가 1967년 연세대에 입학했을 때……."

후배들 표정은 금세 어두워졌다. 결국 2분이 지나자 다들 닭꼬치를 든 채 도망갔다. 말하는 이나 듣는 이나 모두 민망한 스피치였다. 내가 그 대선배였다면 아마 이렇게 말했을 것이다.

"여러분, 제가 연세를 사랑하는 이유는 3가지입니다. 첫째, 제가 연세를 나왔기 때문입니다. 둘째, 연세 나온 사람들이 다들 잘돼서 저도 덩달아 돋보이기 때문입니다. 셋째, 우리는 연세라는 이름으로 언제나 하나가 될 수 있기 때문입니다. 여러분, 오늘 정말 잘 싸웠습니다. 우리 연세는 앞으로도 영원할 것입니다. 제가 '위대한 연세를 위하여' 하면 여러분은 '위하여'를 세 번 외쳐주십시오. 위대한 연세를 위하여!"

음악 장르마다 고유의 목표가 있다. 오케스트라의 목표, 가요의 목표, CM송의 목표가 각각 따로 있다. 그러므로 스피커는 주어진 스피치 상황에 맞는 장르를 선택한 다음 주어진 시간 안에서 말의 뼈대를 세워야 한다.

청중의 심리와 정서를 건드리는 황금 분할을 하라

전체적인 구조를 세웠다면 그 다음 신경 써야 할 게 바로 황금분할이다. 3분이든 1시간이든 사람들 귀에 잘 들리게 말하려면 스피치가 황금비의 구조여야 한다.

음악, 미술, 건축 등에서 미적 균형감인 황금분할이 있는 것처럼 스피치에도 사람들의 심리와 정서가 원하는 황금분할이 존재한다. 황금비에 충실하면 청중에게 감동을 줄 수 있다.

가령 10분짜리 신년사를 한다고 가정해보자. 도입부가 30초, A가 2분, B가 4~5분, A'가 2분, 종결부가 30초가 되면 황금분할이라 할 수 있다. 전체 시간을 각 파트별 중요도에 따라 적절히 배분하는 것이다.

• 스피치 원고의 황금비율(10분) •

이런 구조로 이야기하면 스피치가 마치 잘 만든 음악같이 들린다. 유명한 명강사들은 나처럼 작곡을 배우지 않아도 이렇게 하고 있다. 오랜 경험을 통해 체득한 것이다.

청중은 스피커가 본론이 나와야 할 대목에서 계속 인사말만 한다든지 본론을 빠뜨리고 갑자기 결론을 이야기하면 불안을 느낀다. 주변에는 이런 식으로 스피치를 하는 분들이 적지 않다.

"저는 오늘 3가지를 말씀드리겠습니다."

말은 그렇게 했지만 하나만 이야기하고 끝내는 분.

"결론적으로 말씀드리면……."

그러다 난데없이 3가지만 더 말씀드리겠다는 분. 그분들의 공통점은 '시간만 있었으면 모두 이야기할 수 있었는데.' 하며 시간 탓을 한다는 것이다. 그러나 청중은 이구동성으로 불평한다.

"도대체 저 사람 말은 결론이 없어. 자기 자랑만 실컷 했지 들을 만한 이야기가 없네."

음악에서 황금비가 중요한 이유는 사람들의 기대 심리 때문이다. 즉 여기가 도입부라면 지금쯤 주제가 나오고 서서히 클라이맥스로 올라갈 거라고 기대하는 것이다. 음악이 그 기대대로 흘러가면 사람들은 안정을 느끼며 감동한다. 그러나 감동이 밀려오는 순간에 음악이 갑자기 끝나거나 끝나야 할 대목에서 또 다시 클라이맥스가 시작되면 불안해진다. 이 불안을 상품화한 게 바로 현대 음악이다. 그러나 대다수 사람들은 여전히 안정감 있는 클래식을 선호한다.

오랫동안 음악을 들은 비평가가 작곡가보다 음악을 더 잘 꿰뚫어볼 수 있다. 청중 또한 마찬가지다. 청중의 마음속에는 이미 스피치에 대한 황금분할이 있고 이를 모든 스피커에게 기대한다. 그러므로 스피커는 스피치를 할 때 청중과 정서적으로 합의한 구조로 진행해야 한다. 그래야 감동을 주고받고 결론을 깔끔하게 내릴 수 있다.

04 콘텐츠 구성하는 법

스피치는 한 권의 책을 쓰는 것과 비슷하다

스피치 콘텐츠를 구성하는 일은 책 쓰는 것과 비슷하다. 일단 전체 제목을 정하고 목차를 만들 듯 각 파트별로 소제목을 붙인 다음 각각에 맞는 콘텐츠를 만들면 된다.

여기서 중요한 게 바로 작명이다. 책처럼 제목 장사만 잘해도 50점은 얻는다. 청중은 스피치를 듣기 전에 먼저 제목부터 보고 판단하기 때문이다.

예를 들어 실패에 관한 강연을 할 때는 '실패는 성공의 어머니'가 좋을지 아니면 '실패학의 비밀'이 더 좋을지 생각해봐야 한다. 여기서 더 나아가 '실패학의 5가지 비밀'이라고 제목을 붙이면 금상첨화다.

예전에 공무원들을 대상으로 이틀 동안 '강의 제목 만드는 방법'을 가르친 적이 있다. '양성평등'에 대해 제목을 만들어보라고 했더니 누가 공무원 아니랄까봐 '양성평등의 발전 방향과 정책'이라고 써 냈다.

"만날 서류에서 보던 제목을 강의 제목으로 정하면 누가 들으러 오 겠어요? 다시 해보세요."

이번에는 '여성 인력의 적극적 활용 방안'이라고 써냈다.

"여전히 제안서 제목 같네요. 발상의 전환을 해보세요."

그때부터 '남성과 여성, 그 하나가 됨을 위해' '남성과 여성 더불어 살기' 등 제목다운 제목들이 나오기 시작했다. 스피치 제목은 일단 청중의 호기심을 불러일으켜야 하고 제목만 보고도 무슨 이야기를 하 는지 짐작할 수 있어야 한다.

물론 예외가 있다. 40대 남자들을 대상으로 '성희롱 예방 교육'이 라는 제목을 걸어놓으면 아무도 안 들어온다. 자신들을 야단치는 강 의라고 짐작한 것이다. 그때는 제목을 살짝 바꾸면 좋다. '직장의 성 예절을 위한 남녀 커뮤니케이션'으로 하면 무슨 이야기인가 싶어 호 기심이 발동한다.

직장 내 세대 차이 문제도 제목을 '세대 차이 이해를 통한 조직 문 화 극복'이라고 정하면 호응이 낮다. 차라리 '상생을 위한 밸런스 리 더십' '글로벌 다양성 매니지먼트' 등으로 정하면 좋지 않을까?

처음 제목 정하는 과정부터 고생했던 공무원들은 나중에 발전을 거듭했다. 요새는 공무원들이 하도 그런 교육을 많이 받아서인지 내 강의 제목을 퇴짜 놓기도 한다.

"원장님, '양성 평등과 우리의 미래'라뇨? 논문 제목도 아니고 이게 뭡니까? 좀 섹시하게 바꿔보세요."

나는 제목을 청중의 성별에 따라 다르게 정한다. 남자들은 숫자를 좋아하니까 '실패학의 101가지 비밀' '직장에서 말로 성공하는 365일 전략'이라고 제목을 정한다. 그러면 다들 초롱초롱한 눈으로 바라본다. 여자들은 '아름다운 인생일수록 실패가 넘친다'와 같은 드라마틱한 제목이 통한다.

스피치 제목은 상품 브랜드와도 같다

과자도 이름에 따라 상품 판매량이 달라지고 영화도 제목이 좋아야 성공하듯 스피치도 제목이 아주 중요하다.

다음에는 A−B−A'에 들어갈 제목을 정하고 콘텐츠를 만든다. 앞뒤에 붙는 도입부와 종결부는 나중에 마무리하고 우선 본론부터 만든다. 만약 '실패학의 3가지 비밀'이라는 강연을 한다고 치자.

A에는 '실패학이 왜 중요한가?'라는 제목을 정하고 콘텐츠를 채운다. B에는 본격적인 3가지 비밀을 넣는다. 가령 '실패함으로써 성공한 사람들의 첫 번째 비밀−실패는 성공의 자산이다, 두 번째 비밀−실패는 더 큰 실패를 막는다, 세 번째 비밀−실패는 오늘 하는 것이 가장 이롭다' 이렇게 쓰고 실패함으로써 결국은 성공한 사람들의 사례를 찾아 각각의 소주제에 넣는다.

A'에서는 '실패가 이렇게 중요하다고 했지?'라는 대전제를 다시

• 실패학의 3가지 비밀 •

도입부 듣기 편한 에피소드를 통해 청중과 공감대를 형성해 빠른 시간 내 마음을 열게 한다.

A 실패학이 왜 중요한가?
(유명 인사의 실패 경험담 소개)

B 실패학의 3가지 비밀
첫 번째 비밀—실패는 성공의 자산이다
두 번째 비밀—실패는 더 큰 실패를 막는다
세 번째 비밀—실패는 오늘 하는 것이 가장 이롭다

A' 솔루션 1 실패할 때마다 부정적인 말보다 긍정적인 말을 하라
(에피소드)
솔루션 2 실패가 두려워서 시도조차 하지 않는 실수는 하지 마라
(에피소드)
솔루션 3 끊임없이 시도하라
(에피소드)

종결부 감동적인 에피소드로 마무리를 한다.

한 번 짚어준다. 여기서 꼭 빼먹지 말아야 할 게 바로 솔루션이다. '실패를 딛고 성공하는 건 위인뿐만 아니라 당신도 할 수 있다. 그러려면 이렇게 하라'는 방향을 제시해야 한다.

'첫째, 실패할 때마다 부정적인 말보다 긍정적인 말을 하라. 둘째, 실패가 두려워서 시도조차 하지 않는 실수는 하지 마라. 셋째, 끊임

없이 시도하라. 실패를 거듭했다는 건 그만큼 성공의 문 앞에 다다랐다는 사실을 의미한다.'

솔루션 1, 2, 3이 들어가고 각각의 내용마다 이를 검증하는 에피소드를 넣는다. 강의 분량과 사람에 따라서 이 작업은 1개월이 걸리기도 하고 1년이 걸리기도 한다. 본론이 끝났다면 다음은 도입부를 만들 차례다. 도입부는 그날의 현장 분위기, 청중, 날씨 등에 따라 조금씩 변화를 주면 좋다. 그러나 기본공식은 지키는 편이 좋다.

첫째, 도입부는 듣기 편하고 쉬워야 한다. 처음부터 심각한 이야기를 하면 청중은 부담을 느낀다. 가벼운 칭찬으로 시작하는 것도 좋다. 둘째, 청중과 공감대를 형성해 빠른 시간 안에 마음을 열게 해야 한다. 내가 자주 쓰는 방법은 '약점 보이기'다. 무대 위에 있지만 청중과 다르지 않다는 점을 보이려고 낮추는 것이다.

"오늘 주제가 실패학의 3가지 비밀인데 알고 보면 제가 실패의 자식입니다. 저희 아버지가 예전에 학교 선생님을 하시다가 그만두고 사업을 하셨는데 번번이 망하는 거예요. 그때마다 우리 집은 실패의 흔적들로 채워졌죠.

처음에 삼성전자 대리점 하다가 실패해서 집 안 곳곳에 냉장고랑 텔레비전을 쌓아놓고 살았죠. 그러다가 자개농 장사를 했는데 시골에서 자개농 살 만한 집이 몇 집이나 되겠어요? 결국 13개 팔고 망하는 바람에 우리 방까지 자개농 들여놓고 살았습니다. 다음에는 아버지가 집 짓는 일을 했는데 그 집 문이 안 닫히는 거예요. 결국 문 고치다가 집 전체를 다시 손보는 바람에 엄청난 빚을 졌습니다.

그때서야 아버지는 자신이 사업에 소질이 없다는 걸 깨닫고 양돈업을 하셨죠. 아버지가 돼지를 잘 키우셔서 저희 5남매는 대학까지 나왔답니다. 이처럼 실패는 자신을 검증하고 자신에게 맞는 일을 찾는 데 꼭 필요한 과정입니다."

청중은 내 이야기를 들으며 속으로 생각할 것이다.

'저 집 아버지도 힘들었구나. 우리 집도 만만치 않은데.'

'저 사람도 시골 출신이네. 아버지도 평범한 사람이었구나.'

우리 아버지의 실패담에 고개를 끄덕거리는 사이 청중은 나와 공감대를 형성한다. 다음으로는 실패가 왜 중요한지 논리적으로 설명하면서 재미있는 에피소드를 많이 소개한다. 특히 유명인사가 실패한 에피소드를 소개하면서 청중의 마음에 불을 붙인다. 그리고는 실패학의 3가지 비밀을 이야기한다. 각각의 비밀에 논리적 근거와 에피소드가 적절히 믹스되게 하면 된다. 이때쯤 되면 청중은 점점 강사에게 의지하며 속으로 '저는 어떻게 해야 되나요?' 하고 물을 것이다.

그때쯤 기다렸다는 듯이 솔루션 1, 2, 3을 제시하고 마지막 마무리하는 말로 강연을 끝내는 것이다.

"에디슨이 전구 발명을 앞두고 실험실에 불이 났습니다. 모든 게 잿더미가 됐죠. 모두가 망연자실할 때 에디슨은 이렇게 말했죠. '하느님, 모든 실패를 가져가셔서 고맙습니다.' 에디슨이 실패 앞에 그토록 초연할 수 없었다면 발명의 아버지라 불릴 수 있을까요? 여러분도 다음에 쓰라린 실패를 맛보면 '하느님, 모든 실패를 가져가셔서 고맙습니다.'라고 말해보세요."

강연은 감동적인 말로 마무리하는 게 제일 무난하다. 감동적인 말이 심장에 콕 박히면 앞에서 했던 말들이 모두 아름답고 감동적으로 기억되기 때문이다.

MBC 희망특강 「파랑새」 강연을 하면서 1~2주에 1번씩은 이 과정을 반복했다. 그래도 MBC 희망특강 「파랑새」는 방송국에서 강연의 제목과 주제를 정해주니 한결 나은 편이다.

몇 달 전에는 남이섬 강우현 대표에 대해 강의할 일이 있었다. 나는 먼저 그가 쓴 책을 읽고 관련 기사를 인터넷으로 모두 검색했다. 그리고 남이섬으로 찾아갔다.

"강우현 대표가 이런저런 일을 했대요."

그렇게 말하기보다는 차라리 이렇게 말하는 게 좋지 않을까 싶어서였다.

"직접 가서 보니 잡초가 화초로 변해 있고 참이슬 소주병이 이슬 정원이 돼 있더군요."

어떤가? 말의 현장감이 훨씬 살아나지 않는가? 나는 강의 제목을 '강우현 대표에게 있는 것과 없는 것'으로 정했다.

도입부에서는 유흥지의 대명사였던 남이섬이 현재 외국 관광객이 찾는 품격 있는 문화 공화국이 됐다는 사실을 부각했다. 이어 A에서는 강우현 대표와 피터팬의 닮은 점 3가지를 제시했다. B에서는 강우현 대표에게 있는 것과 없는 것을 이야기하며 유치함, 순수함, 장난기, 낙천성 등을 집중적으로 제시했다. 각각의 항목마다 강우현 대표와 관련한 에피소드를 소개했다. 그리고 장난을 치고 유치한 기분에 젖어 있을 때 가장 열정적이고 아이디어가 넘친다는 사실을 검증했다.

"여러분, 사람은 유치할 때 가장 열정적으로 변해요. 연애할 때를 한 번 생각해보세요. 갑자기 멀쩡하던 혀가 짧아지면서 태도가 유치해지잖아요. 유치할수록 진실에 가까운 목소리를 내는 법이거든요. 남이섬에 가면 갑자기 유치한 짓을 하고 싶어져요. 40대 아줌마 아저씨들도 나무 사이를 뛰어다니며 '나 잡아봐라.' 하고 놀죠. 남이섬은 강우현 대표가 가진 순수함, 장난기, 유치함을 문화로 풀어놓은 곳이기 때문이죠."

• 특강 강의안 – 강우현 대표 •

	소주제	내용
도입부	남이섬은 우리의 허를 찌르는 상상 공화국	창의력과 상상력으로 새롭게 남이섬을 탄생시킨 강우현은 사람들에게 상상력을 주는 감성 프런티어다.
A	강우현의 닮은꼴은 피터팬(둘의 공통점)	순수/생각의 무제한/천진난만함
B	강우현에게 있는 것과 없는 것(4가지)	1) 유치함 있고, 불가능 없고 2) 순수함 있고, 첨단에 대한 동경과 아부 없고 3) 장난기 있고, 규칙과 틀이 없고 4) 낙천성 있고, 좌절과 포기 없고
A'	21세기 피터팬 강우현의 성공 비법	시스템 아래서 자란 아이는 시스템 이상의 인물이 될 수 없다. 창의력과 감성이 나올 수 있는 환경 아래서 제2의 피터팬 강우현이 나타날 수 있다.
종결부	발상의 전환	(점 9개를 하나의 직선으로 연결해보자.) 정답은 상자 밖을 벗어나야 보인다.

A'에서는 그가 비엘리트 코스를 거쳤다는 점을 상기시켰다. 그러면서 우리가 창의성을 배우기 위해 어떻게 해야 하는지 짚었다.

"우리는 꽉 짜인 교육 시스템 속에서 애들을 키웁니다. 이 학원 저 학원 돌아다니면서 자란 아이들이 얼마나 창의적일 수 있을까요? 결국 네이버 이하밖에 안 됩니다. 그럼 제2의 강우현이 나오려면 어떻게 해야 할까요?

어릴 적 가난했던 그에게 고향 뒷산 바위는 최고의 도화지였습니다. 그는 제도권 미술 교육을 받은 적이 없어요. 혼자 바위에 낙서하며 자신의 열정과 재능을 키웠습니다. 궁핍과 희망의 간극을 몽땅 창의로 메운 것이죠.

우리 아이들도 장난기 넘치는 아이의 모습 그대로 유치함을 간직하도록 키워야 합니다. 요즘 어른들은 아이들의 유치함을 조금도 허용하지 않아요."

파랑새 강의가 끝나고 강우현 대표를 만날 기회가 있었다. 그는 웃으며 악수를 청하고는 최고의 칭찬을 했다.

"김미경 원장은 어떻게 나보다 나를 더 잘 알아요?"

그는 '나를 잘 이야기해줘서 고맙다.'가 아니라 '나를 어쩜 그리 속속들이 파악했냐?'고 말했다. 내가 발품을 팔며 콘텐츠를 모으고 강연안을 만들었던 노력에 대한 감사 인사였다.

05 시끄럽게 주장하지 말고 설득하라

탁월한 강사일수록 에피소드를 잘 활용한다

나는 16년 전 강사일을 시작하고 한동안 속이 헛헛했다. 내 강의가 전혀 만족스럽지 않아서였다. 주장만 앞세워 사람들에게 부담을 주기도 했고 강조한답시고 똑같은 말을 반복해 지루하기 일쑤였다.

처음부터 목표는 뚜렷했다. 재미와 의미가 있으면서도 유명 가수처럼 수많은 청중을 1명처럼 일사불란하게 움직이게 하는 강의를 하고 싶었다.

비디오로 스피치 달인들의 강연 모습을 보며 끊임없이 연구했다. 어찌나 고민했던지 말을 잘하는 비법을 배울 수만 있다면 집을 팔아

도 상관없었다. 불행인지 다행인지 집은 남았지만 정작 비법을 가르쳐주는 이는 아무도 없었다.

그러다 우연히 삼성인력개발원에서 이어령 교수의 강연을 듣게 됐다. 주제는 '디지털 시대의 인재로 사는 방법'이었다.

그 강연은 신선한 충격이었다. 10여 년 전에 벌써 디지털을 강의했다는 사실도 놀랍지만 딱딱한 주제를 그토록 재미있게 풀어내는 사람은 처음 봤기 때문이다. 마치 할아버지가 손자에게 옛날이야기를 들려주듯 하는 강연에 청중은 울고 웃으며 박수를 쳤다. 그는 디지털 시대의 인재가 되라고 직접적으로 주장하지는 않았다. 하지만 청중은 그의 의도를 충분히 받아들인 표정이었다.

'나라면 저렇게 강의할 수 있을까? 과연 나와 저분의 차이점은 뭘까?'

스피치에 대한 열망이 뜨거울수록 고민은 더 깊어졌다. 그 무렵 아는 분이 도움이 될 거라며 비디오테이프를 하나 주었다. 미국의 한 목사님이 설교하는 동영상이었다. 그도 사람을 들었다 놨다 하는 등 내공이 장난 아니었다. 나도 모르게 '하느님! 감사합니다.'를 외치게 만드는 목사였다. 과연 이어령 교수와 미국인 목사의 공통점은 무엇일까?

다른 강사들과 제목, 주제, 설득 포인트까지 비슷하기는 한데 분명 뭔가가 달라 보였다. 그러나 그것이 뭔지 좀처럼 알 수는 없었다. 며칠을 비디오만 뚫어지게 쳐다봤다. 청중의 표정을 살펴보다가 문득 미국인 목사의 말에 포인트가 있음을 깨달았다. 그 특정 포인트에 바로 '에피소드'가 있었다.

나는 마침내 비밀의 실체를 파악했고 미친 듯이 환호성을 질렀다. 살면서 그렇게 신 났던 적은 딱 한 번 연세대 작곡과에 수석으로 입학했을 때뿐이었다.

사람의 몸통이 주제이고 팔다리가 소주제라면 손가락과 발가락은 설득 포인트다. 그리고 실핏줄은 바로 에피소드다. 몸통과 팔다리만 있고 실핏줄이 없다면 어떻게 될까?

"디지털 시대를 준비하는 인재가 되세요."

아무리 외쳐봐야 청중은 이렇게 반문한다.

"그래서 어쩌라고?"

에피소드의 힘은 세다. 지난날을 반성하며 공부하고 싶도록 만들고 강사를 붙들고 무릎 꿇고 고백하고 싶도록 만든다. 에피소드는 실핏줄처럼 몸 안에 숨겨져 있어 청중은 미처 인식하지 못한다. 탁월한 강사일수록 에피소드를 잘 활용한다. 사전에 치밀하게 준비했지만 방금 생각난 듯 친구 이야기를 하고 경험담을 이야기하기 때문이다. 청중은 에피소드의 장면 전환이 무척 자연스러워 이야기가 바뀌는 줄도 모르고 정신없이 따라간다.

나는 지난 16년간 '에피소드 광신도'로 살아왔다. 처음에는 책에서 적당한 에피소드를 발췌했다. 나중에는 에피소드란 에피소드는 모두 게걸스럽게 챙겼다. 그런데 그게 능사가 아니란 걸 청중의 반응을 통해 알았다. 청중은 내 말에 진심으로 감동하지 않았고 공감하지도 않았다. 온갖 텍스트를 섭렵했지만 그것으로는 여전히 부족했던 것이다.

한 번은 강의를 하다가 어린 시절 이야기를 꺼냈다. 강의 콘텐츠에 어울릴 것 같아 무심코 한 이야기였지만 모두가 박장대소하는 게 아닌가?

에피소드에도 격이 있다

나는 에피소드마다 격이 다르다는 걸 알게 됐다. 책 내용을 발췌 정리하는 것은 하급이다. 남의 경험 이야기는 중급이다. 친구에게 들은 이야기, 모임에서 들은 '카더라 통신' 같은 에피소드 말이다. 내가 직접 경험하고 판단해 다듬은 에피소드는 상급이다. 내 이야기이기 때문에 상황과 주제에 맞게 자유로운 각색이 가능하니 그만큼 설득력도 있다.

상급의 에피소드를 얻는 가장 좋은 방법은 다양한 사람들을 만나는 것이다. 나는 어린 학생부터 나이 든 어르신까지 다양한 사람들을 찾아다니며 솔직 담백한 이야기를 많이 들었다. 그리고 그 내용을 정리해 '사례집'도 만들었다. 물론 강연에 활용하기 위해서였다.

각각의 에피소드에는 짧은 제목이 붙어 있다. 예를 들면 '거룩한 의자' 편에는 내가 은행에 강연하러 갔다가 경험한 내용이 담겨 있다. 이는 '남녀의 조직 문화 차이'라는 콘텐츠에 단골로 등장하는 에피소드다.

"300명 정도가 강의실에 들어찼는데 부행장급 이상은 강의실 오른

쪽 '거룩한 의자'에 근엄하게 앉아 계셨어요. 그런데 그분들이 앉은 순서가 참 재미있어요. 누가 가르쳐준 것도 아닌데 서열순으로 앉아 있는 거예요.

남자들은 사회생활을 하면서 일상적으로 내가 누구 뒤이고 누구 앞인가를 신경 써야 합니다. 만약 큰 강당에 남자 직원 100명을 모아 한 줄로 서게 하면 금방 서열순으로 설 거예요.

그런데 여자들은 서열을 몰라요. 손을 잡고 둥글게 서죠. 만약 그 순간 내가 네 앞이니 뒤니 하고 가르쳐주면 마음에 상처를 입고 싸우기 시작하겠죠."

남녀의 조직 문화 차이를 이렇게 설명하면 많은 사람들이 웃으며 고개를 끄덕인다. 회사에서 일상적으로 일어나는 일이기 때문이다. 서비스 교육에서 '매너리즘에 빠지지 말자'는 주제로 이야기를 할 때는 사례집에서 '백화점 구두가게'의 에피소드를 선택한다. 불친절한 백화점 직원과 한바탕 싸운 내 경험담이다.

스피치 후에는 반드시 반성 일기를 써라

나는 다종다양한 에피소드들을 열심히 모으는 동시에 에피소드의 품질을 가리는 일도 꾸준히 했다. 초창기에는 사례집과 더불어 반성 일기도 함께 작성했다. 나는 강의를 끝낼 때마다 눈물로 반성 일기를 쓰곤 했다.

오래전 인천제철에 근무하는 40~50대 반장 아저씨들을 대상으로

강연했다. 쇠를 만져서 그런지 다들 강인한 눈빛을 가진 분들이었다. 속으로는 무서웠지만 태연한 척 강의했다. 나중에 그 강인한 눈빛이 부드럽게 풀리기는 했지만 그날 강연은 정확히 88점짜리였다. 나는 부족한 12점을 어떻게든 만회하기 위해 쉬는 시간에 김수희의 「애모」까지 불러야 했다. 물론 그날도 반성 일기를 썼다. 일기는 이런 식이었다.

"이 부분에서는 '빨간 바지' 대신 '주전자'를 넣었어야 했는데…….. 역시 '4대 산맥'은 40~50대 남자들에게는 통하지 않아. 다음부터는 '매표소'를 집어넣자."

나는 에피소드 제목들을 늘어놓고 등급을 재조정했다. 그리고 에피소드를 바꿔가면서 시나리오도 다시 짰다. 강의가 하루에도 2~3건 있다 보니 연습하고 검증할 기회는 무궁무진했다. 전체 400여 개의 에피소드 중 40개만 우선 추렸다. 청중에게 최고의 박수를 받은 40개를 머릿속에 입력한 뒤에는 어떤 강의도 두렵지 않았다. 짧은 건 배사부터 2시간짜리 강연까지 모든 스피치 상황에 자신감이 생긴 것이다.

1997년 IMF 외환위기로 구조조정의 바람이 거세게 불 무렵이었다. 삼성 계열사에서 강연한 후 담당 부장과 이런저런 이야기를 나눴다.

"저는 요즘 빨대를 빨고 살아요."

"네? 빨대라뇨?"

"강사님 눈에는 안 보이세요? 저 지금 빨대 물고 있잖아요."

그가 들려준 말은 이랬다. 대리 때는 물이 무릎까지 차 있다. 그래서 활발히 움직이고 뛰어다닌다. 과장이 되면 물이 허리까지 차서 느릿느릿 걷게 되고 부장이 되면 물이 가슴까지 올라와 걷기조차 힘들어진다. 부장 말년쯤 되면 물이 목에까지 차오른다. 그러면 물을 떠나 임원으로 승천할지 아니면 물속으로 가라앉을지 기로에 서게 된다. 물론 승천하는 게 말처럼 쉬울 리 없다.

"임원 되기는 틀렸으니 회사를 나가야 하는데 막상 나가면 어떻게 살아야 할지 모르겠어요. 이젠 입까지 물이 차올라 빨대라도 물고 살아보려고 아등바등하는 거예요."

나중에는 눈물까지 글썽이는 빨대 부장을 보며 남자들이 겪는 혹독한 현실을 실감했다. 옆에서 그 이야기를 묵묵히 듣던 또 다른 부장은 배부른 소리라며 면박을 주었다.

"최 부장 넌 빨대라도 물었지. 나는 한 번 목이 잘렸다가 간신히 본드로 붙였잖아. 선풍기 바람이 그대로 목으로 들어온다니까."

나는 두 사람의 이야기를 들으며 무릎을 쳤다. 중년 남자들의 현실을 이보다 더 실감 나게 대변할 에피소드가 있을까 싶었다. 나는 두 사람 이야기를 다듬고 제스처를 넣어 하나의 완결된 콘텐츠로 만들었다. 그리고 40~50대 남성 직장인 200명을 대상으로 설문 조사한 내용을 정리한 '남자의 일생'이라는 동영상도 여기에 포함했다. 한 남자의 탄생부터 지금까지의 모습을 다양한 에피소드로 표현한 것이다.

이 강연은 MBC에서 「빨대 부장을 아십니까?」라는 제목으로 전국

에 방송됐다. 주부들은 물론 외로움에 지쳐가던 40~50대 중년 남성들의 반응이 아주 뜨거웠다. 방송 이후 전국에서 강연 요청이 쇄도했다.

한 번은 조찬 강연을 하던 중 중년의 임원 한 분이 엉엉 울면서 나간 적이 있었다. 다른 분들도 이구동성으로 말했다.

"이 강의를 와이프가 들어야 하는데."

"우리 남자들 처지를 어떻게 그렇게 잘 아세요?"

직접 경험하지 못한 일을 이야기할수록 에피소드는 더 많아야 한다. 더 실감이 나고 상세한 이야기여야 한다는 의미다. 그 강연을 만들기 위해 얼마나 발품을 팔았는지 모른다. 덕분에 '빨대 부장'은 그해 최고의 히트작이 됐다.

IMF 외환위기가 발생한 직후 '아버지'라는 말은 하나의 화두였다. 한국 사회 전체가 중년 남자들에게 엄청난 변화를 강요하던 시절이었다. 미처 준비하지 못한 사람들에게 변하지 않으면 도태된다는 위협이 난무하던 시절이기도 했다. 그때 남자들에게 빨대 부장 에피소드는 최고의 위로였던 셈이다.

나는 그 강연을 하면서 할 말은 다했다. 제때 변하지 못한 건 결국 각자가 책임져야 한다는 것을 말이다. 이 역시 에피소드를 통해 부드럽게 전달했다. 에피소드는 쓸데없이 주장하지 않는다. 큰소리로 했던 말을 다시 하지도 않는다. 상대방을 다치게 하거나 기분 나쁘게 하지도 않는다. 부드러운 목소리로 사람들을 설득할 뿐이다. 이 모든 게 가능한 이유는 바로 감정이입 때문이다.

스피커가 공감할 만한 에피소드를 이야기하면 청중은 자신을 에피소드의 주인공처럼 생각한다. 즉 앞에서의 최 부장처럼 자신을 빨대 부장으로 여기는 것이다. 물속에서 빨대를 물고 있는 자신의 모습을 머릿속으로 연상하면서 말이다. 강의가 끝날 때쯤이면 청중은 앞으로 뭘 해야 할지 스스로 해답을 찾는다.

나는 빨대 부장 강연을 하면서 눈물을 흘리거나 뭔가를 종이에 적는 남자들을 유난히 많이 봤다. 그들은 강연을 들으며 자신의 지난날을 반성하고 앞으로 어떻게 변할지를 생각하고 있었다.

내가 굳이 강요하고 주장하지 않아도 자신의 상황에 맞게 에피소드들을 이해하고 받아들였다. 스스로 검증하고 설득하고 결심할 기회를 주는 것이야말로 에피소드의 최대 장점이 아닐까 싶다.

06 청중을 휘어잡는 에피소드 만들기

누구에게나 에피소드는 있게 마련이다

아트 스피치 CEO 과정 중에 '에피소드 만들기' 수업이 있다. 나는 그때마다 에피소드를 하나씩 적어오라고 숙제를 낸다. 나중에 확인하면 웃음이 절로 난다. 하나같이 황순원의 「소나기」 같은 이야기들이 빼곡히 적혀 있기 때문이다.

"대표님, 남의 이야기를 쓰지 말고 대표님 자신의 에피소드를 써보시라고요."

"전 그런 에피소드가 없어요."

그럴 리 없다. 어떻게 나이 쉰인 사람이 에피소드 하나 없을 수 있나? 하루에 밥 세 끼를 먹어도 수만 번은 먹었을 테고 딴 사람들에게 이런저런 이야기를 수만 번은 들었을 텐데. 누구에게나 에피소드는 있게 마련이다. 다만 에피소드를 에피소드로 느끼지 못할 뿐이다.

아트 스피치 과정에서 '고난도 인생의 한 부분'이라는 주제로 에피소드를 찾으라고 하면 다들 우물쭈물한다. 술자리에서는 그렇게 구구절절하게 이야기하다가도 막상 연단에만 오르면 다들 인생이 평탄하단다.

최근 코칭을 받고 있는 여성 공직자 한 분도 처음에는 에피소드 찾는 것을 굉장히 어려워했다. 인생에서 그다지 고생한 기억이 없다는 것이다. 그녀는 몇 주를 고민하더니 마침내 한 가지 에피소드를 이야기했다.

"초등학교 시절 한 선생님이 유독 남녀차별을 심하게 하셨죠. 여자들이 공부해서 무슨 소용 있냐는 말을 입에 달고 사신 분이셨어요. 한 번은 제가 중간고사에서 전교 1등을 했는데 선생님이 칭찬하시는 거예요. 그런데 2등과 3등을 한 남자애들을 부르시더니 회초리로 당신의 종아리를 때리라는 겁니다. 왜 저러시나 싶었죠. 그런데 나중에 선생님이 하신 말이 충격적이었어요. '남자가 어떻게 여자한테 질 수가 있어?' 남자애들이 맞은 이유는 단지 여자에게 졌기 때문이죠. 그 후로도 그런 식의 남녀차별은 수없이 겪었죠. 남녀차별이 있는 한 죽어도 승자가 될 수 없겠구나. 내 손으로 남녀차별을 없애야겠다. 전속으로 다짐했답니다."

그녀는 이런 경험을 에피소드로 소개하기는 처음이라고 말했다. 그녀는 몇 달 뒤 여대생을 대상으로 한 강연에서 뜨거운 박수를 받고 에피소드의 힘을 다시금 알게 됐다.

관찰력을 기르면 에피소드가 보인다

에피소드를 말하는 건 처음이 어렵지 시간이 가면 점점 쉬워진다. 에피소드를 준비할 때 가장 먼저 할 일은 관찰이다. 관찰력을 기르면 에피소드가 보이기 시작한다. 아무 의미 없어 보였던 사물이나 사람, 경험 등이 이제는 의미 있게 다가오는 것이다.

나는 에피소드에 짓눌려 숨이 막힐 뻔했다. 관찰하려고 마음먹자 모든 게 다 에피소드로 보였기 때문이다. 가령 노래방에 가면 노래는 안 부르고 사람들을 관찰하는 식이었다. 한 번은 40대 부장 및 20~30대 대리들과 함께 노래방을 갔다. 그런데 가만히 보니 그들의 행태가 조금씩 달랐다. 대리들이 마이크를 잡고 랩을 하면 부장들이 혀를 끌끌 찼다.

"요즘 노래는 가사다운 가사가 없어."

"무슨 소린지 도통 모르겠네."

그러다 부장이 조용필의 노래를 부르면 대리들은 다들 자기 노래를 찾느라 정신이 없었다. 물론 아부하기 좋아하는 대리는 옆에서 번호를 대신 눌러주기도 한다. 그렇게 따로 놀다가 마지막 노래는 늘 함께 부르는데 대개 「사랑으로」나 「만남」이다.

나는 노래방을 나오면서 속으로 쾌재를 불렀다. 이 경험은 '세대 차이와 조직 문화' 강연의 에피소드가 됐다.

"여러분, 회식하고 나면 늘 노래방 가죠? 솔직히 말해보세요. 노래방 가서 단합이 되나요? 벽만 쌓고 나오잖아요. 젊은 사람들이 랩을 부르면 부장들은 가사를 통 알아듣지 못하죠. 나이 든 사람이 노래를 부르면 어때요? 부하들은 자기 부를 노래만 열심히 찾죠. 옆에서 죽어라 번호만 찍는 사람도 있어요. 그렇죠? 도대체 화합이 됩니까? 부장님들, 조용필의 「여행을 떠나요」 그거 제발 부르지 마세요. 후렴구가 너무 길어서 부하 직원들이 옆에서 도우미하다 지쳐요. 제일 짜증나는 노래 1위가 그겁니다.

대신 소녀시대의 「GEE」 같은 노래 한 소절만이라도 불러보세요. 젊은 분들도 나훈아 노래 한 곡 정도는 배워두세요. 그렇게 사소한 것으로도 세대 간 통로가 생긴답니다. 화합한답시고 억지로 어깨동무하면서 「사랑으로」도 부르지 마시고요. 같이 술 먹고 노래방 가면 단합될 거라는 밑도 끝도 없는 믿음을 버리시고 사소한 부분에서 노력해보세요."

청중은 배꼽을 잡고 웃는다. 바로 어젯밤에 똑같이 했기 때문이다. 어떤 사람들은 자기네들끼리 손가락으로 가리키며 웃기도 한다.

오랫동안 에피소드 사냥꾼으로 살다 보면 이 이야기는 어떤 콘텐츠에 갖다 붙일 것인지를 직감적으로 안다. 나는 평소 직원들과 틈나는 대로 수다를 편다. 업무는 물론이고 각자의 사생활까지 편하게 이야기를 주고받는다. 한참 재미있게 대화하다 보면 의외로 가까운 곳에서 생생한 에피소드를 건지곤 한다.

하루는 한 직원과 아버지 이야기를 나누게 됐다. 오랫동안 경찰 공무원 생활을 한 아버지가 얼마 전 정년퇴직을 했단다. 그런데 아버지는 은퇴하자마자 요리 학원부터 등록했다고 한다. 평생 뒷바라지만 한 아내를 위해 음식을 해주고 싶다는 이유에서였다. 딸은 그런 아버지를 자랑스럽게 생각했다.

나는 그 이야기를 듣고 바로 감을 잡았다. 바로 은퇴를 앞둔 50대 직장인을 위한 에피소드가 아닌가? 주제는 '은퇴 후 2배 더 행복하게 사는 법'이면 적당했다.

"여러분, 은퇴하면 뭐가 제일 필요한지 아세요? 바로 평생을 같이 할 든든한 지원군입니다. 평생 밖에서만 돌던 남편이 은퇴한 뒤 집에 들어앉으면 어떻게 될까요? 소 닭 보듯 하는 부부가 많다고 해요.

제 후배의 아버님이 평생 경찰로 사셨는데 얼마 전 정년퇴직을 했습니다. 경찰이었으니 잠복근무다 뭐다 해서 집에 못 들어간 날이 많았겠죠. 그런데 그분이 퇴직하고 제일 먼저 한 일이 무엇인지 아세요? 요리 학원 등록이랍니다. 학원에서 갈비찜을 배워 아내에게 해줬다는군요. 처음 해본 갈비찜이 맛이 있어야 얼마나 있겠어요? 고기는 질기고 간은 안 맞고 영 어설펐겠죠.

그래도 아내는 남편이 앞치마 두르고 땀을 흘리는 모습에 감동했다고 하네요. 질긴 갈비를 뜯으며 남편이 지은 모든 죄를 용서해주는 거죠. 아내는 결국 눈물을 흘렸답니다. 그분은 은퇴하고 1년 동안 열심히 점수를 쌓아 그걸로 평생 기반을 닦은 거죠."

대화 속에 에피소드라는 싱싱한 물고기가 산다

나는 누구의 이야기든 허투루 듣는 법이 없다. 그래서 지인들은 말하는 도중에도 내게 꼭 묻는다.

"원장님, 이거 강연할 때 써먹을 거죠? 내가 원장님 앞에서는 무서워서 말을 못 한다니까."

오랫동안 나를 지켜본 방송국 고위 간부는 주변 사람들에게 이렇게 이야기한단다.

"김미경 원장? 별거 아냐. 그런데 내가 인정하는 거 딱 하나는 있지. 그 사람은 손에서 메모지를 놓는 법이 없어."

나는 평소 다이어리와 펜을 가방에 넣고 다니다가 상대방이 좋은 말을 하면 무조건 꺼내 적는다. 그런데 여태 다이어리에 메모한다고 해서 기분 나쁘게 생각하는 사람은 못 봤다. 오히려 자신의 말이 가치 있다고 생각해서 더 길게 말한다. 녹음기와 소형 카메라도 필수품이다. 녹음기는 메모하기 힘든 상황일 때 주로 애용하는 편이고 카메라는 에피소드 현장을 찍기 위해서다. 가끔 파파라치가 되기도 한다.

한창 양성평등 강의를 준비할 때였다. 프레젠테이션 자료를 보여주면서 하는 강의였는데 하필 생생한 사진이 별로 없었다. 그러다 가족과 스키장에 놀러 갔는데 재미있는 장면을 발견했다. 남편이 아이를 업은 채 스키 타는 부인을 기다리는 모습이었다. 서로 아이를 보면서 번갈아 타는 모습이 참 인상적이었다. 나는 카메라를 꺼내 그들 모습을 찍었다. 덕분에 생생한 현장 사진을 건졌다.

나는 에피소드를 찾기 위해서는 잠입 르포도 마다하지 않는다. 몇 년 전 백화점의 밍크 코트 코너를 지나다 숍 매니저와 신참 직원이 나누는 대화를 들었다.

"내가 뭐라고 했니? 저 아줌마는 절대 안 산다고 했지? 왜 쓸데없이 10분이나 시간을 허비하고 있어. 얼굴 딱 봐라. 밍크 사게 생겼니?"

마침 백화점 직원 대상 서비스 강의를 앞둔 나는 이때다 싶어 매장 안으로 들어갔다. 한동안 옷을 고르는 척하며 숍 매니저에게 이것저것 물었다.

"여기서 오래 일했으니 손님 얼굴만 봐도 살지 안 살지 알겠네요?"

"그럼요. 딱 보면 알죠."

"이거 한 벌 팔려면 온갖 비위를 다 맞춰야 할 텐데 힘들지 않으세요?"

"힘들어도 참아야죠. 저는 30분 동안만 간 쓸개 다 빼주면 그만이지만 손님은 10개월 동안 카드 값 갚느라 엄청 괴로울걸요?"

얼마 뒤 이 에피소드는 고스란히 백화점 직원 대상의 고객 만족 강의에 활용됐다.

"여러분, 고객 만족 서비스를 힘들다고 생각하지 마세요. 여러분이 고객을 응대하는 건 길어야 30분이에요. 고객은 30분 만족한 대가로 10개월 동안 밍크 코트 값 갚느라 죽을 고생 하잖아요. 여러분은 물건 팔 때마다 수수료 받고요. 따지고 보면 고객 만족이 아니라 여러분 만족이죠. 그러니 고객한테 희생한다고 생각하지 마시고 프로답게 일하세요."

호랑이를 잡으려면 호랑이 굴로 들어가야 하듯 청중의 공감을 얻는 말을 하려면 발품을 팔아 현장을 찾아가야 한다. 그곳에서 생생한 목소리를 들어야 한다. 그래야 사람들은 마음을 움직이기 시작한다.

책에서 읽은 이야기나 고사성어로 사람의 마음이 움직일 거라고 기대해서는 안 된다. 현장을 제대로 알아야 말도 날카롭게 벼릴 수 있으니 말이다.

나와 함께하는 강사들도 종종 잠입 르포를 한다. 얼마 전에는 LG 그룹 모 계열사의 생산라인 여자 직원들을 대상으로 하는 강연 의뢰가 들어왔다. 생산직 경험이 전혀 없는 후배 강사는 고민 끝에 생산라인에서 하루 일하기로 했다. 처음에는 난색을 표하던 회사가 결국 하루 체험을 허락했다. 결과적으로 강연은 대성공이었다.

나는 강사에게 가장 중요한 건 강연 경험이 아니라 스피커로서의 자격을 갖추는 일이라고 생각한다.

에피소드 사냥꾼이 되면 책 읽는 방법도 달라진다

나는 책을 읽다가 좋은 구절이 나오면 그걸 A4 한 장 분량에 맞춘 에피소드로 만든다.

얼마 전 감명 깊게 읽었던 『연금술사』에는 양치기 소년이 번개와 늑대에게 감사하는 장면이 나온다. 평소에는 양들이 순해서 할 일이 없다가 번개가 치거나 늑대가 나타나면 비로소 양치기로서 자신의 존재감을 확인하기 때문이다.

나는 이 부분을 읽으면서 '고난도 인생의 한 부분'이라는 제목을 떠올렸다. 강연장에서는 위 에피소드를 각색해서 들려주고 이렇게

마무리하면 좋을 것이다.

"여러분의 인생에서 늑대는 무엇이었을까요? 어제 늑대 때문에 좌절하셨어요? 상사에게 혼나거나 승진 명단에서 빠졌을지도 모릅니다. 그러나 늑대에게 감사하세요. 늑대가 있었기 때문에 당신은 오늘 더 열심히 뛸 수 있으니까요."

예전에 『제3의 성』이라는 책도 열심히 읽었다. 그 책을 다 읽은 뒤 3권 분량의 에피소드를 만들기도 했다. 좋은 내용은 도표나 그래프로 재구성하기도 했다. 사람들이 "어떻게 책을 이렇게 읽을 수가 있어요?" 하며 혀를 내두를 정도였다.

나는 신문도 잘 활용하는 편이다. 지면에서 괜찮은 기사를 발견하면 가위로 그 부분을 오려 A4 용지에 붙인다. 그걸 1장 분량의 에피소드로 다시 만드는 것이다. 그 뒤 포스트잇을 붙여 조직 관리, 자아계발, 자아 혁신 등으로 구분해서 정리했다. 이처럼 남에게 좋은 영향을 주는 말을 하려면 독서도 남들과 달라야 한다.

나는 텔레비전 시청도 유별난 편이다. 에피소드 광신도이다 보니 그렇다. 텔레비전 앞에는 늘 메모지와 볼펜이 있다. 평소 다큐멘터리를 많이 보는 편인데 메모를 마치기 전에는 절대 채널을 못 돌리게 한다.

나는 영화관에 갈 때도 포스트잇과 볼펜을 챙긴다. 강의를 하다 보면 동영상이 필요한 경우가 많다. 하지만 마땅한 동영상이 없을 경우 영화 장면을 머릿속에 떠올리며 강연에 활용하는 것이다. 나는 어떤 영화의 어떤 장면에서 비슷한 게 나오는지 늘 체크한다. 그리고 여러

주제를 머릿속에 입력한 다음 관련 장면이 나올 때마다 메모한다.

결코 쉬운 일은 아니다. 스스로 지칠 때가 많다. 우리 회사 강사들은 삶의 질이 떨어졌다며 불만을 토로한다. 당연하다. 영화도 책도 텔레비전도 마음 편히 즐기지 못하니 말이다. 그러나 일상생활을 관찰해서 유능한 강사가 된다면 얼마든지 감수해야 하지 않을까?

관찰력이 뛰어난 사람이
대화를 잘한다

스피커는 수많은 청중을 만난다. 나와 가치관이 다른 사람, 나와 다른 인생을 사는 사람을 상대로 스피치를 한다. 따라서 스피치를 하기 전에 청중과 비슷한 경험을 한 사람들의 이야기를 먼저 들어야 한다.

그때 필요한 게 관찰력이다. 관찰력이 없으면 매번 생소하고 어려울 수밖에 없다. 그런데 제대로 된 관찰 노하우만 익힌다면 결코 어렵지만은 않다.

지난해 『이코노미스트』의 의뢰로 탤런트 정한용 씨를 인터뷰했다. 그는 낯선 사람도 단 10분 안에 지인으로 만드는 엄청난 친화력을 가졌다. 그가 술자리에 한 번 나타나면 다들 웃느라 뒤로 넘어간단다. 정한용 씨가 누군가에 대해 말할 때는 그 사람의 몸짓과 말투까지 비슷하게 재현하기 때문이다.

"우리 할머니가 갑오경장에 태어난 옛날 분이셔서 텔레비전을 이해하지 못했어요. 내가 드라마에서 밥 먹는 장면이 나오면 '쟤가 만날 저기서 밥을 먹어서 집에서 밥을 안 먹는구나.' 그러셨어요. 이불 까는 장면이 나오면 '한용이가 오늘 집에 안 들어오려나 보다.'라며 걱정하셨죠(웃음)."

나는 할머니 말투를 그대로 흉내 내는 그를 보며 인터뷰 도중 한참 웃었다. 그는 그것을 '따옴표 기법'이라고 설명했다. 그 상황을 직접 대사로 표현하는 것이다. 그가 연기자로서 갈고닦은 관찰력이 있기에 가능한 일 아닐까?

정한용 씨는 연기를 할 때 일부러 꾸며서 하는 법이 없다고 한다. 장작 패는 60대 할아버지를 연기한다면 옆에서 관찰하고 미세한 특징을 포착해 정확히 되살린다. 이처럼 정한용 씨의 연기와 스피치의 저력은 관찰의 힘에서 나온다.

토크쇼의 황제 유재석 씨와 강호동 씨는 마치 방금 생각난 것처럼 재미있는 에피소드를 들려준다. 그것은 즉석에서 나올 수 있는 이야기들이 아니다. 평소 꾸준히 관찰해서 에피소드로 각색한 것이다. 그들은 수많은 에피소드들을 기억해 두었다가 상황에 맞게 하나씩 머릿속에서 꺼낸다.

특정 직업인들만 할 수 있는 일이 아니다. 보통 사람들도 프로답게 준비하면 얼마든지 가능한 일이다. 노력해보자. 누구나 스피치가 일취월장할 수 있다. 청중을 울리고 웃기고 감동까지 주는 그야말로 재미와 의미를 주는 스피치를 할 수 있다. 에피소드가 없다고 투덜대지 말고 관찰의 낚싯줄부터 일상생활 속에 던져보자. 조만간 월척을 낚을 것이다.

07 에피소드 요리하기

에피소드라는 재료를 충분히 찾았다면 이제는 본격적으로 요리할 시간이다. 재료가 아무리 훌륭해도 레시피가 엉망이면 맛이 형편없듯 에피소드도 제대로 각색하고 포장하지 않으면 들려주지 않은 것만 못하다. 우선 몇 가지 노하우를 알아보자.

에피소드에도 탄탄한 논리가 있어야 한다

내가 아트 스피치 강의에서 에피소드를 강조하면 많은 사람들이 걱정한다. '거룩한 자리'에 에피소드를 넣으면 스피치가 가벼워 보이지 않겠냐는 것이다. 그러나 이것을 알아야 한다. 중요하고 무거운 단어들을 조사로 연결하는 순간 스피치는 딱딱해지고 무게감에 짓눌

리고 만다는 걸 말이다.

나는 몇 해 전 여성신문사에서 주관하는 '미래를 이끌어갈 여성 지도자상'을 받았다. 수상자들이 소감을 이야기하는데 대부분 이런 식으로 하는 게 아닌가?

"한국 여성을 대표해 여성들의 네트워크를 형성하고 여성의 권익을 신장하는 데 일조하겠습니다."

'대표' '네트워크' '권익' 같은 말들은 얼마나 무거운가? 청중은 이런 단어들이 연결되면 부담스러워한다. 나는 수상 소감으로 엄마와 관련된 에피소드를 말했다. 초등학교 때 여자는 부반장을 해야 한다는 불문율을 깨고 교장 선생님에게 따져 기어이 딸을 반장으로 만든 홍순희 여사의 이야기였다.

"나중에 엄마가 제게 이런 말씀을 하셨어요. '미경아 그거 아냐? 내가 네 지역구고 넌 내 비례대표다.' 그렇게 엄마가 지역구에서 여성을 위해 뛰었기에 제가 비례대표가 될 수 있었죠. 저는 요즘 딸에게 똑같은 말을 해줍니다. '상요야, 내가 네 지역구고 너는 내 비례대표야.' 저는 여기 계신 모든 분들 그리고 이 상을 받지 못한 모든 여성들을 제 지역구라고 생각하고 더 많은 비례대표 후배들을 위해 열심히 뛰겠습니다."

아무리 딱딱하고 거룩한 자리라도 에피소드에는 청중의 귀를 열게 하는 힘이 있다. 물론 에피소드를 잘못 쓰면 스피치가 가벼워진다. 에피소드에도 탄탄한 논리가 있어야 함은 물론이다.

예를 들어 '시대의 변화를 따라가려면 프로 정신을 가져야 한다'는 주제로 이야기를 한다고 가정해보자.

"사람이 한 가지 직업만으로 일평생 살기 힘들어졌습니다. 세상이 너무나 빨리 변하고 있기 때문이죠. 만약 한 가지 직업으로 평생 살려면 정말 프로답게 노력해야 합니다."

그렇게 주제를 먼저 제시한 다음 바로 에피소드로 넘어간다.

"저희 엄마는 양장점을 평생 하셨습니다. 그런데 의류 대기업 때문에 양장점이 하나둘 문을 닫기 시작했습니다. 자식들이 대학을 다닐 때였죠. 예전에는 손님이 하루에 10명씩 왔는데 이젠 일주일 동안 1명도 오지 않는다고 엄마도 울고 저희들도 울었죠.

그런데 우리 엄마가 참 대단한 게 그 보릿고개를 빨간 바지로 넘기셨어요. 동네 여자들을 한 달 내내 설득해서 관광버스 5대에 나눠 태우고 설악산으로 떠난 거예요. 여자들이 밖에 나가려면 꼭 옷이 없잖아요? 그때 엄마가 '개별적으로 맞추면 제 날짜에 안 나오니까 빨간 바지로 싹 맞춰요.' 해서 빨간 바지 200벌을 만들어 떠난 겁니다. 온몸이 멍이 들도록 춤추고 노래를 부르니 먼 동네까지 소문이 났대요.

'리리 양장점이랑 놀러 가면 진짜 재미있다더라.'

다음번에는 파란 바지 맞춰서 내장산에 갔어요. 엄마는 8년 동안 그런 식으로 해서 저희들 대학 등록금을 다 댔어요. 엄마는 양장점 하면서 맺은 인간관계, 사람들 체형을 이해하는 재단 실력, 관광버스 회사와 협상하는 배짱 등의 능력과 프로 정신으로 시대 변화를 이겨낸 것이죠."

그렇게 에피소드를 들려준 다음 처음의 논리로 돌아간다. 여기서 그냥 끝나면 '아줌마 수다'일 뿐이다. 탄탄한 논리가 밑바탕이 돼야 알맹이 있고 품격 있는 에피소드가 되니까 말이다.

"한 가지 직업으로 변화무쌍한 한국에서 살아가기란 정말 힘듭니다. 우리 엄마도 처음엔 힘들었지만 결국 프로 정신으로 위기를 극복했답니다. 세상 변화만 탓할 게 아니라 프로답게 자신의 능력을 업그레이드하지 못한 스스로를 반성해야 합니다. 항상 미래를 준비하세요."

여기서 중요한 건 에피소드와 논리의 경계를 드러내면 안 된다는 점이다. '부실한 예고편'이 붙으면 그때부터 에피소드는 이미 에피소드가 아니다. 신선도가 급격히 떨어지면서 감정이입을 방해한다.

"주제와 딱 맞는 가슴 아픈 이야기를 하나 들려드릴까요?"

"정말 웃긴 이야기를 지금부터 말씀드리겠습니다."

이런 식은 곤란하다는 말이다. 상대방이 들으면서 판단하면 그만이지 내가 가진 카드를 미리 보여줄 필요는 없다. 청중이 모르게 자연스럽게 에피소드를 들려줘야 효과적이다.

예를 들어 내가 엄마의 양장점 이야기를 하면 청중이 알아서 부모님의 그릇 가게, 철물점, 철공소 등을 떠올릴 수 있어야 한다. 에피소드의 주인공은 엄마지만 각자가 에피소드의 주인공이 돼서 공감을 해야 한다. 그리고 청중 각자가 자기 집의 '빨간 바지'는 무엇인지 생각할 수 있어야 한다.

이번에는 젊은 여성들에게 일과 가정의 양립 문제에 대해 이야기한다고 생각해보자.

"아이 키우면서 일한다는 게 정말 힘드시죠? 아마 남자들보다 20배는 더 힘들 겁니다. 그러나 일하면서 아이를 키우는 일이 얼마나 의미 있는 삶인지 다시금 생각해볼 필요가 있어요."

여기서 끝나면 사람들은 속으로 "당신이 해봤어?"라고 반문할지도 모른다. 그렇다고 "제가 해봤는데 괜찮더라고요. 꼭 해보세요." 이것도 촌스럽다. 서두만 던지고 바로 에피소드로 이끌어야 한다.

"제가 제일 싫어하는 게 초등학교 알림장이에요. 그것 때문에 열받아서 병원에 실려갈 뻔했죠. 첫째 딸이 초등학교 1학년 때 제가 일주일 동안 출장 간 적이 있었어요.

밤늦게 돌아오니 애가 화장대에 메모를 써놓은 거예요. '엄마, 오늘 준비물 안 가져가서 혼났어. 오늘도 안 가져가면 진짜 혼나.' 남편이 애 알림장을 제대로 체크하지도 않은 거죠. 당장 야쿠르트 10개, 빨대 5개, 우유 팩 3개를 구해야 하는데 한밤중에 그걸 어디서 구해요?

결국 아침 7시에 슈퍼마켓에 사러 갔는데 아까운 걸 버릴 수도 없어 둘이서 그 많은 걸 다 마셨어요. 그것도 말려서 가져가야 해서 그 어린애가 직접 씻어서 말린 거예요.

그날 밤 남편하고 대판 싸웠죠. 남편 말이 기가 막힙니다. 부장이 술 먹자고 해서 일찍 못 왔다고. 네가 남자의 세계를 몰라서 그렇다는데 어찌나 속이 터지던지.

그래도 야쿠르트 병과 우유곽이 장난감 기차가 돼서 돌아왔는데 딸이 얼마나 기특한지 눈물이 나더라고요."

이렇게 '일하면서 아이 키우는 일, 꼭 해볼 만한 일이야.'라고 검증했으면 다시 논리로 돌아온다.

"부모님이 돌아가실 때 창자가 끊어질 정도로 우는 이유는 무엇일까요? 바로 추억 때문입니다. 우리 딸은 나중에 야쿠르트만 봐도 엄마를 생각하겠죠. 여러분들이 받은 모든 스트레스는 시간이 지나면 추억이 됩니다. 의미 있는 추억을 만들며 살아가는 여러분이 진정한 승리자입니다."

이 대목에서 어떤 분은 울면서 에피소드를 보충해준다.

"그뿐 아니에요. 인형 눈알도 있어요. 인형 눈알은 학교 앞 문방구에서만 파는데 9시 전에 퇴근해야 살 수 있지 야근하면 절대 못 사요. 인형 눈알을 못 붙인 채 애들을 학교에 보내면 얼마나 속상한 줄 아세요?"

에피소드 활용법에는 기본적인 구조가 있다. 1차적으로 논리적 주장을 편 다음 청중이 모르는 새 드라마로 이끌고 드라마가 언제 끝났는지도 모르게 빠져나와서 '그래 맞아.' '앞으로는 그래야겠네.'라고 결심하게 만든다. 어설프게 '제가 눈물 없이는 들을 수 없는 이야기를 들려드리겠습니다.'라고 하면 청중은 '네가 얼마나 가슴 아파하는지 한 번 보자.'며 팔짱을 낀다.

에피소드 하나로 끝장을 보려 하면
안 된다

하나의 논리를 받쳐주는 여러 에피소드를 서로 연결해 여러 번 검증할수록 스피치는 탄력을 받는다.

예를 들어 '매너리즘에 빠지지 말자'는 주제로 스피치를 한다고 가정해보자. 직원을 둔 CEO나 자식을 둔 부모라면 누구나 솔깃할 이야기일 것이다. 내가 기업에서 강연할 때마다 약방의 감초처럼 소개하는 내용이다. 그만큼 매너리즘에 빠진 사람이 많기 때문이다.

"여러분, 아무리 품질이 뛰어난 사과라도 신선도가 떨어지면 어때요? 가격이 떨어지죠? 슈퍼마켓 가보세요. 매너리즘에 빠진 사과가 얼마나 많아요? 여러분도 마찬가지입니다. 신선도를 유지한 상태에서 자신의 능력을 키워야 제대로 가치를 인정받죠. 항상 초심을 유지해야 합니다."

이렇게 서두를 뗀 뒤 바로 에피소드로 들어가자. 주제를 뒷받침하는 여러 에피소드를 자연스럽게 배치하는 게 포인트다.

"고속버스 터미널에서 매표소 직원들 말을 생각해보세요. '감사합니다.'라는 말을 하는 건지 마는 건지 그저 '쏴쏴'거리는 소리만 들리잖아요. 일한 지 3개월 된 분들도 3년 된 것처럼 '쏴쏴' 소리만 내요. 고속버스 터미널만 그러나요? 예전에는 은행도 그랬어요. 제가 15년 전 은행에 대출 때문에 전화했는데 하도 '쏴쏴' 해서 무슨 말인지 도대체 알아듣지를 못했거든요.

그러다 대출계로 전화가 넘어갔는데 어떤 여자가 낭랑한 목소리로

'감사합니다. 이 아무개 대리입니다.'라고 전화를 받는 거예요. 그 또렷한 목소리에 감동했죠. 대출 자격을 확인하기 위해 통장번호를 불러 달래요. 그런데 통장이 어디 가고 안 보이잖아요. 당황해서 지금 없다고 하니까 상냥한 목소리로 '대신 주민등록번호를 말씀해주셔도 됩니다.' 하더군요.

다른 분들은 그런 경우 짜증내면서 '원래는 안 되는데 이번만 해드릴 테니 주민번호 부르세요.' 이랬거든요. 나중에는 대출 자격이 된다면서 '지금 필기 준비 되셨습니까? 준비할 것은 인감도장, 주민등록등본, 통장입니다.'라고 친절하게 말하는데 속으로 놀랐어요. 괜찮은 사람이다 싶더라고요. 보통은 기다려달라고 외치면서 허겁지겁 받아 적거나 무슨 소린지 몰라 포기하고 끊은 경우가 많았거든요.

이런 매너리즘에 빠진 직원들이 또 어디에 있을까요? 병원입니다. 10년 된 간호사 엄청 무서워요. 환자는 벌벌 떨면서 말하죠. '자궁암인 것 같아 조직 검사 받으러 왔는데요.' 그럼 간호사가 뭐라고 하는지 아세요? '다들 그래서 오신 거니까 진찰권 놓고 저기서 줄을 서세요.' 환자는 평생 처음으로 암에 걸려서 정신이 없지만 간호사는 10년 동안 암에 걸린 사람만 봐서 지겨운 겁니다. 간호사는 10년을 일했어도 프로가 아닌 거죠.

백화점 구두 매장에서 '이거 얼마예요?' 물어볼 때 뛰어오면 입사 3개월 미만이고 '거기 써 있잖아요.' 하면서 구두칼로 다리를 치면서 돌아다니는 사람은 3년차 이상이래요.

여러분, 매너리즘에 빠지는 순간 직업적 가치는 땅에 떨어집니다.

여태까지 쌓아온 경력은 어제 했던 일상일 뿐이지 프로로서의 가치가 아닌 게 되죠. 당연히 내 자신의 가치도 거기서 끝나는 겁니다. 그런 사람은 절대로 그 일에서 최고가 될 수 없어요."

여기에는 4가지 에피소드가 맞물려 있다. 고속버스 터미널, 은행, 병원, 백화점 등. 그중에서 중심은 은행 에피소드다. 은행 에피소드를 중심으로 나머지 3가지 에피소드를 결합함으로써 4번이나 설득하고 검증하는 과정을 거치는 것이다.

이처럼 중심을 주변 에피소드들이 받쳐주는 구조가 가장 안정적이고 탄탄하다. 이렇게 에피소드를 구성하면 논리를 벗어나지 않으면서도 청중들이 스스로 자유롭게 사고하고 검증한다. '에피소드의 십자포화' 속에서 스스로 정리하게 만드는 것이다.

요즘에 각 기업마다 중요하게 대두되는 화두가 바로 다양성이다. 박사가 박사다우면 박사밖에 못 한다. 박사지만 박사답지 않는 능력, 즉 네트워킹, 스피치, 마케팅 같은 다양한 장점이 있어야 연구소 소장이 될 수 있다.

요즘 회사에서 필요한 능력은 공부만 잘해서 되는 게 아니다. 다양한 능력과 세상 전체를 볼 수 있는 눈이 있어야 성공할 수 있다. 다양성은 성별에서도 예외가 아니다. 남자가 남자답기만 하면 험한 세상을 헤쳐 나가기 힘들다. 남성과 여성을 아우르는 리더십, 즉 양성성을 가져야 한다. 이런 이야기를 할 때 스피커는 청중을 어떻게 설득해야 할까.

"남자와 여자는 다릅니다. 틀리다고 잘못 이해하시면 큰일 납니다.

남녀의 다름을 이해만 할 것이 아니라 직접 관리가 가능해야 남성에게도 여성에게도 인기 있는 상사가 될 수 있고 직장에서 성공할 수 있습니다."

이는 주장일 뿐이다. 앞에서 화두를 던지면 일상에서 늘 벌어지는 에피소드로 바로 이해시켜야 한다.

"남자들은 직장생활을 하다 갈등이 생기면 '얌마, 술 한잔하자'로 다 끝납니다. 이 이야기만 들어도 반은 풀린 거예요. 폭탄주로 공평하게 죽고 다음날 서로 잘 들어갔는지 물으면서 '뜨거운 전우애'를 다지면 바로 형님 아우가 됩니다. 술로 모든 상처를 소독하는 거죠. 남자들은 이렇게 문제를 푸는 데 익숙합니다.

그런데 여자 직원은 남자 상사에게 '술 한잔하자'는 말을 들으면 벌써 '만나서 이런 이야기를 해야지'라고 생각합니다. 한 명은 술 마시러 간 거고 한 명은 이야기하러 간 거죠. 같이 실컷 술 마시고 내일부터 잘하자고 헤어졌는데 다음날 여자 직원이 와서 다시 시작합니다.

"부장님, 제가 어제 너무 취해서 말씀 못 드렸는데요."

상사는 괜히 술값만 날린 거죠. 이런 분들이 결국 '여자들은 역시 조직생활에 안 맞아'까지 가게 됩니다. 틀린 게 아니라 다를 뿐인데 말이죠.

제가 잘 아는 이사님이 CJ에 있습니다. 그분이 처음 입사했을 때는 남자들하고만 일했다고 합니다. 그런데 엔터테인먼트 사업을 맡게 되면서 마케팅 부서의 태반이 여자들로 바뀐 겁니다. 처음엔 여자들과의 갈등을 어떻게 풀어야 할지, 임신한 여자 직원에게 어떻게 일 시켜야 할지 몰랐대요. 그러다가 자꾸 부딪치면서 여자 직원들을 다루는 기술이 엄청 늘기 시작합니다. 여자들은 남자들처럼 술값도 많이 안 들더래요. 스타 벅스 커피 한 잔 시켜놓고 대화를 하니까 되더라는 거죠. 나중에는 만삭보다 입덧하는 임신 초기가 더 힘들다는 것을 알고 3~5개월 때 일을 줄여주는 등 배려를 아끼지 않았다고 합니다.

결국 그분 팀은 가장 높은 성적을 올렸고 그분은 현재 임원으로 승승장구하고 있습니다. 여자 심리를 너무 잘 알아서 성공한 케이스죠. 그분은 남자 직원 다루는 방법도 잘 알고 여자 직원도 너무 잘 알죠.

게다가 요새 들어오는 젊은 남자 직원들은 가볍게 병맥주나 커피 한 잔 마시면서 이야기하는 것을 더 좋아하는 등 여자 직원들과 속성이 비슷해지고 있다고 합니다. 그러다 보니 그분은 이제는 어떤 다양한 인재가 들어와도 문제없다고 합니다. 반면 이사님과 비슷한 연

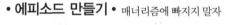

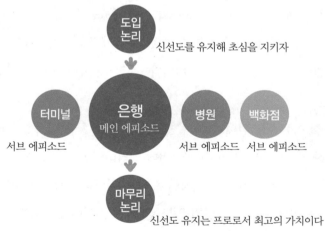

배의 친구들 중에는 아직도 여자 직원들에게 적응 못 하는 경우가 수두룩합니다.

결국 자기 세대와만 거래할 수밖에 없는 것이죠. 여러분, 요즘에 인재가 얼마나 다양해지고 있습니까. 갑자기 외국에서 들어온 직원도 있고 스물일곱 살 힙합세대 직원도 들어옵니다. 이런 직원들을 어떻게 다뤄야 할지 배우는 것은 선택이 아닌 생존 전략입니다. 따라서 요새 직장인들은 다양성을 갖는 일에 집중해야 합니다."

여기서 메인 에피소드로 남녀의 갈등해결 방법의 차이를 이야기했고 서브로 CJ 이사 사례로 다시 한 번 검증해주었다. 어떤 스피치는 메인 에피소드 하나로 해결이 안 된다. 특히 오래된 고정관념을 깨야 할 때나 청중이 고집스러울 때처럼 한 번에 설득하기 힘들 때는 서브 에피소드를 2~3개 정도 넣는 것이 좋다.

청중이 자신의 경험을 대입할 수 있는 상황이 많아지니까 설득 통로도 그만큼 다양해진다. 에피소드를 여러 개 던지면 그중에 하나는 걸려서 뚫리게 돼 있다.

에피소드는 낮은 곳으로 흘러야 한다

오바마 대통령의 스피치가 사람들의 심금을 울린 건 그 속에 에피소드가 있었기 때문이다. 나는 지금까지 살면서 대통령 수락 연설에 에피소드가 들어간 걸 본 기억이 없다. 대개 측근을 비롯한 국민 여러분에게 감사 인사를 전하고 앞으로 이렇게 일하겠다는 내용을 말

하는 게 전부였다. 물론 그도 큰 틀에서는 다르지 않았다. 그러나 그는 짧은 감사 인사를 할 때조차 에피소드 기법을 이용했다. 예를 들면 감사의 인사 앞에 형용사구를 붙이는 식이다.

"매일 델라웨어에서 기차로 출퇴근하며 부통령 후보로 열심히 뛴 조 바이든 부통령 당선자에게도 감사의 마음을 전합니다."

"저는 친구이자 16년 동안 도와준 동지이자 우리 가족의 어머니이자 사랑인 퍼스트 레이디 미셸 오바마가 없었다면 오늘 이 자리에 없었을 겁니다."

그가 한 스피치의 백미는 106세 쿠퍼 할머니에 관한 내용이다. 그는 미국의 현재와 미래에 관한 이야기를 하다가 갑자기 드라마를 쓰기 시작했다.

"저는 여러 세대를 걸쳐 우리 가슴속에 남아 있는 한 여성을 기억합니다. 106세의 그 여성은 노예로 태어나 차도 없고 비행기도 없던 시절의 미국에서 살았습니다. 그 여성은 흑인이란 이유로 여성이란 이유로 제대로 대접 받지 못하고 살았습니다."

오바마 대통령은 쿠퍼 할머니의 눈으로 바라본 미국의 역사를 에피소드로 소개하면서 자신이 하고 싶은 말은 모두 했다. 또 늙고 가난한 할머니에게 존경심을 표함으로써 자신의 품격도 올렸다.

논리는 사람들의 머릿속에 있다. 청중은 겸손하고 시선을 낮춘 에피소드가 전개될 때 감동한다. MBC 「인간극장」이나 「스타 다큐멘터리」를 유심히 보라. 카메라 속에 등장하는 사람들은 얼마나 겸손하고 서민적인가?

스피치든 일상적인 대화든 최악의 경우는 자기 자랑을 하는 경우다. '저 높은 곳의 이야기'만 하면 결국 청중으로부터 외면당한다.

에피소드 기법은 오바마 같은 거물급 인사만의 전유물이 아니다. CEO나 각계 각층 리더들도 얼마든지 응용할 수 있다. 기업 신년사를 할 때 직원들을 졸게 만드는 거룩한 말씀만 하지 말고 내년에 은퇴하는 공장의 반장 아저씨를 언급해보자. 반장 아저씨의 눈을 통해 바라본 회사의 역사, 발전, 미래 비전을 이야기하면 청중의 눈빛 자체가 달라질 것이다.

겸손한 태도는 언제나 성공을 부른다. 저 높은 곳에서의 논리만 고집하지 말고 낮은 곳에서의 에피소드를 이제부터는 활용해보자.

청중을 두려워하는 것은 존경하는 것과 같다.
　　　　적절한 긴장은 상대방에 대한 존경심의 표현이자 성의 있는 마음가짐을 뜻한다.
　　청중 앞에서 두려움, 떨림, 긴장을 느끼는 것은 지극히 정상이다.
　　　　적당한 긴장과 두려움이 있어야 청중을 내 편으로 만들 수 있다.

Part 3
Sympathy Speech
공감 스피치

OI 청중이 누구인지 파악하라

얼마 전 동창회 송년 모임에 간 적이 있다. 주최 측에서 분위기를 띄우려 유명 개그맨을 섭외했다. 나는 행사 내내 그를 보면서 마음이 불편했다. 텔레비전에서 개그를 할 때는 그렇게 재미있던 사람이 200명 청중 앞에서는 속수무책으로 무너진 것이다. 사람들의 연령층은 40대부터 70대까지 다양했는데 아무도 그의 개그에 반응하지 않았다. 박수도 안 치고 웃지도 않았다. 나중에는 '몸 개그'까지 했지만 청중은 여전히 꿈쩍도 하지 않았다.

나는 직업상 마이크를 쥐고 사는 사람이다 보니 무대에 오른 사람은 어지간하면 응원해주는 편이다. 그래서 안쓰러운 마음에 웃고 박수 치라고 옆사람을 부추겼지만 역부족이었다.

그에게 청중은 무엇이었을까? 바로 적이다. 적군 200명과 싸워 상처투성이가 된 그를 보며 내 마음도 같이 무너졌다.

어느 모임에 가수 한 분이 초청돼 왔다. 노래 잘하는 가수로 알려진 분인데 청중 앞에서 철저히 무너지고 말았다.

"모두 일어나세요.""뛰세요!"

노래를 세 곡 부르면서 외쳤지만 아무도 움직이지 않았다.

"가수 생활 30년에 이렇게 겁나는 분들은 처음입니다."

그는 무대에서 내려가면서 고개를 절레절레 저었다. 물론 자신의 노래 실력도 다 발휘하지 못했다.

만약 그 가수가 청중 가운데 1명을 일대일로 만났다면 어땠을까? 아마도 당사자는 연예인을 만났다며 흥분했을 것이다. 그러나 청중이라는 집단에 속하는 순간 완전히 달라진다. 나이가 많든 적든 지위나 학식이 높든 낮든 마찬가지다. 내가 만난 청중은 다 그랬다.

나도 여러 번 그런 경우를 겪었다. 내가 이 세상에서 제일 두려워하는 존재는 바로 청중이다. 청중을 얕봤다가는 무대 위에서 처참하게 망가진다. 스피커는 자칫 잘못 다루면 깨지기 쉬운 가장 어려운 인간관계가 바로 청중과의 관계라는 점을 알아야 한다. 청중은 크게 세가지 속성을 갖고 있다.

청중은 방어적이다

청중은 쉽게 마음을 열지 않는다. 누가 단상에 올라가든 '네가 얼마나 잘하는지 한 번 보자.'는 이들이 많다. 청중은 '내가 박수 치나

봐라.' '웃나 봐라.' '당신한테 공감할 줄 알고?' 하는 표정으로 앉아 있다. 스피커는 콘텐츠를 말하기 전에 청중과 보이지 않는 정서적 싸움에서 이겨야 한다. 청중이 방어적이든 공격적이든 관계없이 무조건 승부를 내야 한다. 그걸 극복하려면 엄청난 에너지와 스피치 리더십이 필요하다.

옛날에는 교실에서 아이들이 떠들고 말을 듣지 않으면 선생님이 한두 명 혼내면 됐다. 그러나 요즘에는 그런 방법이 통하지 않는다. 선생님이 본보기로 한 학생에게 창피를 주면 애들이 다 나가버린다. 학생들에게도 안 통하는데 일반인들은 오죽할까? 부드러우면서도 카리스마 넘치는 스피치 리더십이 필요하다. 청중이 들고 있는 방패와 창을 스스로 내려놓도록 말이다.

지금껏 만난 이들 중에서 가장 방어적인 청중은 '성희롱 예방 교육'에서 만난 40~50대 중년 남성들이었다. 마치 내가 "여러분 성희롱 하셨죠?"라고 물어보기라도 할까봐 미리 장벽을 쌓았다. 어떤 부장은 교육장에 들어오면서부터 "짜증나게 이런 교육은 왜 받으라고 하는 거야?"라고 소리쳤고 어떤 이사는 아예 신문을 들고 오기도 했다. 그 순간 스피커가 주눅이 들면 안 된다. 청중은 스피커의 심리 상태를 귀신같이 알아차린다. 심리적으로 위축되면 준비한 것도 생각이 안 나고 말도 꼬이고 시선도 불안해진다.

청중을 내 편으로 만들려면 최초 10분이 중요하다. 처음이 불안하면 청중은 강연 내내 등을 돌린다. 그래서 나는 성희롱 예방 교육을 할 때면 더 많이 웃고 더 편안하게 이야기를 시작한다.

"여러분, 이런 교육 정말 짜증나시죠? 제가 생각해도 도대체 이런 교육을 왜 하나 몰라요. 성희롱 예방 교육 같은 건 빨리 없어져야 돼요. 그런데 제가 왜 왔는지 아세요? 남자들이 잘 몰라서 실수하는 게 있습니다. 그걸 남자 탓으로만 돌릴 수 있나요? 한국 사회에서 수십 년 살면서 남자들이 어떤 문화에 노출됐는지도 생각해봐야 합니다.

제가 얼마 전 부산에 2박 3일 교육을 갔다 왔어요. 그 회사 이사님이랑 밥을 먹으며 이야기하는데 이사님이 그러시는 거예요. '취업을 앞둔 딸이 있는데 제가 외국계 회사 가라고 했습니다. 아직까지 한국 회사는 남녀차별이 심해서 승진을 못 하니까요.' 그 이야기를 들으면서 그분은 여자에 대한 이해가 남다르다 싶었는데 갑자기 물으시는 거예요. '그런데 이렇게 지방에 며칠씩 다니면 남편 밥은 누가 해줍니까?'

그 이야기를 듣고 솔직히 실망스러웠어요. 역시 한국 남자들이 여자를 이해하는 한계는 딸까지구나 싶었죠. 나중에 비서한테 들으니까 이사님이 나쁜 뜻이 있어서가 아니라 정말 궁금해서 물어보셨다는 거예요. 생각해보니 한국에서 50년 이상 살면 모든 남자들이 '자동으로' 남편 밥을 걱정하잖아요. 그분이 특별히 가부장적인 게 아니었어요. 여러분도 우리 남편 밥 누가 해주는지 궁금하시죠? (웃음) 여러분들이 나쁜 남자라서가 아니에요. 우리 모두 그런 문화 속에서 살아왔어요."

나는 10분 동안 이런 식으로 공감할 만한 편안한 이야기로 강연을 시작했다. 이어서 다음과 같이 말했다.

"여러분 잘못은 없어요. 한국적인 문화 속에서 여자 직원에게 술을 따르라고 하고 블루스 추자고 하는 건 자연스러운 일이었으니까요. 그렇게 한국의 성희롱 환경에 수십 년간 노출돼 왔으니 성희롱인지 아닌지 구분 못 하는 단계에 있는 것이죠."

그렇게 일단 남자들의 죄를 용서해줬다.

"여러분 안에는 자신도 모르는 성희롱 유전자가 있을지 모릅니다. 요즘엔 실수하면 큰일 나잖아요. 저랑 한 번 공부해보면서 점검하면 좋지 않겠어요?"

이쯤 되면 청중은 심리적 방패와 창을 내려놓는다. 무대 위에 서면 청중의 심리 변화가 다 보인다. 그전까지는 어떤 이야기를 해도 통하지 않는다. 일단 마음의 문이 열리면 다음부터는 더 이상 달래지 않는다. 야단칠 건 야단치고 잘못한 건 지적한다. 물론 야단칠 때도 웃으면서 해야 한다. 정색하고 때리면 누구나 화를 낸다. 수다 떨다가 옆사람이 너무 웃긴다고 때리면 아파도 아프다고 못 하듯 '아픈 줄 모르고 맞았는데 지금은 아프네.' 하게 만들어야 한다.

청중은 보수적이다

개그맨 모임에서 강의한 적이 있었다. 개별적으로 보면 엄청나게 재미있고 웃기는 사람들인데 모여 있으니 좀처럼 웃지 않았다. 개그맨들이 그럴진대 일반인들은 오죽할까? 과묵한 사람 반 웃고 맞장구 치는 사람 반이 섞여 있으면 분위기는 과묵한 사람 쪽으로 쏠린다.

청중은 다수가 웃어야 간신히 따라 웃고 다수가 박수 쳐야 간신히 따라 박수 친다. 발랄한 10대들은 안 그럴까? 애들도 모이면 어른들과 똑같다. 똑같이 긴장하고 들어가야 한다.

내가 만난 청중 중에서 가장 보수적인 사람들은 방송국 피디들이었다. 일렬로 세워놓고 꼬집어주고 싶을 정도로 얄미웠다. 그들은 나를 강사가 아닌 출연자로 보고 피디의 입장에서 요리조리 분석했다. 모두가 팔짱을 낀 채 뒤로 벌렁 누워서 웃지도 움직이지도 않았다. 시트콤 10편, 드라마 10편 이상 찍은 사람들이니 웬만한 에피소드에는 눈도 꿈쩍하지 않았다.

청중은 쉽게 집단화된다

무작위로 남녀노소 500명을 모아놔도 미리 짠 것처럼 가장 방어적이고 보수적인 집단으로 돌변한다. 이때 스피커는 주눅 들지 말고 청중을 사분오열시켜야 한다. 즉 청중을 소규모 그룹으로 나누는 것이다.

"여기 20대부터 50대까지 계신 것 같은데 20대 손 한번 들어보세요."

그러면 20대 중 절반만 손든다. 이럴 때는 나머지도 손들게 만들어야 한다. 농담을 하든지 손든 사람에게 상을 준다고 하든지 전부 다 손을 들게 해야 한다. 모두가 손을 들면 20대의 특성과 관련된 재미있는 이야기를 한다.

"20대 여성이 제일 갖고 싶은 3가지가 뭔지 아세요? 첫째는 오피스텔. 둘째는 차. 셋째는 오피스텔과 차를 가진 남자."

20대가 손들면 30대부터는 거의 다 손든다.

"집에서 애들 키우느라 힘드시죠? 여기 계신 남자들 중에서 노후를 편안히 보내고 싶은 분들은 지금 열심히 애들 보셔야 합니다. 여자들 소원이 뭔지 아세요? 남편이 애 볼 동안 화장실에서 문 닫고 편안하게 볼일 보는 겁니다."

40대들은 무슨 이야기를 할까 기대하면서 손을 번쩍 든다.

"40대 여러분, 돈 버느라 힘드시죠? 우리 남편도 40대인데 저는 그렇게 용비어천가를 잘 부르는 사람 처음 봤어요. 마치 사장이랑 연애하는 것 같다니까요."

40대 부장들은 자신들 이야기니까 기분 좋게 웃는다. 50대부터는 나이도 있고 체통도 있으니 손을 잘 안 든다. 그때는 부드럽게 넘어가는 게 좋다.

"지금까지 손 안 드신 분 다 드세요. 손을 든 김에 박수 쳐볼까요?"

그 박수는 사실 내게 치는 박수다. 방어적이고 보수적이고 집단적 성향을 지닌 청중의 심리적 방패와 창을 내려놓게 해야 나오는 박수이기 때문이다. 한 번에 손드는 청중을 보기 힘들다. 하지만 서너 번 이야기해서 손을 안 드는 청중은 본 적이 없다.

스피커는 이러한 장벽들을 부수고 들어가 청중을 분열시켜야 한다. 한쪽에서 웃기 시작하면 보수적인 사람들도 타이어 바람 빠지는 소리를 내며 웃기 시작한다. 남들이 박수 치면 '아, 여기서 박수 쳐도 되는구나.' 하고 마음 놓고 웃고 고개를 끄덕인다. 유능한 스피커는 서두에서 청중에게 리액션하는 법을 가르친다. 강의 중간에도 청중의 리액션을 끌어내는 동작을 꼭 넣어야 한다.

양병무 재능교육 대표가 자주 쓰는 방법은 박수다.

"여러분, 리더십이 뭔지 아십니까? 딴 거 없어요. 박수 받을 일을 많이 하면 됩니다. 또 주변 사람들이 잘할 때 박수를 치는 게 바로 리더십입니다. 자, 지금부터 다함께 리더십 박수를 연습해봅시다."

강의 초반에 리더십 박수를 훈련시키면 나중에는 '동의하십니까?'라는 말에 자동적으로 박수를 친다. 순식간에 청중과의 사이에 벽이 허물어진다. 예전 숙명여대에서 교수들을 상대로 박수 치게 했더니 다들 처음에는 굳은 표정으로 슬로 비디오처럼 박수를 치더란다. 그런데 박수를 치면 칠수록 재미있어 하더니 나중에는 자신들의 수업에 이 방법을 벤치마킹했다고 한다.

스피커는 청중이 고개를 끄덕이고 박수를 치게끔 하는 오프닝 콘텐츠를 갖고 있어야 한다. 이런 비장의 무기 없이 '제가 오늘 여러분께 중요한 말씀을 드리려 합니다.' 하면 강연은 꼬이기 시작한다. 청중은 빗장을 걸고 셔터를 내리고 문을 닫아버린다. 자신들끼리 눈짓을 보내며 더 보수적이고 방어적인 태도로 변하는 것이다.

스피커가 무대 위에서 그 모습을 보면 진땀이 나고 입이 마른다. 준비한 콘텐츠의 10분의 1도 제대로 전달 못 한다. 청중이 웃어야 할 포인트에서 웃지 않으면 뭐가 잘못됐는지 심각한 고민에 빠진다. 멀쩡한 콘텐츠라도 청중의 공감을 이끌어내지 못하면 잘못된 콘텐츠가 된다. 청중에게 피해를 준 것과 비슷한 상황이 되는 셈이다. 따라서 스피커는 앞에서 이야기한 청중의 3가지 속성을 정확히 이해하고 있어야 한다.

스피치를 하기 위해 무대 위로 오른 사람들에게 청중은 '괴물 집단'과 같다. 이 괴물을 순한 토끼로 만들어야 한다. 내가 원하는 대로 귀를 쫑긋 세우고 팔짝팔짝 뛰게 만들어야 한다. 그러려면 내게도 청중이라는 괴물을 이길 수 있는 괴력이 있어야 한다. 나는 그런 면에서 방송의 혜택을 많이 입었다. 그동안 방송 강의를 많이 하다 보니 청중은 내가 입을 열기도 전에 이미 무장 해제돼 있다.

"원장님, 방송에서 본 것보다 훨씬 날씬해요."

"맞아요."

나는 스스로 자수해 광명 찾은 청중 앞에서 더 이상 '20대 손드세요.' 할 필요가 없어졌다. 자기들끼리 강의 중간에 부스럭거리는 사람이 있으면 집단으로 눈을 흘기고 혹시라도 박수 안 치거나 안 웃는 사람이 있나 감시할 정도다.

첫 10분 동안 청중의 마음을 열면 나머지 50분은 적이 아닌 내 편에게 강의하는 셈이다. 청중이 오히려 도와준다. 스피커가 최적의 상태로 이야기할 수 있도록 거들어주고 같이 작품을 만든다. 물론 그렇게 되기까지는 치열하게 노력해야 한다.

청중을 두려워하는 것은 존경하는 것과 같다. 적절한 긴장은 상대방에 대한 존경심의 표현이자 성의 있는 마음가짐을 뜻한다. 청중 앞에서 두려움, 떨림, 긴장을 느끼는 것은 지극히 정상이다. 적당한 긴장과 두려움이 있어야 청중을 내 편으로 만들 수 있다. 반면 청중을 얕잡아 보면 스피치는 무조건 망치게 돼 있다. 별것 아니라는 생각이 제일 무섭다. 꼭 별것이 도사리고 있기 때문이다.

기업 오너들 중에는 스피치 능력이 늘 제자리인 분들이 많다. 그분들은 스스로 월급 주는 사람으로 생각하기 때문에 청중을 두려워하지 않는다. 생각나는 대로 예전 이야기를 하면서 한바탕 잔소리를 퍼붓는 경향이 있다. 내가 아는 어떤 분은 신년사를 하다가 전날 회식이 과해 꾸벅꾸벅 조는 직원들을 발견하고 이렇게 소리쳤단다.

"저런 인간들 때문에 우리 회사가 발전이 없는 겁니다. 인사팀장 뭐 해. 지금 조는 사람들 이름 적어서 교육 보내."

그날 밤 회사 직원들은 삼삼오오 모여 사장을 잘근잘근 씹었다. 청중을 졸게 만든 건 스피커의 책임이지 청중의 책임이 아니다. 오히려 청중에게 반성하고 사과할 일이다.

어느 보험회사 지점에 강의를 갔다. 중도 하차하는 설계사들이 많은데다 영업도 시원찮으니 동기 부여를 해달라는 주문이었다. 그런데 강의를 듣는 설계사들의 태도는 달랐다. 박수도 잘 치고 질문도 열심히 하는 등 반응이 뜨거웠다. 분위기는 괜찮은데 왜 실적이 안좋을까? 나는 강의를 끝내고 지점장과 식사를 하면서 그 원인을 알게 됐다. 그의 말이 가관이었다.

"40대 여자가 밖에서 이런 일을 할 때는 팔자 더럽게 세다는 이야기 아니겠어요?"

나는 그의 얼굴에 찬물을 끼얹고 싶었다. 조회 시간마다 팔자 센 여

자들에게 어떤 잔소리를 할까 고민하는 사람이 직원들을 존중할까? 지점장이 직원들을 무시하는데 영업이 될 리 있을까? 결국 그는 실적 부진으로 쫓겨났다.

내가 아는 화장품 회사의 지점장은 여성을 존중하고 마음을 잘 헤아려준다. 누구 아들이 공부 잘한다고 하면 아들 갖다 주라고 선물하고 누구 엄마가 힘들어하면 따뜻한 밥을 사며 위로했다. 직원들은 지점장의 인간성을 눈빛으로 다 알고 있었다. 그 지점은 엄청나게 성장했다. 직원들이 스스로 알아서 열심히 일하는 직장이 됐다.

아이는 물론이고 어른들도 자신을 존중하는 말 덕분에 성장한다. 스피커는 청중을 무조건 인격적으로 대해야 한다. 청중을 인격적으로 대할수록 스피커의 인격도 함께 올라간다는 걸 잊지 말자.

O2 청중에게서 에너지를 얻어라

청중과 레이저를 주고받아라

평소 친분이 있는 중견기업 김 회장이 처음으로 방송에 출연하게 됐다. 녹화를 앞두고 하도 걱정을 하길래 일주일간 특별 훈련에 돌입했다. 수제자를 키우는 마음으로 원고 작성, 에피소드 기법, 제스처, 표정까지 일일이 가르쳤다. 결과는 대성공이었다. 그는 녹화가 끝나자마자 달려왔다. 상 받은 아이처럼 들떠 있었다. 자랑부터 할 줄 알았다. 그런데 그의 첫 마디가 뜻밖이었다.

"맨 처음 박수 친 세 분이 지금도 눈에 선해요. 앞줄 두 번째와 뒤에서 세 번째 줄에 앉아 있었는데 그분들이 호응한 덕분에 자신감이 생겼어요. 저한테는 정말 은인들이에요."

청중에 대한 고마움을 이야기했다. 초보 강사 김 회장은 전날까지

깨알 같은 원고를 외우고 또 외웠다. 거울을 보면서 연습도 수십 번 했다. 그러나 막상 무대에 서니 그렇게 원고가 보고 싶더란다. 그는 잠시 갈등하다 원고는 가방 안에 둔 채 준비한 말을 꺼냈다고 한다. 이처럼 자신도 불안한 상황에서는 청중이 반응할 거라고 기대하기는 어렵다. 그러나 그가 강연을 하기 위해 일주일간 쏟은 열정과 노력을 알아봤던 걸까? 청중은 반응을 빨리 보였다. 세 명이 웃으며 박수를 보낸 것이다. 그때부터 그는 자신감을 가지고 강연을 이어갔단다.

"회장님과 청중이 서로 레이저를 몇 번이나 주고받은 것 같으세요?"

"제가 20개 주고 한 3개 정도 받은 것 같은데요."

"초보가 3개나 받다니 대단하네요. 다음에는 12개만 주시고 6개 받아보세요."

스피치는 성공률을 높이는 게 중요하다. 청중이 반응하든 말든 온갖 이야기를 늘어놓아서는 안 된다. 반응이 괜찮다고 강연 시간을 늘리는 사람도 많다. 이도 바람직하지 않다. 강연은 연극이나 마찬가지다. 청중이 박수 쳤다고 했던 대사 또 하고 시간을 끄는 배우는 없지 않은가? 아무리 흥분해도 정해진 시간 안에 무조건 끝내야 한다.

나는 김 회장의 말을 듣고 내게 첫 은인이 누구였는지 기억을 더듬었다. 바로 16년 전 대우자동차 여자 직원들이었다. 그녀들이 내게 호응하지 않았다면 어땠을까? 나는 강사의 길을 진작 포기했을지도 모른다.

강연 주제가 어찌나 촌스러운지 지금도 기억난다. '여성의 사회 참

여와 프로 의식'이었다. 진부한 주제라 오히려 망가지기 쉬운 강연이었다. 자동차 영업소에서 유니폼 입고 근무하는 20대 초반 고졸 여성들 대상이었다.

나는 강의 내용을 A4 17장에 깨알같이 써서 달달 외웠다. 그리고 그걸 1장짜리 요약본으로 만들고 혹시나 하는 마음에 원본 17장도 가져갔다. 나는 첫마디를 이렇게 건넸다.

"여러분, 외로우시죠?"

그러자 뚱한 얼굴로 앉아 있던 그녀들이 무슨 이야기를 하려나 싶어 내 얼굴을 똑바로 봤다.

"영업소에 여자 직원들이라곤 여러분밖에 없잖아요. 조회 시간에 남자들한테 온갖 욕 듣죠. 커피 심부름 하느라 정신은 하나도 없죠. 회의 끝나고 11시 반쯤 되면 남자 직원들은 썰물 빠지듯 다 나가버리잖아요? 혼자 덩그러니 있다가 자장면 먹으면 참 눈물이 납니다. 여자 혼자다 보니까 스트레스가 만만치 않은데 그걸 알아주는 사람이 어디 있나요? 알아주기는커녕 부려먹지나 않으면 다행이죠."

그 이야기를 듣던 청중의 절반은 눈이 동그래지고 절반은 알아줘서 감사하다는 눈빛을 보냈다. 한쪽에서는 티슈로 눈물을 닦고 있었다. 코가 빨개져서 우는 여자 직원들이 어찌나 고맙던지 상이라도 주고 싶었다. 청중은 무섭고 두렵기만 한 존재였는데 오히려 내게 에너지를 주기도 한다는 걸 그때 깨달았다.

청중 속에 은인이 있다

나는 그전까지는 원고만 철석같이 믿었다. 그런데 청중의 반응을 보고 스스로를 믿게 됐다. 청중도 '이 강사 믿어도 되겠구나.' 하는 눈빛을 보냈다. 나와 청중 사이에 한 번 신뢰가 생기자 다른 것이 끼어들 틈이 없었다. 17장짜리 원고도 1장짜리 요약본도 어젯밤 거울 앞에서 밤새 연습했다는 사실도 모두 잊어버렸다. 내가 준비한 말보다 더 그럴듯한 말이 저절로 튀어나와 놀랄 지경이었다. 청중이 주는 에너지에 같이 춤춘 결과다.

교육 담당자는 강연이 좋았다고 칭찬했지만 속옷은 땀으로 흥건했다. 속으로는 엄청 떨었지만 청중은 눈치 채지 못했다. 그 강연에서 여자 직원들은 내 은인이었다.

나는 그 뒤로 반응이 좋았던 베스트 콘텐츠만 모아 강연에 활용했다. 그러자 폭발적인 반응이 이어졌다. 반응이 시원찮은 건 과감히 버렸다. 그걸 5~6년간 계속하고 나니 어떤 콘텐츠가 청중의 반응을 이끌어내는지 알게 됐다. 그때마다 자신감도 부쩍 붙고 강사라는 직업의 참맛도 느꼈다.

강사가 된 지 7년쯤 되자 청중까지 반응을 유도할 수 있었다. 예를 들어 내가 눈물을 유도하면 청중은 그 자리에서 운다. 그러다 내가 웃음을 유도하면 박수를 치면서 막 웃는다. 이처럼 청중이 강사에게 큰 호응을 보내면 강사는 강연을 힘들지 않게 한다. 어떤 스피치든 청중과 강사가 서로 신뢰를 보이고 호응하면 시간은 금방 지나간다.

그런데 청중에게 어떤 리액션도 유도하지 않는 스피커가 있다. 청중은 무엇이든 하지 않으면 이내 지루함을 느낀다. 스피커와 청중의 간격은 점점 벌어진다. 나중에는 아무 반응 없는 유령과 말하는 상황이 되면서 강사도 청중도 힘들어진다. 강의 중간에 불필요한 갈등을 유도하는 스피치도 자제해야 한다. 그런 부정적인 말과 행동은 청중에게 갈등을 안길 뿐이다.

나는 20년 가까이 강연하면서 수많은 스피치 은인들을 만났다. 어떤 곳에 가면 1,000명씩 앉아 있기도 하다. 은인이 되려고 작정한 듯 시작부터 박수와 환호를 보낸다. 그런 분들을 만나면 강연은 그야말로 일사천리다. 그동안 진 빚을 말로 전부 갚고 온다.

최근에 접한 대형 교회 할머니 신자 대상 강연이 그런 케이스였다. 65세 이상 할머니들이 소속된 실버회에서 초청한 강연이었다. 청중은 아들이 장관이다 기업 회장이다 해서 다들 쟁쟁했다. 워낙 자부심으로 가득한데다 신앙심까지 돈독하니 두려울 게 없는 분들이었다. 맨 앞에는 연장자 우대로 90세 되시는 할머니들이 앉아 있었다.

나는 그분들을 어떻게 은인으로 만들지 고민하다 한 가지 공통점을 찾아냈다.

"여러분, 다들 기도로 자식들 대학 보내셨죠? 제가 증평 촌구석에서 연세대 음대 수석으로 들어갈 수 있었던 것도 엄마의 기도 덕분이었습니다. 그때 우리 엄마가 교회 목사님에게 어떻게 기도해야 제가 대학에 붙을 수 있는지 물어봤대요. 그때 목사님이 '기도의 출처를 분명히 해서 가장 겸손하게 기도하세요.'라고 알려주셨죠. 그래서 엄마는 제가 좋은 대학에 들어가면 음악으로 하나님께 큰 보탬이 될 거

라며 '연대에 꼴찌로 붙게 해주세요.'라고 겸손하게 기도했답니다. 그래서 엄마는 지금도 당신 덕에 제가 수석을 했다고 믿고 계세요. 제가 우리 엄마의 꼴찌 기도로 잘된 사람입니다."

그러자 할머니들이 표정을 누그러뜨리면서 고개를 끄덕였다. 수건으로 눈물을 닦는 분들도 있었다. 다들 70이 넘도록 자식들을 위해 비슷한 기도를 했기 때문일 것이다. 나도 그분들의 자식들과 다를 바 없었다. 기도로 키운 자식이라는 점에서 말이다. 나는 300명의 엄마가 보내는 뜨거운 호응을 받으며 강연을 멋지게 마쳤다.

청중과 교감하면 두려움은 사라진다

청중과 공감하면 두려움은 자연히 없어진다. 청중이 나를 도와주는 스피치 은인이 되니까 말이다. 그러므로 콘텐츠가 80퍼센트 이상 완성되면 겁내지 말고 무대에 올라가자. 그럼 나머지 20퍼센트는 청중이 알아서 채워준다.

나는 누군가의 스피치 은인이 되려고 늘 노력한다. 단상이 아닌 객석에 앉게 되는 경우 스피커의 말에 크게 호응해준다. 청중 중에서 단 1명만 웃어도 스피커는 자신감을 얻는다. 그러면 스피커는 무사히 강연을 마칠 수 있다.

독자들에게 부탁하고 싶은 것도 바로 그 점이다. 청중의 한 사람이 됐을 때 스피커에게 은인이 돼보는 건 어떨까?

03 청중과 감성 코드 맞추는
두 개의 채널

스피치는 스피커, 콘텐츠, 청중으로 이뤄진다. 청중도 엄연한 스피치 3대 요소 중 하나라는 이야기다. 그런데 많은 스피커들이 콘텐츠만 들고 연단에 선다. 청중을 제대로 파악하지 않은 채 준비한 이야기만 줄줄이 늘어놓는 것이다. 그러나 청중이 적극적으로 참여하지 않는 스피치는 무조건 실패다.

청중의 외적인 하드웨어를 파악하라

제일 한심한 스피커는 청중의 회사 이름, 소속, 직함, 제품 이름 같은 하드웨어조차 제대로 파악하지 않는 사람이다. 나도 그런 사람들

에게 여러 번 당했다. 전국 방방곡곡을 다니다 보면 사회자가 가끔 이렇게 소개한다.

"대한민국 최고의 강사, 이미경 원장을 소개합니다."

그 이야기를 들으며 연단에 오를 때면 정말 김빠진다. 도대체 강연자의 이름도 모르고 소개할 생각을 하다니. 돈을 받는 나도 이렇게 황당한데 돈을 내고 강의 듣는 청중은 오죽할까?

스피치를 할 때 절대 헷갈리면 안 되는 게 호칭이다. 청중이 팀장인지 지부장인지 정확히 알아야 한다. 특정 모임에 초청되면 그들 전체를 부를 수 있는 호칭을 써야 한다. 정 모른다면 강의 전에 직접 물어보는 게 상책이다.

몇 년 전 CEO 부부 모임에 젊은 연예인이 사회를 본 적이 있었다. 그런데 말끝마다 청중을 '아버님, 어머님!'이라 불렀다. 평소 '사장님, 사모님!'으로 불린 그들이 "여기가 경로잔치인 줄 아냐?"며 노골적으로 불쾌감을 표한 건 당연한 일이다.

평소 잘 아는 연구원 원장도 비슷한 일로 곤욕을 치른 적이 있다. 보험회사마다 설계사를 지칭하는 명칭은 제각각이다. 어떤 곳은 라이프 플래너LP이고 어떤 곳은 파이낸셜 플래너FP이고 또 어떤 곳은 파이낸셜 컨설턴트FC라고 부른다. 이처럼 호칭이 까다로우니 보통 사람은 구분하기가 힘들다. 그 원장도 한 보험회사 창립 기념회에서 축사하다가 FC를 FP로 잘못 불렀다고 한다.

그 순간 청중의 얼굴에 기분 나쁜 표정이 확 드러나더란다. 그가 아무리 직원들의 업적을 칭찬해도 강연장 분위기는 좀처럼 살아나지 않았단다. 청중은 속으로 이런 생각을 했을 것이다.

'우리한테 하는 말이 아니네. 우리를 전혀 모르고 왔잖아. 우릴 무시해도 유분수지.'

제품 이름도 호칭 못지않게 중요하다. 몇 년 전 어떤 경영학과 교수가 LG그룹에 강연을 갔다. 그런데 LG 디오스 냉장고를 지펠 냉장고라고 두 번이나 잘못 불렀단다. 그 뒤로 청중은 무반응으로 일관했다고 한다. 그 교수는 제품 이름을 잘못 말한 죄로 청중을 적으로 만들었다. 기업인 대상 강연은 이처럼 하드웨어가 무엇보다 중요하다. 경쟁사의 이름은 첫 글자만 잘못 꺼내도 분위기가 급속 냉각이 되니 각별히 주의해야 한다.

화장품 회사에 가면 제품 이름이 왜 그렇게 다양한지 실수하기 딱 좋다. 어떤 회사는 '에센스'라는 이름을 안 쓰고 '세럼'이라고만 부른다. 그것도 모르고 강연장에서 "이번에 100만 개를 돌파한 ○○에센스는 정말 대단한 제품이었습니다." 하면 그 자리에서 바보가 된다.

스피커가 세심하게 챙겨야 할 하드웨어는 한두 가지가 아니다. 가끔은 회사 조직도까지 외우고 가야 한다. 본부 밑에 지사가 있고 그 밑에 지점이 있는 회사도 있고 지점 대신 대리점을 두는 회사 도 있다. 회사마다 조직이 비슷하면서도 다르다.

내부적으로 통하는 호칭을 정확하게 부르면 박수가 터진다. 우리에게는 별것 아닌 것 같지만 당사자들에게는 자부심 그 자체이다. 따라서 사전에 철저한 준비를 해야 한다. 청중에 대한 단순한 관심이 깊은 신뢰로 돌아오니까 말이다.

일반적인 인간관계에서도 통용된다. 예를 들어 오랜만에 단골 식당에 갔는데 주인이 우리집을 기억하고 "댁이 서교동이라고 하셨죠?" 하면 신뢰가 쌓인다. 하지만 "댁이 강남이시죠? 요즘 얼굴 좋아지셨네요. 점점 예뻐져요." 하면 아무리 뒷말이 좋아도 믿음이 안 가게 마련이다.

청중의 내적인 소프트웨어를 파악하라

나도 비슷한 실수를 한 적이 몇 번 있다. 어린이집 원장들을 대상으로 강연했는데 실수로 유치원 이야기를 한 것이다. 그때만 해도 어린이집이나 유치원이나 비슷한 줄 알았다. 그런데 강의가 끝나자 담당 선생님이 볼멘 표정으로 다가오는 것이 아닌가?

"원장님, 유치원은 우리의 경쟁 상대거든요. 강의할 때 유치원의 '유'자도 꺼내시면 안 돼요."

나는 부끄러워서 얼굴을 들 수 없었다. 청중에게 큰 실례를 한 셈이었다. 그 다음부터는 어린이집 가서는 절대로 유치원 이야기를 안 꺼낸다. 어린이집 원장들은 그것만으로도 좋아한다. 나는 몇 번의 강연을 통해 어린이집 실상을 파악한 뒤 소프트웨어도 건드리기 시작했다.

"여러분 대다수는 아이들을 참 좋아해서 이 일을 시작하셨을 겁니다. 그렇게 평생 남의 아이들 고이 기르셨죠. 그런데 여러분 아이들은 어디에서 키우셨나요? 남의 애 키우면서 정작 내 아이는 남의 집에 맡겼을 겁니다. 엄마로서 이보다 더 가슴 아픈 일이 있을까요?"

청중은 일제히 한숨을 쉬며 고개를 끄덕인다. 자신들이 공유하는 아픔, 공통의 소프트웨어를 정확히 이야기했기 때문이다. 하드웨어가 소속, 직함, 호칭 등 외적인 것이라면 소프트웨어는 청중의 민감한 사안이나 신경 쓰는 일이나 좋아하는 것 등 내적인 요소들이다. 하드웨어는 기본이고 소프트웨어까지 파악하고 있어야 청중을 웃기고 울릴 수 있다.

몇 년 전부터 우리 회사에 군부대 성교육 의뢰가 들어온다. 정부에서 사회로 복귀하는 군인들의 정신 기강을 바로잡는다는 명목으로 예산을 할당한 것이다.

그때 우리 회사의 강민정 부원장이 강사로 선택됐다. 나중에 알고 보니 정훈장교들이 외모만 보고 강사를 골랐단다. 그녀가 도착하자 장교들이 벌떡 일어나 힘차게 인사했다.

"안녕하세요, 강사님. 저희 장병들의 기대가 큽니다."

부원장은 설레는 마음으로 교육장에 들어갔다가 충격을 받았다. 여 강사가 온다고 풍선을 붙이는 등 난리가 났는데 현수막에 '축 민간인 초청 강의'라고 적혀 있었단다.

부원장은 그들에게 강사가 아닌 민간인이었던 것이다. 그 뒤 그녀는 군부대 강연을 갈 때마다 이렇게 자기를 소개한다.

"장병 여러분 안녕하세요. 민간인 강민정입니다."

그러면 군인들이 배를 잡고 웃는단다. 청중의 소프트웨어를 아느냐 모르느냐에 따라 말의 힘이 결정된다. 공공 스피치뿐만 아니라 조직에서 일상적인 대화를 할 때도 마찬가지다. 낙하산 타고 내려온 사람은 회의 때 부하 직원의 한 마디에 그만 말문이 막힌다.

"팀장님, 그건 현장을 모르시고 하는 말씀입니다."

부하 직원들의 소프트웨어를 확실히 파악해야만 신뢰를 받고 리더십을 얻을 수 있다. 평소 친하게 지내는 백화점 점장은 신입 시절 배추 장사와 생선 장사 했던 일이 평생의 자산이 됐다고 한다.

20여 년 전 그가 백화점에 입사한 이유는 단 하나였다. 백화점 근무자가 옷을 잘 입었기 때문이다. 그는 입사하자마자 양복부터 몇 벌 샀다. 그런데 근무처가 백화점 슈퍼마켓이었다. 그는 생선 장사, 배추 장사, 건어물 장사 등을 했다. 그 일을 무려 6개월 이상 했단다.

어느 날, 앞치마를 두르고 배추를 파는데 낯익은 사람이 눈앞에 나타났단다. 그의 어머니였다. 아들이 백화점 취직했다고 동네 사람들하고 단체로 쇼핑 왔던 것. 그런데 아들이 배추를 팔고 있었으니. 어머니는 그대로 바닥에 주저앉아 '저놈이 날 속였어.' 하고 대성통곡했단다.

"그때는 힘들었지만 그렇게 현장을 돌고 나니까 제 말에 힘이 실리더군요. 저는 하루 종일 장화를 신고 일하는 생선 판매 직원들이 어떤 양말을 신어야 편한지 고등어 머리 없다고 따지는 고객들을 어떻게 상대해야 하는지 다 아니까요. 구두 코너에서 일하면서 사람들 발 냄새가 진짜 심하다는 걸 알았죠. 그래서 직원들에게 오늘 발 냄새 얼마나 맡았냐면서 고생하는 거 다 안다고 이야기하면 벌써 듣는 자세부터 달라져요."

현장의 하드웨어와 소프트웨어를 어떻게 파악하고 있는지에 따라 말의 실행력과 말의 리더십이 완전히 달라질 수 있다.

지난해 경제주간지 『이코노미스트』의 인터뷰 코너를 진행하면서 재미있는 교수 한 분을 만났다. 연세대 경영학과 이문규 교수다. 그의 강의는 재미있다고 소문이 났다. 강의 평가에서도 늘 상위권을 유지하는 이 교수는 2007년부터 2년 연속 '연세대 MBA 최우수 강의 교수상'을 수상했다.

"학생들은 20~30대인데 전 50대잖아요. 수십 년의 차이를 어떻게 뛰어넘을지 고민해야죠. 소통의 기술이 필요해요. 초반에 서로 마음의 문을 여는 게 중요합니다. 강의도 커뮤니케이션이고 마케팅이니까요."

그는 마케팅의 핵심이 '감성 코드를 맞추는 것'이라고 말한다. 일단 교수가 될 정도면 지식 수준은 비슷하다. 그러나 교수 능력은 제각각이므로 학생들과 감성 코드를 얼마나 맞추는가에 실력이 좌우된다고 한다.

그는 1980년대 미국에서 박사과정을 마치고 시카고에서 처음으로 강사 생활을 시작했다. 당시만 해도 그 동네에는 백인밖에 없었다. 가뜩이나 얼굴이 까무잡잡해 동남아 출신으로 보이던 이 교수는 완전히 이방인 취급을 받았다. 학생들이 들고 다니는 블루 북Blue Book 에는 각 교수의 이름 옆에 지난 학기 강의 점수가 노골적으로 박혀 있다. 말하자면 '강의 쇼핑북'인 셈이다.

그는 어떻게든 살아남아야만 다음 학기 강의를 계속할 수 있었다. 며칠을 고민하다 선택한 건 바로 '스탠딩 코미디'였다. 미국 대학생들의 감성을 한 번에 장악할 수 있는 방법은 가장 미국적인 스탠딩 코미디라고 결론을 내린 것이다.

남을 웃기는 일은 엄청 어렵다. 그는 몇 달 동안 스탠딩 코미디만 보면서 연구했고 혼자 강의실용 대본을 짰다. 처음에는 썰렁했다. 그러나 죽기 아니면 까무러치기로 계속 농담을 건네니 한두 번 웃기 시작하더란다. 몇 번 성공하자 학생들의 태도가 완전히 달라졌단다.

그는 그때의 경험을 거울삼아 한국에 돌아와서도 20대들과 감성 코드 맞추는 일을 게을리 하지 않았다. 「개그 콘서트」「웃찾사」 같은 코미디 프로를 녹화해 보는 것은 물론이고 지금 유행하는 드라마와 영화도 열심히 본다. 내친김에 최민수나 김흥국의 성대모사까지 그럴듯하게 한다.

그의 강의는 버라이어티 쇼와 다름없다. 그렇게 학생들에게 친숙감을 심어주면 그 다음부터는 어렵고 재미없는 이론도 쉽게 학생들에게 전달된다.

이문규 교수는 학생들 머릿속에 지식을 억지로 넣어서는 안 된다고 말한다. 지식이 오고갈 통로, 즉 감성 코드를 맞추는 것이 우선이라고 한다. 그런 면에서 성공한 그는 대학에서 가장 인기 있는 교수 중 한 분으로 대접받는다.

교수에게는 학생이, CEO에게는 직원과 고객이, 시장에게는 시민이, 협회 회장에게는 협회 회원이 바로 청중이다. 서로 간에 감성 코드가 맞으면 청중은 그때부터 마음의 문을 연다. 청중의 마음을 거침없이 드나드는 사람이 되려면 하드웨어와 소프트웨어라는 두 개의 채널부터 완전히 장악해야 한다.

04 청중을 다루는 기술

청중의 속성, 하드웨어, 소프트웨어까지 파악했다고 끝난 게 아니다. 실전에서 응용하려면 몇 가지 과정을 거쳐야 한다.

청중이 돼보라

스피치에는 언제나 스피커와 청중이 있다. 그런데 평생 청중 역할만 하는 사람이 있다. 그런 사람은 듣는 데만 익숙해져 있어 갑자기 스피치할 상황에 처하면 당황한다.

아트 스피치 CEO 과정에서 첫 시간은 자기를 소개하는 데 할애된다. 얼마 전 박 사장이란 분이 첫 시간에 자기소개를 했다. 그는 전 세계를 다니며 오래된 집이나 성을 사들여 예술작품처럼 리모델링하는

일을 한다. 여행 경험이 풍부하고 예술적 조예가 깊어 누구나 그의 말에 빠져들곤 했다. 그런데 청중 앞에서는 자기소개를 제대로 못 했다. 도대체 무슨 일을 한다는 건지 모를 정도였다. 멀쩡한 그의 회사가 실체 없는 유령 회사처럼 느껴졌다. 옆에서 지켜보는 내가 안타까울 지경이었다.

그는 언제나 청중 역할만 해왔다. 객석에 앉은 채 '저건 아무것도 아냐.' 했는데 막상 연단에 서니 생각과 달랐던 것이다. 머릿속이 하얗게 되면서 스스로 무슨 말을 하는지 몰랐다. 일대일 대화는 재미있게 하는데 막상 스피치는 왜 그렇게 힘든지. 그는 당황해서 자신에게 화가 났다. 그는 자기소개를 끝낸 뒤 와인을 입에 대지 않았다. 그러더니 손을 번쩍 들고 일어나 모두에게 정중히 요청했다.

"여러분, 죄송합니다. 자기소개를 한 번 더 해도 되겠습니까?"

모두가 박수를 치며 그를 응원했다. 두 번째 자기소개는 확실히 처음보다 나았다. 그러나 그의 표정은 여전히 안 좋았다. 20분 뒤 그는 또 다시 자기소개를 하겠다고 일어섰다. 이번에는 엄청 잘했다. 청중은 그에게 기립 박수를 보냈다. 그는 스스로에게 실망한 것 같았다. 나중에 박 사장은 이렇게 말했다.

"원장님, 제가요 어릴 때부터 줄반장 한 번 안 해봤어요. 평생 남 앞에서 이야기할 일이 없을 줄 알았는데 나이 오십에 스피치라는 관문을 통과할 줄 정말 몰랐네요."

스피치는 청중 앞에서 얼마나 자주 이야기해봤는지가 무척 중요하다.

스피커는 청중 역할을 해봐야 스피치를 더 잘 할 수 있다. CEO나 고위 공직자 등 리더일수록 말할 기회를 훨씬 많이 갖는다. 그런 분들은 의식적으로 청중이 돼보는 훈련을 해야 한다. 특히 나처럼 말하는 일을 직업으로 삼은 사람은 철저히 청중 역할을 해봐야 한다.

'빨리 끝났으면 좋겠다.'

수년 전 내가 객석에 앉았을 때 처음 떠올린 생각이다.

그만큼 강사와 청중의 입장은 다른 것이다. 나는 아무리 감동적인 강연이라도 무조건 제시간에 끝내야 한다는 걸 새삼 깨달았다.

'이렇게 주옥같은 이야기를 공짜로 15분이나 더 해줬는데 감사해야 할 일 아냐?'

강사 입장에서 그렇게 생각했다.

하지만 청중 입장이 돼보니 그게 아니었다. 1시간짜리 강의면 프로답게 1시간 안에 모든 이야기를 해야지 왜 질질 끄는지 이해가 안 됐다. 준비해온 이야기를 하는 건지, 자신의 기분에 취해 즉석에서 이야기를 늘리는지 훤히 보였다. 왜 청중이 보수적일 수밖에 없는지 그때서야 이해가 갔다.

청중이 돼보니 나도 모르게 스피커를 매우 까탈스럽게 평가 분석하게 됐다. 강사의 걸음걸이는 왜 저런지, 옷은 왜 저렇게 후줄근한지, 머리는 감지도 않은 것 같은지, 발음이 시원치 않은 걸 보니 어제 술을 마신 건 아닌지 등 사생활까지 참견했다. 나는 그 일을 계기로 청중이 훨씬 까다롭게 스피커를 평가한다는 사실을 체감했다.

또 한 가지. 청중이 돼보니 강사가 나를 알아주기를 바라고 있었다.

스피커가 어떤 식으로든 내가 경험한 에피소드를 이야기해주면 저절로 신이 났다. '저 사람 참 재미있게 강의하네.'가 아니라 '나를 알아주네.'라는 생각이 들면서 급속도로 친밀감이 생기는 것이다. 그런 내 자신을 돌아보면서 사람의 말은 인간관계라는 작품을 연출하는 연출자와 마찬가지라는 생각을 했다. 그래서 무대에 있던 사람은 무대 밑으로 내려와 의자에 앉아봐야 한다.

청중을 흉내 내라

'아유, 그런겨?'

나는 청중과 가까워지기 위해 일부러 구수한 충청도 사투리를 많이 쓴다. 충청도 청중들은 열광한다. 충청도 사투리를 쓴다고 경상도와 전라도 청중이 기분 나쁘게 생각할까? 그렇지는 않다. 내 사투리에서 고향의 냄새를 맡으며 고향을 잊지 않는 수더분한 사람으로 대한다. 물론 그 지방 사투리까지 흉내 내면 금상첨화다. 청중은 집단화되면 순박해진다. 별것 아닌 사투리 한 마디에도 감동하며 박수를 친다.

청중은 강사와 마주하는 순간 무엇으로든 동질감을 갖기를 원한다. 그래서 전문 강사들은 옷이 많아야 한다. 의상도 청중의 분위기에 맞게 입어야 하기 때문이다. 남의 결혼식 때 청바지를 입고 가면 실례이듯 스피치 상황에 걸맞은 옷을 입지 않으면 곤란하다. 나는 송년회 파티에서 스피치할 때는 드레스를 준비하고 지방에 갈 때면 편안한 정장을 고른다. 만약 시골 할머니들과 베트남 새댁들 앞에 짧은 치마를 입고 가면 어떤 반응이 나올까? 대번 이런 말이 나올 것이다.

"하이고, 텔레비전에서 보는 거랑 영 딴판이네. 도시 여자인기라."

청중은 이미 텔레비전을 통해 내게 기대하는 이미지가 있고 그 모습으로 나타나기를 원한다. 그래야 동질감을 가질 수 있기 때문이다.

지난 여름 MBC에서 스피치 특강을 했다. 그때 탤런트 정호근 씨가 초등학교 일일교사를 연기했는데 모두가 만점을 줬다.

"얘들아 안녕? 선생님은 혜민이 아빠야. 오늘 선생님이 이야기하고 싶은 건 고운 말을 쓰자야. 너희들은 만나서 반가워를 뭐라고 해? 방가방가 그러지? 기분 좋을 때는 뭐라고 해? 즐 이러지? 그런데 한번 생각해봐. 힘들게 한글을 만든 우리 세종대왕님이 그 소리를 들으면 얼마나 슬프겠니?"

40대 중반인 그가 초등학교 2학년 여자애 목소리로 10분 내내 강의하니 아이들이 집중했다. 자신들을 그대로 흉내 냈기 때문이다. 그런데 그가 원래의 굵은 목소리로 다음과 같이 말했다면 어떻게 됐을까?

"너희들 말이야. 방가방가, 즐 이게 말이나 된다고 생각하니?"

아마 아무도 듣지 않았을 것이다.

강연 중에서 가장 어려운 게 중고등학생 대상 강연이다. 대부분 강사가 실망하고 강단에서 내려온다. 한쪽에서는 머리를 비비 꼬고 휴대폰 만지면서 친구랑 장난치고 또 한쪽에서는 꽈당 하고 넘어지는 등 오합지졸이 따로 없다. 아이들은 전문 강연에 익숙지 않아 어떻게

들어야 하는지 아예 모른다. 스피치도 많이 들어본 사람이 잘 듣는다. 청중으로서 자세가 이미 몸에 배어 있다.

스피치에 대해 무개념인 중고등학생 앞에서 그들 나이에 동떨어진 이야기를 한다면 호응을 기대하기 어렵다. 강사는 일단 청중인 학생들을 흉내 내야 한다. 내 경우는 딸 이야기를 많이 한다. 그리고 딸의 말투나 행동을 그대로 흉내 낸다. 아이들은 깔깔 웃으며 호감을 표시한다.

강사가 청중을 흉내 내는 이유는 뭘까? 청중에게 마음의 안정감을 주기 위해서다. 올 만한 사람이 왔다는 걸 확인시켜 주기 위해서다. 청중 입장에서는 나와 동떨어진 것 같고 오면 안 될 사람이 와서 이야기하는 것만큼 고통스러운 일은 없다.

(주) 삼천리의 정순원 사장은 평소 강연을 많이 하는 분이다. 그는 경제학자 출신으로 직원들 앞에서 3,000회 이상 노사관계 특강을 해왔다. 그는 그런 경험을 통해 스피치를 '고객 입장'에서 해야 한다는 걸 체득했다고 한다.

"스피치는 원래 말하는 사람보다 듣는 사람이 훨씬 더 힘듭니다. 물론 말하는 사람이 듣는 사람의 입장을 이해하고 흉내까지 내면서 동질감을 갖게 해주면 듣는 사람은 공감합니다. 그런데 이질감만 갖고 졸음을 참아야 한다면 그런 중노동이 없어요. 스피커는 항상 청중 입장에서 생각해야 합니다."

청중의 숫자에 압도당하지 마라

사람들은 보통 10명 정도의 사람 앞에서는 말을 잘하는데 100명 앞에서는 제대로 말을 못 한다. 완전히 다른 영역이라고 생각하는 모양이다.

스피치에서는 10명이나 100명이나 다를 게 없다. 시선 처리만 조금 달라질 뿐이다. 스피치 내용이나 목소리 톤 등은 똑같이 하면 된다. 그러나 스피커들은 청중이 많을수록 목소리 톤을 높인다. 잔잔한 에피소드를 웅변 스타일로 이야기한다. 숫자에 압도돼 말과 행동이 달라지는 것이다.

1,000명이 앉아 있어도 듣는 사람은 각각의 개인이다. 1명씩 자기가 필요로 하는 말을 챙길 뿐이다. 10명이 치는 박수와 1,000명이 치는 박수는 크기만 다를 뿐이다. 청중은 스피커와 자신이 일대일로 대화한 것처럼 반응한다.

내가 만난 청중 중 최대 규모는 5,000명이었다. 일산 킨텍스에서 강연하는데 마이크는 윙윙 울리고 정신이 하나도 없었다. 이때는 마인드 컨트롤이 필요하다. 시야에 들어온 5,000명을 1명으로 보는 용기와 배짱이 필요하다.

나는 강연하기 일주일 전부터 나만의 믹서를 준비했다. 5,000명 중 80퍼센트가 공통적으로 관심을 기울일 만한 것, 즉 그들이 겪었을 인생의 경험과 고난과 기쁨이 뭔지를 찾아내 믹서에 넣고 즙을 짜는 것이다. 인생의 경험과 경륜은 여기서 드러난다. 강사들 중에도 200명까지는 잘하다가 1,000명이 넘어가면 집중력이 흐트러지는 경우가

많다. 청중의 공통점을 제대로 짚지 못해서다.

때로 즉석 믹서도 필요하다. 어느 대기업에 직원 100명 대상으로 강연을 하러 갔다. 그런데 강당에는 무려 1,000명이 앉아 있었다. 계열사 직원을 전부 부른 것이다.

나는 속으로 당황했지만 1,000명을 즉석에서 믹서에 넣고 돌렸다. 그들의 공통점을 찾으면 1,000명이 1명으로 보인다. '이 이야기를 들으면 아니라고 생각할 분도 있겠지만' '여기에 해당 사항 없는 분도 계시겠지만' 이런 식으로 사설이 길어지면 신뢰감은 떨어진다. 그들 모두를 무조건 믹서에 넣고 엑기스를 추출하라.

청중이 아무리 많아도 한 사람으로 보이기 시작하면 원래의 계획대로 밀고 나갈 수 있다. 그 뒤는 걱정할 필요가 없다. 각자 내 콘텐츠를 알아서 쪼개서 가져가니까 말이다.

O5 스피커는 전달자다

스피커는 청중에게 힌트와 단서를 많이 줘야 한다

나는 스피커로 오랫동안 활동했다. 그러나 청중으로 참석한 경우도 못지않게 많다. 가끔은 스피커보다 청중으로서 실력이 더 뛰어나다는 생각도 한다.

나는 대학원에서 여성학을 공부했다. 당시 나는 1시간 여성학 강의를 들으면 10시간 분량 스피치 원고를 썼다. 그런 식으로 모든 강의를 내 영업에 알뜰하게 활용했다. 나중에 계산해보니 한 학기 등록금은 500만 원이었지만 수익은 거의 20배가 넘었다.

나는 대학원 강의실에서 배운 내용을 20배 이상 가치를 높인 셈이다. 그러나 어떤 사람은 들을 만한 내용이 없다며 수업시간 내내 잠

만 잤다. 나는 그걸 보면서 깨달았다. 스피치 콘텐츠는 스피커의 실력이 아닌 청중의 실력에 따라 그 가치가 좌우된다는 걸 말이다. 공짜 강의라도 제대로 들으면 인생이 바뀔 수 있다.

내 경우가 대표적인 사례였다. 내가 강사라는 직업을 택한 것도 누군가의 강의를 들었기 때문이다. 16년 전 우연히 어떤 모임에서 강의를 들었다. 주제는 직업관과 프로 의식에 관한 것이었다. 맨 뒤에서 몸을 비스듬히 기대고 앉아 이야기를 듣다가 문득 이런 생각을 했다.

'나라면 저 이야기를 저렇게 안 할 텐데.' '사례와 근거를 들면 더 실감 날 텐데.' '저 이야기는 더 길게 해도 좋은데.'

나는 1시간 내내 스피커가 돼 종횡무진 뛰어다니는 모습을 상상했다. 그러다 이런 생각까지 들었다.

'내가 무대 위로 올라가면 완전히 휘어잡을 텐데.'

지금까지 무대에서 지휘, 독창, 중창 등은 많이 해봤지만 강연하겠다는 생각은 한 번도 하지 않았다. 사실 그런 직업이 있는지도 몰랐다. 뒤늦게 사람의 마음을 움직이는 멋진 직업이 있다는 걸 알았다.

그날 밤 나는 남편에게 '청중 김미경'에서 '강사 김미경'이 되겠다고 선언했다. 그는 펄펄 뛰면서 뜯어말렸다. 그러나 내 결심을 막을 수는 없었다.

만약 내가 그 현장에 없었다면? 그 강의를 듣지 않았다면? 지금의 내 인생은 없었을 것이다. 마찬가지로 어떤 청중이든 실력만 있다면 내 이야기 속에서 삶을 변하게 만드는 힌트와 단서를 얻어갈 것이다.

그동안 강연장에서 본 청중의 실력은 천차만별이었다. 아무 생각

없이 멍한 눈으로 주위를 두리번거리는 사람도 있고 술 냄새를 풍기며 시작 전부터 취침 자세를 취하는 사람도 있었다. 나는 그런 사람을 볼 때마다 안타까웠다. 나는 강연을 통해 제2의 인생을 살게 됐는데 그처럼 시간을 허비하다니. 나는 그런 분들에게 이런 이야기를 들려주곤 한다.

"예전에는 제가 강연하면 여러분이 인생의 궤도를 수정하고 프로답게 살 거라 생각했어요. 강연을 오래 하니까 그건 아니더군요. 청중은 기본적으로 고집스럽고 자기 생각을 좀처럼 바꾸지 않죠. 나이 서른만 넘으면 생각 바꾸는 게 정말 힘들죠.

그래서 부탁하는데 제 강연을 듣고 인생 바꾸려고 하지 마세요. 다만 쓸 만한 단서와 힌트는 몇 가지 얻을 겁니다. 지금까지 생각하지 못한 변화의 단서들이죠. 그중 두세 개만 가져가서 인생에 적용해보세요. 내일부터 새로운 인생이 펼쳐질 겁니다."

그러면 자려던 사람도 눈을 뜨고 기웃거리기 시작한다. 스피커의 역할은 청중에게 힌트와 단서를 많이 주는 것이다. 그러므로 청중과 관련 없는 이야기라든지 도저히 따라할 수 없는 '거룩한 말씀'만 해서는 안 된다.

청중에게 줄 가장 좋은 힌트는 바로 청중에게서 나온다. 나는 16년 동안 전국 방방곡곡을 다니면서 청중으로부터 수많은 힌트를 얻었다. 그렇게 청중이 준 단서와 힌트를 비슷한 처지에 있는 다른 청중에게 전달하면 호응이 무척 뜨거웠다.

몇 년 전 어느 주유소에서 기름을 넣을 때였다. 깡마른 여자 직원이 카드 영수증을 들고 왔는데 내 얼굴을 보는 순간 갑자기 통곡했다. 나는 바퀴에 발이 낀 줄 알고 깜짝 놀랐다. 내가 차에서 내려 괜찮은지 물어보자 그녀가 울면서 말했다.

"김미경 원장님이시죠? 원장님 덕분에 제가 여기 있어요."

그녀가 사연을 이야기했다. 그녀의 남편은 막노동을 하는 사람이었는데 성격이 포악해 술을 먹으면 자신과 아이들을 때렸단다. 일을 나가지 않아 며칠씩 굶는 것도 다반사였다. 그녀가 아르바이트를 하면 기분 나쁘다고 손찌검을 했다고 한다.

그녀는 아이들을 데리고 도망가려고 했는데 주변에서 말렸단다. 여자 혼자서 아이 둘을 키우기 힘드니 홀몸으로 나와 딴 데 시집가라는 것이었다. 그래서 아이들을 시어머니에게 맡기고 혼자서 짐을 쌌단다.

그때 나는 MBC에서 '엄마의 자격'이라는 주제로 강연을 하고 있었다. 그녀가 내 강연을 보았다고 한다. 나는 마침 증평 아주머니 이야기를 하고 있었다. 고향 증평에는 술만 먹으면 깡마른 아내를 두들겨 패는 아저씨가 있었다. 그러나 아주머니는 이를 악물고 허드렛일을 해서 애들을 모두 대학에 보냈다. 그리고 지금은 행복하게 잘산다는 이야기였다.

"누구나 엄마가 될 수 있지만 누구나 엄마 자격을 가진 건 아니에요. 만약 내 아이가 성장할 때까지 경제적으로 정신적으로 또 육체적으로 책임질 수 없다면 절대 애를 낳아서는 안 됩니다. 남편이 술 먹고 돈을 못 번다고 애를 두고 도망가는 여자들이 너무 많아요. 그러나 만남은 실수였을지라도 아이가 실수가 돼서는 안 돼잖아요."

그녀는 방송을 통해 내 강연을 보면서 눈물을 흘렸다고 한다. 친구들 말을 듣지 않고 김미경 원장의 말을 들어야겠다고 결심했다는 것이다. 그 길로 아이 둘을 데리고 새 인생을 시작했단다. 살림만 하던 여자가 처음부터 좋은 직장을 잡기는 힘들었다.

그녀는 '증평 아줌마'에서 힌트를 얻어 낮에는 주유소와 기사 식당에서 일했고 밤에는 편의점에서 일했다. 한참 이야기를 나눈 뒤 인사하고 떠나려는데 그녀가 1,000원짜리 두 장을 내밀었다.

"원장님, 잠깐만요. 여기다 공증 좀 해주세요."

아이들이 크면 엄마가 얼마나 훌륭한 결정을 했는지 알려줘야 한다는 것이다. 나는 지폐에 '네 엄마가 옳았다. 김미경!'이라고 쓰고 사인도 했다. 운전하고 돌아오는데 다리가 후들거렸다. 내 말 한 마디가 사람의 인생을 바꿨다고 생각하니 보통 일이 아니었다.

그러나 그녀를 움직인 건 내가 아니라 증평 아줌마였다. 나는 다른 사람의 힌트를 전달했을 뿐인데 청중은 거기서 영감을 얻어 인생을 바꾼 것이다. 나는 공부를 많이 해서 청중에게 좋은 이야기를 해줘야 겠다는 생각을 버렸다. 그 대신 다리품을 팔고 가슴을 열어 현장에서 들은 이야기를 다른 청중에게 전달하는 데 집중했다.

나는 그때 만난 주유소 여자 직원의 사연을 방송에서 소개했다. 이번에는 공항 면세점에서 근무하는 여자 직원이 내 손을 잡고 눈물을 펑펑 쏟았다. 그녀는 나 때문에 자신의 인생이 바뀌었다고 했다. 그녀의 사연도 참 애절했다. 남편이 시어머니와 함께 얼마나 구박하는지 이혼을 결심했단다. 그런데 시댁에서 아이를 못 준다고 해서 혼자

살고 있다고 한다. 이제 아이를 포기하고 친정에 돌아갈까 하다가 방송에서 주유소 직원의 이야기를 들었단다.

"그분 이야기를 듣고 많이 반성했어요. 그렇게 힘들게 아이들을 키우는 사람도 있는데 나는 왜 이럴까 싶더라고요. 그래서 끝까지 포기하지 않고 돈을 벌어서 아이를 데려오기로 결심했어요."

그녀는 처녀 시절 면세점에 근무한 적이 있어서 면세점에 다시 취업할 수 있었다. 헤어질 무렵 그녀는 내게 예쁘게 포장한 스카프를 내밀었다. 나는 절대로 받을 수 없다며 사양하고 대신 힘이 되는 글을 써주고 왔다.

방송 강연을 하면서 그런 일을 많이 겪었다. 누군가는 두꺼운 편지를, 누군가는 비단으로 만든 손지갑을, 또 누군가는 손수 키운 허브차를 선물하기도 했다. 하남시에서 왔다는 어떤 주부는 내게 직접 씨앗을 심고 꽃을 틔운 화분을 주기도 했다.

그들의 아름다운 모습은 나로 말미암은 게 아니다. 증평 아주머니와 주유소 여자 직원 그리고 면세점 여자 직원, 그분들이 서로 소통하면서 서로를 이끌어주었기에 가능한 일이었다.

스피커는 겸손하게 전달자의 역할에 충실해야 한다

사람들에게 긍정적인 영향력을 주는 스피커가 되려면 '내 말'에 대한 욕심을 버려야 한다. 겸손하게 전달자의 역할에 충실할수록 콘텐츠의 힘이 커지고 청중에게 주는 영향력도 커진다. 사람을 감동하게 만드는 콘텐츠는 바로 청중과 스피커가 함께 만든 콘텐츠다. 서로 간에 단서와 힌트를 주고받을 때 가장 영향력 있는 콘텐츠가 만들어진다. 전달자 역할을 오래 하면 저절로 겸허해진다. '내가 잘나서' '내가 말을 잘해서'라는 생각을 하지 않게 된다.

한창 방송에서 강의할 때 잡지사에서 인터뷰를 하러 왔다.

"원장님처럼 책을 내고 강의하시는 분들 중에는 1~2년 반짝하고 사라지는 분들이 많은데 원장님은 좀 다르네요. 요새도 MBC에서 강의하시는데 콘텐츠가 머릿속에서 언제나 샘솟아나는 건가요?"

"세상천지에 널린 게 콘텐츠예요. 사람 사는 곳이면 어디든지 이야기로 꽉 차 있는데 제 이야기가 마를 틈이 있나요?"

스피커에서 전달자로 돌아서는 순간 이야깃거리는 샘솟는다. 전달자는 청중을 금방 내 편으로 만든다. 스피커의 이야기는 나와 관계없는 사람의 좋은 충고로 들리지만 전달자의 이야기는 마치 친구가 하는 것처럼 들리기 때문이다. 방송 강의를 열심히 듣는 여성 팬들 중에는 다음과 같이 이야기하는 분이 많다.

"원장님이 바로 곁에서 이야기하는 것 같아 더 좋았어요."

"청소기 돌리다 말고 텔레비전 앞에 앉아서 원장님하고 일대일로 이야기하듯 들었어요."

청중은 전달자 역할에 충실한 스피커를 친근하게 느낀다. 그래서일까? 처음 보는 사람들도 내게 다가와 등을 치고 껴안기도 한다. 나만 보면 덥석 손부터 잡는 사람들도 부지기수다. 할머니들은 머리를

쓰다듬으면서 증평 언저리만 살아도 다 증평 사람이라고 말한다.

"원장님은 저를 모르시죠? 저는 원장님하고 엄청 친해요."

처음에는 그런 태도가 어색했다. 그러다 나중에 깨달았다. 나를 친근하게 생각할 정도로 우리는 텔레비전을 통해서 일대일 대화를 하고 있었다는 걸. 나는 사람들이 강연 잘하는 유명한 여자로 안 보고 옆집 아줌마나 언니처럼 대할 때 전달자로서 행복을 느낀다.

가장 어리석은 스피커는 자기 말만 하는 사람이다. 내가 하고 싶은 말도 청중이 주는 단어와 힌트로 다시 한 번 각색해야 한다. 내가 하고 싶은 말이 케이크 몸통이라면 청중은 여기에 장식을 해준다. 케이크 몸통만 있으면 배는 부른데 감칠맛이 안 나고 금방 물린다.

청중으로부터 항상 배우지 않으면 성공할 수 없다. 내가 강사라는 직업을 사랑하는 이유도 그 때문이다. 낯선 곳에서 낯선 사람과 이런저런 이야기를 하다 보면 배우는 사람은 늘 나였다. 나는 청중을 가르치는 사람이 아니라 언제나 가르침을 받는 사람이었다. 그런 의미에서 지금의 나를 만든 건 바로 청중이다.

음악은 소리로써 청중의 귀를 즐겁게 하고 청중의 심장을 뛰게 만드는 예술 장르다.
이런 점에서 보면 음악과 스피치는 공통점이 많다.
나는 음악과 스피치의 공통점을 인식하고 처음으로 아트 스피치를 개발했다.

Part 4
Music Speech
뮤직 스피치

OI 인트로

상대방이 귀로 들은 게 진짜 한 말이다

스피치에서 가장 중요한 것은 콘텐츠다. 그러나 콘텐츠를 잘 만들었다고 해서 끝이 아니다. 똑같은 배추로 김치를 만들어도 만드는 사람에 따라 맛이 다르듯 같은 말도 말하는 사람에 따라 다른 느낌을 준다. 즉 똑같은 원고를 보고 말해도 청중의 귀에는 각각 다르게 들리는 것이다. 감동의 정도부터 이해의 폭까지 차이가 난다. 나는 아트스피치 강의에서 늘 이렇게 강조한다.

"내 입에서 나간 말보다 상대방이 귀로 들은 게 진짜 내가 한 말이다."

어떤 가수가 노래를 기막히게 잘 불러도 확성기에서 나오는 소리가 엉망이라면 어떻게 해야 하나? 즉시 확성기를 고치거나 다른 걸로 바꿔야 한다. 평소와 똑같이 불렀다고 하지만 팬들은 환불을 요청하고 난리를 칠 테니 말이다.

음악은 청중의 심장을 뛰게 만드는 예술 장르다

스피커는 자기가 한 이야기가 상대방의 귀에 제대로 전달됐는지 확인해야 한다. 다시 말해 말에 대한 서비스 정신을 가져야 한다. 콘텐츠가 아무리 좋아도 말소리가 너무 작아서 안 들린다든지, 반대로 너무 커서 청중의 귀를 피곤하게 한다든지, 말하는 템포가 강약 없이 일정해서 청중을 잠재운다든지 하면 결코 좋은 스피치라고 할 수 없다. 따라서 스피커는 자신의 말이 청중의 귀에 잘 전달되도록 별도의 연습을 할 필요가 있다.

내가 강조하는 아트 스피치의 핵심은 다음과 같다.

음악은 소리로써 청중의 귀를 즐겁게 하고 청중의 심장을 뛰게 만드는 예술 장르다. 그런 점에서 보면 음악과 스피치는 공통점이 많다. 나는 음악과 스피치의 공통점을 인식하고 처음으로 아트 스피치를 개발했다. 앞에서 음악과 스피치를 A-B-A' 구조로 비교한 바 있다. 이번에는 악상기호로 설명해보겠다.

콘텐츠가 밑그림이라면 악상기호는 색연필과 같다. 같은 밑그림에 있는 구름이라도 흰색으로 칠하느냐 잿빛으로 칠하느냐에 따라 느낌이 달라진다. 나는 악상기호들을 스피치에 적용함으로써 스피치 교육을 매뉴얼화했고 교육시간도 10분의 1로 줄였다.

02 강약

우리에게 익숙한 악상기호 중에는 *f* 포르테와 *p* 피아노가 있다. '강하게'와 '여리게'다. 모든 음악에는 강하게인 포르테와 여리게인 피아노가 필요하다. 강약이 있어야 음악이 제대로 살아나기 때문이다.

조용필의 히트곡 「비련」을 한 번 보자.

그가 '기도하는……' 하고 첫 소절을 크게 부르는 순간 객석에서는 '오빠!'가 터져나온다. 이어지는 '사랑의 손길로……'는 비교할 수 없을 정도로 소리가 작다.

마치 롤러코스터가 위로 치솟다가 아래로 내려오는 것처럼 목소리의 세기를 위에서 아래로 뚝 떨어뜨리면서 청중을 강하게 몰입하게 만든다. 이 기법을 강연에서 활용하면 어떻게 될까?

• 스피치의 맛을 내는 요소 •

빠르기	*rit.* (리타르단도) **점점 느리게**	*accel.* (아첼레란도) **점점 빠르게**	

| 셈여림표 | *pp*
(피아니시모)
아주 여리게 | *p*
(피아노)
여리게 | *mp*
(메조피아노)
조금 여리게 |
| | *mf*
(메조포르테)
조금 세게 | *f*
(포르테)
세게 | *ff*
(포르테시모)
아주 세게 |

    ◁─── 점점 세게 ───▷ 점점 여리게

기타기호	⌢(늘임표) **그 음을 특히 느리게** > (악센트) **그 음을 특히 강조, 세게** ━ (테누토) **그 음을 충분히 강조** *s.p*(subito pause, 수비토파우제) **갑자기 멈춤**

---

f (크게)   *p* (작게)

오늘 우리가 왜 이곳에 왔는지 여러분은 아실 겁니다.

청중은 숙연한 마음으로 스피커의 얼굴을 볼 것이다. 그러나 이 말을 계속 포르테로 한다면 청중은 자신이 이곳에 왜 왔는지 생각하지 못한다. 스피치에 강약이 있어야 콘텐츠를 제대로 전달할 수 있다.

일상적인 대화에서도 마찬가지다. 만약 애인에게 이런 말을 한다고 가정해보자.

"나는 너를 정말 사랑해. 너와 영원히 살고 싶어."

이 문장을 처음부터 끝까지 포르테로 읽어보자. 당연히 감흥이 떨어진다. 영원히 살고 싶다는 말도 별로 믿음이 안 간다. 그럴 때는 이렇게 말해야 한다.

f (크게)　　　　　　　　p (작게)
나는 너를 정말 사랑해. 너와 영원히 살고 싶어.

이렇게 읽어보면 크게 말한 앞부분보다 작게 말한 '영원히 살고 싶어'가 강조된다. 어떤 이야기는 작게 말해야 훨씬 더 잘 들린다. 사람들은 작게 말해야 뭔 일이 일어났나 싶어 다음 말에 집중하는 법이다. '귀를 기울인다'는 표현이 괜히 나온 게 아니다. 크게 말하면 그냥 있어도 잘 들리기 때문에 애써 귀를 기울일 필요가 없으니 말이다.

강약을 주면 드라마틱한 효과를 볼 수 있다

사람들은 대개 강약을 주며 말하지 않는다. 스피치를 전문적으로 하는 사람들도 마찬가지다. 콘텐츠에만 신경 쓸 뿐 어떻게 전달할지에 대해서는 심각하게 고민하지 않는다. 내가 아는 어떤 목사는 어찌나 큰소리로 설교를 하는지 1시간 내내 교회 유리창이 울릴 정도다. 분명 큰소리로 강조할 부분과 작은 소리로 전달할 부분이 따로 있을 텐데도 항상 포르테로 설교한다.

"매일 새벽 4시에 일어나 새벽기도를 갑니다."

그 이야기를 소리 지르면서 한다고 상상해보자. 청중은 대번에 '목사가 그 정도도 안 하나?' 하고 생각할 것이다. 그러나 만약 이 문장을 속삭이듯이 말한다면 '목사님, 고생이 많으시네.'라고 느끼지 않을까? 이처럼 포르테냐 피아노냐에 따라 말이 주는 느낌은 완전히 달라진다. 어느 날 그분에게 물었다.

"목사님, 목소리가 너무 우렁차서 유리창이 떨어지는 줄 알았어요. 왜 그렇게 크게 말씀하세요?"

"하나님 말씀이 다 중요하니 그렇게 됐습니다."

"목사님, 다음에는 강조하실 부분은 일부러 작게 말씀해보세요. 작게 말해야 더 잘 들린답니다."

처음부터 끝까지 큰소리로 말하면 신자들이 집중할 것 같지만 절대 그렇지 않다. 사람들은 아무리 시끄러운 소리도 1시간 이상 들으면 적응한다. 적응이 끝나면 바로 잔다. 따라서 목소리의 강약 조절은 반드시 필요하다.

그분은 내 이야기를 듣고 고민했는지 몇 달 뒤 아트 스피치 강의를 수강하러 왔다. 워낙 오랫동안 설교를 한 분이라 별로 고칠 건 없었다. 6개월 동안 딱 하나 '여리게'만 배웠다. 초반에 어찌나 사소한 이야기까지 목에 핏대를 세우는지 함께 배우던 분들이 웃을 정도였다. 그런데 그분은 사람들이 자기를 보고 좋아서 웃는 줄 착각했다. 그만큼 포르테에 빠져 살았던 것이다.

어렵사리 '여리게'를 마스터하자 그분의 설교는 질적으로 달라졌다. 강약이 살면서 말이 탄력 있고 쫄깃쫄깃해진 것이다. 스피치는 포르테만 지속적으로 하거나 혹은 피아노만 지속적으로 하면 건조해진다. 강약이 살아야 쫄깃하고 감칠맛 도는 스피치가 됨을 기억하자.

나는 포르테와 피아노를 자주 활용하는 편이다. 내가 애용하는 '반장 선거' 에피소드를 소개하면 이렇다.

"제가 초등학교 6학년 때 반장 후보로 나갔는데 표가 무지 나와서 당선이 됐어요. 그런데 선생님이 반장은 남자만 하는 거라고 못 하게 하잖아요. 지금은 어림도 없는 이야기지만 우리 어렸을 때는 여자는 아무리 잘나도 부반장밖에 못 했어요. 저는 그게 억울했어요. 집에 와서 울면서 엄마한테 이야기했죠. '엄마, 너무 억울해. 내가 1등 했는데 걔가 왜 반장이야? 걔는 반장 하면 안 되거든.' 그랬더니 엄마가 바느질하다 말고 가위를 탁 내려놓더니 '가자!' 하면서 제 팔을 끌고 가는 거예요.

엄마는 저를 복도에 세워두고 교장 선생님 앞에서 무릎을 팍 꿇더니 '선생님, 제가 홍순희예요. 어렸을 때 하고 싶은 것도 많고 꿈도 많았는데 단지 여자라는 이유로 20년 동안 양장점에서 일해서 오빠들 다 대학 보냈어요. 남녀차별은 저 하나로 족하지 제 딸 김미경이 또 겪어야 하나요? 얘를 반장 하게 해주세요.'라고 하시지 않겠어요? 엄마의 끈질긴 설득에 저는 마침내 반장이 됐답니다. 저는 엄마의 새로운 모습을 봤죠."

이 이야기를 할 때 어디에 포르테와 피아노를 써야 할까? 앞부분은 보통 크기로 가다가 '엄마, 너무 억울해. 내가 1등 했는데 걔가 왜 반장이야? 걔는 반장 하면 안 되거든.'에서부터 '교장 선생님 앞에서 무릎을 팍 꿇더니'까지는 크게 이야기한다. 그 다음 잠깐 쉬고 '제가 홍순희예요'부터 '반장 하게 해주세요'까지는 속삭이듯 작게 이야기해야 한다. 특히 '무릎을 팍 꿇더니'는 최고로 강하게 '제가 홍순희예요'는 가장 약하게 말해 강약의 대비가 확실히 드러나도록 하면 좋다.

나는 청중이 주목하도록 포르테와 피아노를 약간 과장해서 쓰는 편이다. 물론 매번 신경 쓰면서 말해야 하니 피곤하다. 그러나 비 오는 날 멀리서도 잘 보이게 하려면 선명한 옷을 입어야 하듯 멀리 있는 사람들도 잘 들리게 하려면 말에 포장과 채색을 해야 한다. 오랫동안 강연해온 전문 강사들이나 스피치 전문가들은 다 이렇게 하고 있다. 기본적으로 말에 대한 서비스 정신이 있기 때문이다.

조서환 세라젬 헬스 앤 뷰티 대표는 기업인이지만 외부 강연을 많이 한다. 그는 승부욕이 강하고 청중을 지루하게 하면 큰일 나는 줄 아는 분이다.

그런 그가 오랜 경험을 통해 한 가지 기술을 익혔는데, 바로 강약 조절이다. 포르테와 피아노를 이용하면 이야기가 매끄럽게 흘러가고 호응도가 달라짐을 아는 것이다. 강하기만 하면 청중의 감성을 자극하지 못한다는 사실도 잘 안다.

어떤 기업인 중에는 마이크로 강약을 조절하는 분도 있다. 세게 말하고 싶을 때는 마이크를 가까이 대고 작게 말하고 싶을 때는 멀리 떼는 것이다. 그러나 이는 노래방에서나 통할 기법이다. 스피치에서는 목소리로 조절하는 것이 훨씬 더 효과적이다. 마이크 거리만으로는 스피커의 정서가 잘 전달되지 않아서다. 확성기의 음량을 조절하면 소리의 크기 차이만 있을 뿐이지만 목소리로 조절하면 감성까지 살아난다.

목소리의 성량은 10단계로 연습하면 좋다. 들릴 듯 말 듯한 소리부터 제일 큰 소리까지 단계별로 설정한다. 목소리 성량 조절을 자유자재로 할 수 있어야 비로소 콘텐츠를 입에 올릴 자격이 생긴다. 가수가 오선지 위에 포르테와 피아노를 적절하게 안배할 줄 안다면 노래역시 잘한다. 센 소리는 세게 작은 소리는 작게 제대로 부를 줄 안다고 보면 된다.

포르테와 피아노의 위력을 아직도 실감하지 못하는 독자는 아무원고나 일단 펼쳐보라. 머릿속으로 읽으면서 적당한 곳에 강약 표시를 한 뒤 그 표시대로 세게 여리게 읽어보자. 쉬울 것 같지만 실제 해보면 의외로 만만치 않은 것이 강약 조절이다. 아래 문장을 강약에맞춰 한 번 읽어보자.

f (크게) *p* (작게)
엄마,　떡볶이가 맛있어요.
　　　(1초간 쉬었다가)

아트 스피치 수강생들 가운데 강약 조절을 제대로 하는 사람은 10퍼센트도 안 된다. 그러나 반복해서 연습하면 금방 좋아진다. 조금만연습해도 드라마틱한 효과를 볼 수 있는 기술이 바로 강약 조절이다.

O3 리듬

'강약을 너무 주면 스피치가 유치해지지 않을까요?'

염려하는 분들이 있다. 물론이다. 아무 데나 마구 쓰면 몰입을 방해하기도 하고 그렇다고 소홀히 하면 오히려 소음이 되기도 한다. '적절한 곳에 적당하게'가 비법이다.

만약 어떤 사람이 큰북을 1초마다 1번씩 똑같은 세기로 치면 어떻게 될까? 5분만 들으면 지루하고 짜증스러울 것이다. 그러나 똑같은 북이라도 세게 3번 여리게 2번 치며 강약을 주고 길고 짧은 리듬까지 더하면 장단이 된다. 선율이 없는 북소리만으로도 사람들은 어깨를 들썩이며 춤을 출 것이다.

목소리를 조절하라

도마, 냄비, 프라이팬, 드럼통만 잘 두드려도 「난타」 같은 흥겨운 예술작품이 된다. 스피치도 마찬가지다. 청중이 어깨를 들썩이게끔 하려면 소리부터 일정한 조건을 갖춰야 한다. 그 기초가 바로 목소리를 조절하는 능력이다.

목소리 성량이 1부터 10까지 있다고 가정해보자. 5에 해당하는 것이 메조포르테다. 소음이 없는 방에서 이야기를 주고받을 때 잘 들리는 소리, 즉 사람들이 대화할 때 내는 평상시의 목소리라고 보면 된다. 보통 사람들의 70퍼센트가 5 정도의 목소리를 갖고 있다.

그러나 사람마다 타고난 성량이 다르다. 원래 포르테로 타고난 사람들은 평소에 6이나 7로 이야기하다가 조금만 흥분하면 곧장 10으로 올라간다. 반면 어떤 사람들은 평상시 목소리가 3이라 작게 말하면 아예 안 들리기도 한다. 이 경우 평소에 5 이상의 성량을 낼 수 있도록 연습해야 한다.

1이나 2는 피아노가 3개 붙은 *ppp* 피아니시모, 9나 10은 포르테가 3개 붙은 *fff* 포르티티시모로 생각하면 된다. 목소리로 이 정도를 말하려면 보통 훈련으로는 어림도 없다. 아트 스피치 수강생들도 이 피아니시모나 포르티티시모를 연습할 때 다들 어려워한다.

포르티시모로 악보를 연주하는 피아니스트를 관찰해보자. 포르테 3개짜리는 손가락만으로는 낼 수 없기 때문에 손목과 팔의 힘을 이용한다. 건반에 체중을 싣는 것이다.

바이올린도 마찬가지다. 보통 소리를 연주할 때는 손목 스냅을 사용하지만 큰 소리를 낼 때는 어깨를 비롯해 온몸을 움직인다. 폼 잡으려 하는 게 아니라 심혈을 기울여서 체중을 싣는 것이다.

가수들도 마찬가지다. 작은 소리를 낼 때는 몸을 움츠리고 클라이맥스로 치달을 때는 팔을 쫙 벌리면서 가슴을 편다. 그래야 소리가 크고 멀리 나가기 때문이다.

스피치도 제대로 하려면 몸을 움직여야 한다. 몸이 통나무처럼 뻣뻣하면 포르티시모나 피아니시모는 흉내도 못 낸다. 보통 사람들도 3에서 7까지 소리는 쉽게 내므로 보다 많은 사람들에게 깊은 감동을 주려면 1이나 10 같은 고수의 음역대를 자유자재로 넘나들 수 있어야 한다.

여기서 주의할 점은 발음은 언제나 정확해야 한다는 사실이다. 모기 소리로 책을 읽으면 잘 들리지 않는다. 더구나 속도까지 빠르다면 중얼거리는 소리로밖에 안 들린다. 따라서 작은 소리일수록 천천히 또박또박 발음해야 한다.

심장에 콕콕 박히고
귀에 쏙쏙 들어 오게 말하기

점점 세게인 **cresc.**크레셴도 와 점점 여리게인 **decresc.**데크레셴도도 중요한 악상기호다. 특히 비슷한 말이 반복될 때 쓰기 좋다. 목소리 크기에 변화를 주지 않으면 금방 지루해지기 때문이다. 크레셴도와 데크레셴도는 항상 붙어 다닌다. 크레셴도로 클라이맥스에 도

달하고 나면 다시 목소리가 작아져야 한다. 커졌다 작았다 반복하면 강조 부분이 금방 파악되면서 스피치가 귀에 쏙쏙 들어온다. 아래 글을 한 번 읽어보자.

"모두가 알다시피 우리는 지금 위험한 커브 길에 서 있습니다. 이 커브 길에서 넘어지지 않으려면 서로 손을 꽉 잡아줘야 합니다. 우리 가족 중 누가 먼저 넘어질지 모릅니다. 아빠가 먼저 넘어질 수도 있고 엄마가 먼저 넘어질 수도 있고 내가 넘어질 수도 있습니다.

단지 가족뿐만 아닙니다. 연인, 직장 동료, 상사 혹은 부하 직원 등 누가 먼저 넘어질지 모릅니다. 내 소중한 사람들이 넘어지지 않도록 손을 잡아줘야 합니다. 우리는 서로의 손끝에 있는 마법의 힘을 믿어야 합니다."

똑같은 문장에 악상기호를 표시하면 어떻게 바뀔까? 악상기호대로 다시 읽어보자.

mp(조금 여리게)

모두가 알다시피 우리는 지금 위험한 커브 길에 서 있습니다.

mf(조금 세게)   > (특히 세게)

이 커브 길에서 넘어지지 않으려면 서로 손을 꽉 잡아줘야 합니다.

mp(조금 여리게)   *rit.*(점점 느리게)

우리 가족 중 누가 먼저 넘어질지 모릅니다.

mp (조금 여리게) *cresc.* (점점 크게)

> (특히 세게)   >   >

아빠가 먼저 넘어질 수도 있고 엄마가 먼저 넘어질 수도 있고 내가

'아빠가~있습니다' 까지는 조금 여리게로 시작해 세게 끝나도록 몰아치듯이 말하세요.

넘어질 수도 있습니다.

f (세게)   *decrese.* (점점 여리게)

단지 가족뿐만 아닙니다(크게 유지). 연인, 직장 동료, 상사 혹은

                                    p (여리게)

부하 직원 중 누가 먼저 넘어질지 모릅니다.

앞의 점점 세게와 대조되게 '연인~모릅니다' 까지는 점점 여리게 감정을 실어 말하세요.

mf (조금 세게)

내 소중한 사람들이 넘어지지 않도록 손을 잡아줘야 합니다.

        s.p (갑자기 멈추세요)
f (세게) ╲ *p* (차분히 여리게 심금을 울리면서)
우리는 서로의 손끝에 있는 마법의 힘을 믿어야 합니다.

    크레셴도와 데크레셴도를 활용하면 말이 각각의 단어로 들리는 게 아니라 정서가 있는 한 세트의 느낌으로 다가온다. 2시간짜리 지루한 단어의 행진곡을 5분짜리 느낌 있는 변주곡으로 만드는 것이다. '점점 세게'와 '점점 여리게'만 열심히 연습해도 몸이 자연히 움직이게 된다. 뻣뻣한 군수님도 마치 바이올리니스트처럼 움직일 것이다.

    "여러분, 여러분은 자기 자신부터 믿어야 합니다."

이 말을 처음부터 끝까지 웅변 일변도로 말하면 그대로 허공에 흩어지고 만다. 계속 세게만 말하면 남들에게 하는 말로 들린다. 클라이맥스에서 점점 여려져야 내 심장에 속삭이는 것처럼 들린다.

스피커는 어느 부분에서 큰 소리로 청중의 마음을 흔들고 어느 부분에서 작은 소리로 반성과 후회를 이끌어낼지 계산하며 콘텐츠를 만든다. 그러나 의도가 아무리 치밀해도 목소리가 따라주지 않으면 제대로 스피치를 하지 못한다.

반대로 목소리는 제대로 나오는데 콘텐츠가 빈약한 것도 문제다. 말하고 싶은 내용도 없고 마음도 내키지 않으면 방법은 하나뿐이다. 말하지 말아야 한다. 이때 하는 말은 책임 없는 말, 겉만 번지르르한 말이기 때문이다.

테크닉만으로 마음을 전달할 수 있다고 믿는 건 착각이다.

불후의 스피치에는 공통적으로 피를 토하는 진심이 담겨 있다

콘텐츠가 있는 사람은 테크닉만 배우면 되지만 콘텐츠가 없는 사람은 아무리 가르쳐도 밑 빠진 독에 물 붓기다. 사람을 속이는 콘텐츠는 얼마 가지 못한다. 베토벤이나 모차르트가 남긴 불후의 명곡들은 마음을 담은 선율에 음악적 기호가 적절하게 가미돼 사람들의 심금을 울린다. 아무리 기호가 현란해도 마음이 담기지 않은 곡은 감동을 주지 못한다.

불후의 스피치에는 공통적으로 피를 토하는 진심이 담겨 있다. 마틴 루터 킹의 연설 「나에게는 꿈이 있습니다 I have a dream」는 얼마나 많은 사람들의 심금을 울렸던가?

이 연설은 콘텐츠도 훌륭했지만 음악적 요소도 제대로 살렸다. 긴 연설을 느낌 있는 변주곡으로 말했기 때문에 불후의 스피치가 될 수 있었다. 만약 그가 우리나라 정치인들처럼 단어 행진곡으로 표현했다면 청중은 어디서 열광해야 할지 헤맸을 것이다.

한국의 대표적인 작곡가인 길옥윤 씨가 작곡할 때 가장 두려워하는 대상은 평론가가 아닌 대중이었단다. 그때나 지금이나 대중의 마음을 파고들지 못하면 아무리 잘 만든 곡도 살아남지 못한다. 사람은 작곡가만큼이나 음악을 듣는 데는 선수다. 마찬가지로 청중은 전부 듣기 전문가란 사실을 기억하자. 좋은 스피치는 시골 노인도 어린아이도 박수 치게 만든다.

04 템포

스피치를 리드미컬하게 하면 감동을 준다

이제는 소리의 장단을 마스터할 차례다. 음악에서는 점점 느리게 인 *rit.* 리타르단도와 점점 빠르게인 *accel.* 아첼레란도로 표현한다. 우리는 친구들과 신나게 수다를 떨 때면 무의식적으로 이 기호들을 기막히게 쓰곤 한다. 그러나 강단에만 서면 국어책 읽듯이 말한다. 엄밀히 말하면 스피치 원고를 읽는 것이지 말하는 게 아니다.

얼마 전 대기업의 대표를 코치했다. 그분은 어찌나 말을 느리게 하는지 스피치가 전반적으로 늘어졌다.

"오늘 회사 임원들과 식사와 술을 함께하면서 대화를 나누니 참 좋습니다."

이 문장을 처음부터 끝까지 느릿느릿 말한다고 생각해보자. 듣는 임원들은 속이 터질 것이다.

　한 달 내내 그를 붙잡고 '더 빠르게 해보세요. 더 빠르게!' 했다. 나중에는 입에 엔진을 단 것처럼 말에 속도가 붙었다. 물론 어떤 부분은 짧게 어떤 부분은 길게 말해야 한다. 길게 말해야 잘 들릴 것 같지만 때로는 빠른 말이 귀에 더 잘 들어온다. 말을 놓치지 않기 위해 청중이 귀를 쫑긋 세우기 때문이다. 아래의 글을 한 번 읽어보자.

　"역경과 고난을 헤쳐온 사람의 스피치는 무게가 다릅니다. 그 인생 자체가 감동 스토리이니까요. 솔직하게 자신을 내보이는 것만으로 깊은 울림을 전할 수 있어요. 바로 그가 그렇습니다. 하지만 그 사람도 처음부터 자신의 이야기를 청중 앞에서 술술 한 건 아니랍니다."

　이번에는 속도에 변화를 주어서 읽어보자.

정상 속도로 진솔하게 시작하세요.
역경과 고난을 헤쳐온 사람의 스피치는 무게가 다릅니다.

그 인생 자체가 감동 스토리이니까요.

mp(조금 여리게)　　　　　　　　　　이 단어를 정성껏　　*rit.*(점점 느리게)
솔직하게 자신을 내보이는 것만으로 깊은 울림을 전할 수 있어요.

accel. (여기부터~ '청중 앞에서' 까지는 몰아치듯 앞부분보다 2배 정도 빠르게 말하세요.)
바로 그가 그렇습니다.

하지만 그 사람도 처음부터 자신의 이야기를 청중 앞에서

_ _   *rit.*(점점 느리게 마무리 하세요)
술술 한 건 아니랍니다.

처음에는 편안하게 정상 속도로 읽다가 중간에 단어 하나하나를 천천히 정성스럽게 읽는다. 그러다 마지막에 빨리 읽으면 스피치 전체가 리드미컬하게 들린다. 전체가 마치 하나의 음악처럼 들리는 것이다. 아래의 문장을 악상기호대로 읽어보자.

(천천히 강조하듯이)
   > >
나는 증평 사람입니다.

(다시 한 번 강조하면서 천천히)
   > >
증평에서 태어났습니다.

accel. (점점 빠르게) '나는 ~ 때문입니다' 까지는 점점 빠르면서 세기 또한
나는 증평에서 태어난 걸 무척 감사하게 생각합니다.

강한 고지를 향해 가듯이 힘있게 말하세요.
증평이 내게 모든 걸 줬기 때문입니다.

이 글을 일정한 템포로 말하면 각각의 문장으로 쪼개져서 들릴 것이다. 그러나 리듬을 살리면 전체 내용이 한 문장으로 느껴진다. 특히 점점 빠르게인 아첼레란도는 클라이맥스를 향해 말을 끌고 가는 효과가 있다.

제가 이번에 대도시 4군데를 여행하고 왔습니다. 서울 대전 대구 그리고 부산에 갔다가 지금 돌아왔습니다.

청중은 대도시 4군데라는 말을 듣는 순간 이미 예측한다.
'서울 갔겠네. 그 다음에 대전 대구 마지막으로 부산 갔겠지.'
청중은 스피커가 이 문장을 똑같은 속도로 말하면 기운이 쭉 빠진다. 그럴 때는 부산을 목표점으로 찍고 대전은 서울보다, 대구는 대전보다, 부산은 대구보다 점점 빠르게 휘몰아치듯 말해야 한다.
바이올린을 연주할 때 보면 초보들은 활을 길게 못 쓴다. 처음에는 한 활에 2개 정도의 음밖에 못 내다가 실력이 늘면 내는 음도 점점 늘어난다. 한 활로 20개 이상 음을 건드려야 진정한 고수다. 마찬가지로 스피치에서도 한 호흡으로 긴 문장을 말할 수 있어야 한다. 아무 데서나 숨을 쉬면 감이 뚝 떨어진다. '서울 대전 대구 그리고 부산에 갔다가 지금 돌아왔습니다'까지는 한 호흡으로 가야 한다.
연세 있는 분의 스피치가 알아듣기 힘든 이유는 호흡이 짧아서다. 성악에서는 발성 전 호흡부터 배운다. 호흡이 길어야 모든 음을 제대로 낼 수 있기 때문이다. 마찬가지로 스피치에서도 호흡이 받쳐줘야 말을 빠르게도 느리게도 할 수 있다.
점점 빠르게인 아첼레란도가 클라이맥스를 향해 긴장을 고조시키는 효과가 있다면 점점 느리게인 리타르단도는 긴장을 이완시키며 사람의 마음을 감동시키는 효과가 있다. 만약 어떤 사람이 동창회 회장직을 수락하는 10분 스피치를 한다고 가정해보자.

부족한 제게 동창회장직을 맡긴 모든 동창들에게 깊은 감사를 드립니다. 나이 들어가는 우리의 모습을 서로 봐주고 격려할 수 있도록 열심히 소임을 다하겠습니다. 여러분의 마음을 제 마음에 보태주시기 바랍니다. 여러분 사랑합니다.

이 문장을 점점 빠르게 읽으면 코믹해진다. 목표점을 향해 느리게 가야 한다. 처음에는 정상 템포로 시작한다. 그러다 마지막 문장에서 목표점인 '사랑합니다'까지 거인이 한 발 한 발 힘겹게 옮기듯 말해야 한다.

여기서 점점 느리게인 리타르단도만 제대로 살려줘도 동창회비가 바로 걷힌다. 청중은 스피커가 주는 만큼만 느끼게 마련이다. 사람들의 마음을 뭉클하게 만들려면 읽을 때부터 뭉클하게 말해야 한다.

청중과 함께 울고 웃으며 스피치 축제를 만들어라

템포 조절에서는 점점 빠르게인 아첼레란도와 점점 느리게인 리타르단도와 함께 '끊어 읽기'도 마스터해야 한다. 누군가 써준 원고를 5분 만에 즉석에서 내 원고로 만들 줄 알아야 한다. 그렇지 못하면 50대 사장이 20대 대리가 쓴 원고를 대신 읽어드리는 상황이 발생한다.

실제 많은 사람들이 스피치 원고를 직접 쓰지 않는다. 귀찮거나 혹은 바쁘다는 게 이유다. 기업체 CEO나 고위 공무원 같은 분들이 수

많은 행사를 치르면서 원고 쓸 시간이 있을까? 그러나 아무리 바빠도 부하 직원이 쓴 원고를 그대로 읽어서는 절대 안 된다. 부하 직원이 뼈대를 만들어오면 즉석에서 단어나 어투를 바꾸는 등 손질을 해야 한다. 대표적인 것이 끊어 읽기다. 스스로 끊어 읽기를 할 수 있을 정도면 어떤 원고든 즉석에서 만들 수 있다.

기업 CEO의 일반적인 송년사 원고를 한 번 보자. 초안은 대부분 이런 식으로 쓴다.

다사다난했던 2009년도가 저물어 가고 있는 이때 여러분과 함께 이 자리에서 올 한 해를 돌아볼 수 있게 돼 대단히 기쁘게 생각합니다. 우리 회사는 지난 10여 년간 말할 수 없는 고난을 겪었지만 오늘날 크게 성장했습니다. 성장할 수 있었던 이유는 직원들의 열정이 있었기 때문입니다. 아울러 직원 여러분의 노고에 다시 한 번 감사를 드리는 바입니다.

원고의 문장이 대체로 길다. 호흡에 맞게 끊어 읽어야 한다. 이때 말의 어순 그대로 끊겠다는 생각은 버리자. 의문형이나 권유형 등으로 자유롭게 변형하면 효과적이다.

다사다난했던 2009년도가 저물어 갑니다. 오늘 이 자리는 여러분과 함께 올 한 해를 돌아보는 자리입니다. 함께 있으니 더욱 행복하고 기쁘지 않습니까? 우리 회사는 지난 10여 년간 말할 수 없는 고난

을 겪었습니다. 그러나 오늘날 회사는 크게 성장했습니다. 그 이유는 무엇일까요? 바로 여러분의 열정 덕분입니다. 여러분의 노고에 다시 한 번 감사를 드립니다.

미국의 오바마 대통령이 대중연설을 한다고 가정해보자. 만약 그가 아래와 같이 말했다면 청중의 반응은 어땠을까?

여러분, 오늘 이 자리에 우리가 모인 이유를 아십니까? 미국 경제가 어려운 가운데 내년에도 어려울 것으로 예측되므로 그 이야기를 하기 위해 이 자리에 모였습니다.

오바마 대통령의 평소 스피치 스타일과는 전혀 다르다. 청중에게 숨 쉴 틈조차 주지 않는다. 생각할 여지도 주지 않는다.

잘된 스피치는 청중이 주인이 돼서 대답하고 말하게 만든다. 그리고 함께 울고 웃으며 스피치 축제를 만든다. 그러나 위의 스피치는 청중이 개입할 틈을 원천적으로 봉쇄해버린다. 위의 문장을 잘게 쪼개보자.

여러분 힘드시죠? (예) / 우리가 오늘 왜 이 자리에 와 있는지 아십니까? (알아요) / 올해 미국 경기는 힘들었습니다. (맞아요) / 내년 미국 경제는 어떻게 생각하십니까? (어렵겠죠) / 맞습니다. 더 어려울 것 같습니다. 오늘 그 이야기를 하기 위해 이 자리에 모였습니다.

문장이 짧아야 청중이 대답하거나 환호하면서 주인공 역할을 할수 있다. 음악도 마찬가지다. 「윌리엄 텔」 서곡에서 메인 테마가 나오면 청중은 신나게 박수를 치기 시작한다. 오케스트라와 더불어 주인공이 되는 것이다. 반면 너무 거룩한 음악은 클래식 팬이라도 졸기일쑤다. 음악이든 스피치든 청중이 끼어들어 추임새를 할 틈이 있어야 한다.

남이 쓴 원고를 내게 맞게 잘랐다면 그 다음에는 스피치 작곡을 해야 한다. 내 나름대로 세게인 포르테와 여리게인 피아노, 점점 세게인 크레셴도와 점점 여리게인 데크레셴도, 점점 빠르게인 아첼레란도와 점점 느리게인 리타르단도를 넣고 어떤 부분을 감동스럽게 읽을지 등 별표도 따로 친다. 바로 스피치에 색깔을 입히는 것이다.

스피치를 할 때 손으로 지휘를 해보자

읽으며 연습할 때도 요령이 있다. 손으로 말을 지휘해보는 것이다. 크게 할 때는 손을 크게 벌리고 작게 할 때는 손을 오므리고 끊어서 읽을 때는 위에서 아래로 끊는 동작을 하는 것이다. 스스로 지휘자라고 생각하고 말에 따라 손을 움직이면 스피치 실력이 빠르게 좋아진다.

오케스트라 지휘자들은 어느 부분에서 청중을 웃기고 어느 부분에서 울릴지 작정하고 올라간다. 그래서 명곡이나 대곡일수록 채색이 잘돼 있다.

스피치에도 똑같이 적용된다. 말 잘하는 사람은 스피치 채색을 무척 잘한다. 그러나 일반인들은 그게 비법인 줄 모른다.

나한테 오래 배운 분들은 제대로 문장을 끊을 줄 안다. 그 다음 계속 읽으면서 감정에 맞게 악상기호를 표시한다. 그렇게 하면 평범했던 원고가 때로는 격정적으로 때로는 서정적으로 생생하게 살아난다. 이걸 반복하면 누구나 스피치 작곡을 할 수 있다. 나중에는 원고에 피아노와 포르테 표시를 안 해도 즉석 스피치가 가능해진다.

스피치가 주제에 맞아야 하고 콘텐츠가 진실해야만 청중의 마음에 파동을 일으킬 수 있다. 즉 듣기만 해도 변화를 주도해나갈 에너지가 있어야 한다.

그 뒤로는 잘 들리게 하는 작업이 시작된다. 크게 작게 빠르게 느리게 등 청중의 마음을 흔드는 스피치 채색이 들어가야 한다. 그러려면 목소리 연기를 연습해야 한다. 여기까지 제대로 이뤄지면 80퍼센트가 완성된 셈이다. 스피치는 결코 쉬운 일이 아니다.

사람들은 흔히 스피치는 배워서 될 게 아니라 타고나야 한다고 생각했다. 그래서 아나운서 같은 특정 직업을 제외하고는 제대로 된 말하기 교육이란 없었다. 그러나 아트 스피치를 통해 콘텐츠 구성, 에피소드 전달 방법, 스피치 채색 등이 체계적으로 정리되면서 이도 옛말이 됐다.

이제 말하기 기술도 교육을 통해 얼마든지 체득할 수 있는 시대가된 것이다. 이제까지 배운 지식을 토대로 세기의 명연설인 마틴 루터킹의 워싱턴 평화 행진 연설을 스피치해보자. 마치 마틴 루터 킹이 된 것 같은 뿌듯한 느낌을 갖게 될 것이다.

▶ 마틴 루터 킹의 워싱턴 평화 행진 연설(1963년 8월 23일)

(여리게)　(특히 세게)
p　　>　>　　　　　　　　(점점 여리게)
나는 지금 ⟩ 꿈을 가지고 있습니다.
　　　　　(잠시 쉬고)

(여리게)　　　　　(한숨에)　(길게 늘려서)　　　　(점점 여리면서 한 단어씩 강조해서)
p
그것은 아메리칸드림에 깊이 뿌리를 둔 꿈입니다.

(여리게)
p　>　>(특히 세게)
나는 지금 ⟩ 꿈을 가지고 있습니다.

서정적 에피소드로　(잠시 쉬고)　　(한숨에 달리듯이 & 점점 크게)　　(점점 빠르면서 크게)
mp(조금 여리게)　　　　　　　　　　　　　　　　*accel.*
어느 날,√조지아에서 미시시피와 앨라배마에 이르기까지 ⟩ 옛날 노예의
　　s.p (갑자기 멈춤)

　　　　　　　　　　　　　　　　　　　　　　rit.
　　　　　　　>　>(특히 세게)　(길게 늘려서)　　(점점 느리면서 여리게)
아들들이 옛날 노예**주인**의 아들들과 함께 형제처럼 살게 되는 꿈입니다.

05 기타 표현 기호들

음악은 간단한 동요부터 복잡한 오케스트라 곡까지 여러 종류의 악상기호들이 사용된다. 동요는 셈여림 정도로도 가능해 점점 빠르게인 아첼레란도와 점점 느리게인 리타르단도도 별로 없다. 그러나 가요나 팝송만 돼도 제법 복잡하다. 예를 들어 퀸의 「보헤미안 랩소디」 같은 곡은 중간에 오케스트라 편곡이 들어가야 한다.

스피치도 마찬가지다. 콘텐츠로만 승부하는 스피치가 있는가 하면 다양한 악상기호들이 들어가야만 지루해지지는 않는 스피치도 있다. 특히 오케스트라 곡처럼 분량이 긴 스피치일수록 많은 도구들이 필요하다.

셈여림이나 템포 조절, 그리고 점점 빠르고 느리게 말하는 것은 기본이고 더 섬세한 기교들이 들어가야 한다. 물론 헨델과 바흐 등이

고전음악에서부터 줄곧 써왔던 악상기호들이다.

━ 테누토 : 특정 고유명사나 단어를 충분히 강조할 때 쓴다

첫 번째가 그 음을 충분히 길게 하는 ━테누토다. 특정 고유명사나 단어를 충분히 강조하고 싶을 때 쓴다.

> _ _ _ _
> 우리 회사에 가장 필요한 게 무엇인지 아십니까? 핵심 인재입니다.
>
> (충분히 늘려서)

핵심 인재라는 단어를 말할 때는 원래 속도보다 약간 더 긴 듯하게 한 음 한 음 충분히 발음해야 한다. 마치 피아노 건반을 하나씩 누르듯이 말이다. 테누토 기법은 단어에만 쓰지 문장 전체에는 쓰지 않는다. 문장 전체를 테누토 기법으로 읽으면 너무 늘어지기 때문이다. 그런데 어떤 이들은 스피치 전체를 테누토로 시작해 테누토로 끝내기도 하는데 주로 성격이 매우 신중한 사람들이다.

제가 좋아하는 음식은 김치찌개입니다. 저희 어머니가 김치찌개를 무지하게 잘 끓였거든요. 거기에는 사연이 있습니다. 어렸을 때 아버지가 돈을 못 벌어서 저희 집에는 김치밖에 반찬이 없었습니다. 어머니는 김치로 할 수 있는 음식 종류를 스무 가지도 넘게 알고 계셨어요. 같은 음식도 매일 먹으면 질리지만 저는 질리지 않았습니다. 김

치 속에 어머니의 사랑과 삶이 들어 있기 때문입니다.

이 이야기를 처음부터 끝까지 다 테누토로 읽는다고 생각해보자. 어머니도 말에 눌려죽고 김치도 눌려죽어 아무것도 강조가 안 된다. 감동 스토리가 지겨운 넋두리가 돼버리는 것이다. 이 문장에서는 가장 중요한 '어머니의 사랑과 삶'만 테누토로 말하면 된다. 그렇게 사람들에게 부담 주지 않고 지나가야 어머니 이야기로 빠져들 수 있다.

처음부터 테누토로 이야기하면 '우리 어머니가 얼마나 대단했는지 알아?' '이러고도 당신들이 김치 이야기에 감동 안 할 수 있어?'라고 청중을 압박하는 것이나 마찬가지다. 어른이나 아이나 집중할 수 있는 시간은 몇 초밖에 안 된다. 계속 심각하면 금방 질려버려서 정작 감동할 부분에서 감동하지 못한다. 테누토는 말하는 사람이나 듣는 사람 모두 감정을 싣는 일이라는 걸 기억하자.

현대음악은 고전음악의 틀을 깨는 의외성과 독특함을 내걸며 출발했다. 사람들이 안정을 느끼는 기초 화성도 무시한다. 사람들은 '도'로 끝나야 마음의 안정을 찾는데 뜬금없이 '솔'로 끝나기도 한다. 리듬도 짧았다 길었다 규칙 없이 자기 하고 싶은 대로 한다. 어떤 음은 테누토로 1분 내내 늘인다.

실험이라는 의도는 좋지만 듣는 사람들은 엄청나게 스트레스를 받는다. 어떤 연주자는 피아노 앞에 1분 30초 동안 가만히 앉아 있다가 들어가기도 한다. 그동안 나오는 청중의 기침 소리와 "저 사람 왜 아무것도 안 해?" 같은 속삭임이 음악이라는 것이다. 그런 면에서 현대 음악은 일종의 전위예술이다.

만약 어떤 사람이 처음부터 끝까지 테누토로 말한다면 '스피치 전위예술'을 하는 거나 다름없다. 다니다 보면 가끔 목소리로 전위예술을 하는 분이 있다.

내가 아는 한 CEO는 쉰 소리가 너무 심해 말할 때마다 목소리가 꺾이곤 했다. 그런데도 그는 처음부터 끝까지 테누토로 잘근잘근 씹듯이 말해 사람들을 고문했다. 전위예술을 할 생각이 아니라면 테누토 같은 악상기호는 적당히 써야 한다.

s.p 수비토파우제 : 갑작스러운 휴식이 필요할 때 쓴다

두 번째로 갑자기 멈춤인 *s.p* 수비토파우제가 있다. 오페라의 막간 휴식 시간을 독일어로 파우제pause라고 하고 수비토subito는 휴식을 의미한다. 스피치에도 갑작스러운 휴식이 필요할 때가 있다.

s.p　　**𝆏** (갑자기 여리게)

제가 강조하고 싶은 것은 √ 모든 책임은 우리에게 있다는 겁니다.

(1초 동안 끊었다 말한다)

이 문장을 음악적으로 잘 들리게 하려면 수비토파우제를 사이에 두고 말 사이에 절벽을 만들어야 한다. 앞말은 절벽 위에서 뒷말은 절벽 아래서 말하는 느낌으로 해야 한다.

'제가 강조하고 싶은 것은'을 크게 말한 다음 잠깐 쉬고 툭 떨어지

는 기분으로 '모든 책임은 우리에게 있다는 겁니다'는 매우 작게 말해야 한다. 이처럼 롤러코스터를 타는 느낌으로 말하면 작게 말해도 굉장히 잘 들린다. 앞뒤 말의 크기를 똑같이 하면 아무런 효과가 없다.

수비토파우제는 1초 이상 끌면 안 된다. 0.1초로 숨 한 번 내쉴 정도가 적당하다. 그 이상 끌면 할 말을 잊어버린 줄 착각한다. 쓰는 횟수도 중요하다. 10분짜리 연설이라면 1번, 2시간짜리 강연은 5번 이상 써서는 안 된다. 수비토파우제는 순간적으로 청중을 매우 긴장시키는 효과가 있어서 자주 쓰면 상습범(?)이 된다.

몇 년 전 나는 실제로 상습범 교수를 목격한 적이 있다. 그는 대기업 사장단을 대상으로 하는 강연에서 1시간 내내 수비토파우제를 끊임없이 써댔다. 결과는 어떻게 됐을까? 강연도 다 못 마치고 중간에 내려와야 했다.

"저렇게 시건방진 사람은 처음 봤다. 그만 내려오게 해라."

회장이 비서한테 지시했다. 강사에게 중간에 내려오라고 하는 것은 가수에게 노래 그만하고 내려오라는 것과 똑같다. 그러나 그 회장은 내가 아는 한 그리 몰상식한 분이 아니었다. 그만큼 강사에게 문제가 많았다는 이야기다. 나 역시 나중에 그 교수의 강의를 듣다가 어찌나 기분이 상하던지 중간에 나왔다. 그가 시건방지다고 느낀 것은 결코 내용이 아니었다. 문제는 말투였다.

내가 여러분에게 무슨 말씀을 드리려고 하는지 알아요? 응? 제 말을 이해해야 되잖아요? 응? 우리나라 경제상황이 도대체 왜 이 지경이 됐는지 아시냐구요? 응?

그는 말끝마다 수비토파우제를 쓰며 끊임없이 따지고 질책했다. 마치 청중을 아이 다루듯 하는 그를 보니 나조차도 그만하라고 말리고 싶을 정도였다. 그 역시 '스피치 전위예술가'였던 것이다. 이런 말투는 강사에게 있어 최악이다.

사람들은 그가 수비토파우제를 쓸 때마다 움찔거리고 질문할 때마다 놀란다. 처음에는 긴장하다가도 그 상황이 계속 이어지면 모두 화를 내고 만다. 콘텐츠 자체는 권위적이지도 시건방지지도 않았다. 그러나 아무리 내용이 좋아도 표현이 잘못되면 모두를 적으로 만들어버린다.

그분은 학식도 대단하고 콘텐츠도 훌륭했지만 한 번 소문난 뒤로는 더 이상 강의를 맡지 못했다. 따라서 스피치에서 1초 이상 휴지는 대단히 신중해야 한다.

예를 들어 다음과 같은 말은 한다고 가정해보자.

"팀장이면 팀장다운 커뮤니케이션 리더십을 가져야 됩니다. 왜 그렇다고 생각하세요?"

두 문장 사이는 절대 쉬어서는 안 된다. 만약 2초를 쉰다면 청중은 그동안 무수한 생각을 한다. '우리가 그럼 안 가졌단 이야기야?' '그런 당신은 가졌어? 또 야단맞게 생겼군' 같은 불필요한 생각을 하게 된다.

"네가 공부 말고 할 게 뭐가 있어, 안 그래?"

만약 '안 그래?' 전에 10초를 쉰다고 생각해보자. 듣는 사람은 얼마나 무서운 말을 하려고 저러나 싶어 움츠러든다. 말을 쉬는 동안 청중의 감정은 부정적인 곳으로 뚝뚝 떨어진다. 이를 다시 끌어올리려면 몇 배의 시간과 노력을 들여야 한다.

몇 년 전에 초보 스피커에게 개인 코치할 때였다. 그는 자신의 실전 강의 동영상을 내게 보여주었다. 나는 그걸 보고 깜짝 놀랐다. 대여섯 줄 말한 다음 몇 초씩 계속 쉬는 것이 아닌가? 그동안 청중은 불안해서 우왕좌왕하고 있었다.

왜 그랬냐고 물었더니 다음에 할 말이 생각 안 나서 그랬단다. 나름대로 순진한 이유가 있었지만 청중의 분위기는 완전히 바닥으로 내려가 올라올 줄 몰랐다. 강사가 자신들을 질책하려 한다고 지레 짐작한 것이다.

몇 번의 연습 끝에 불필요한 수비토파우제를 다 없애니 스피치가 훨씬 더 화려하고 긍정적으로 살아났다. 독한 약일수록 효과는 세지만 부작용도 큰 법이다.

수비토파우제는 잘 쓰면 훌륭한 약이지만 오남용하면 전위예술가가 된다. 정말 필요할 때 딱 한 번씩만 써야 한다.

06 발음과 습관어

목소리의 힘은 5분뿐이다

10명 중 9명은 자신의 목소리에 불만이 있단다. 특히 녹음된 자기 목소리를 들으면 어색해서인지 더욱 그런 생각을 한다고 한다. 나도 그렇다. 지금까지 목소리가 좋다고 생각한 적이 한 번도 없었다.

문제는 사람들이 필요 이상으로 심각하게 생각한다는 점이다. 발음과 음색이 좋지 않거나 사투리를 쓴다면 스피커의 자격이 없다고 생각할 정도다. 이쯤 되면 스피치 콤플렉스 수준이다.

"아유, 발음도 시원찮지 목소리도 안 좋지 촌스럽게 사투리꺼정 쓰는디 워떻게 사람들 앞에서 말할 수가 있겠어유?"

사실 매력적인 목소리는 굉장한 마력을 발휘한다. 디제이의 목소리가 초콜릿처럼 달콤하면 바빠 죽겠는데도 방송국에 문자를 보낸다.

문득 예전 생각이 난다. 여고시절 음악다방에서 디제이를 하던 교회 오빠가 있었다. 그 오빠를 좋아하는 친구가 한둘이 아니었다. 목소리가 좋으니 무조건 좋아했던 것이다. 그런데 디제이 오빠가 멋진 목소리로 말은 하지만 들을 만한 내용이 없다면 어떻게 됐을까?

목소리의 힘은 5분도 못 간다. 스피치에서 음색, 발음, 사투리 등이 미치는 영향은 10퍼센트 미만이다. 중요한 것은 콘텐츠다. 목소리는 하찮아도 되지만 콘텐츠는 하찮으면 안 된다.

얼마 전 삼성 홈플러스 이승한 회장이 스피치 하는 모습을 볼 기회가 있었다. 그는 경상도 사투리가 심했다. 억양도 강하고 '그러니께네' 같은 말도 자주 쓴다. 그럼에도 불구하고 그가 가진 콘텐츠가 워낙 대단하다 보니 소리가 귀에 잘 들렸다. 귀가 알아서 사투리를 걸러 핵심 단어들만 받아들인 것이다. 목소리만 좋을 뿐 콘텐츠가 없는 사람은 행사 사회는 봐도 되지만 스피치를 하면 안 된다.

자신이 어떤 목소리를 가졌든 목소리 탓은 그만하자. 요즘엔 목소리도 개성이 있어야 빛을 발하는 시대다. 방송인 박경림은 목소리가 잘 꺾이고 조금만 세게 발음해도 쉰 소리가 난다. 그러나 그녀가 30분 스피치를 하면 누구나 재미있게 듣는다. 콘텐츠가 괜찮으면 잘 들리게 돼 있다.

몇억 원을 호가하는 값비싼 스트라디바리우스 바이올린도 연주자의 기량이 시원찮으면 아무 소용없다. 5만 원짜리 싸구려 바이올린이라도 연주자의 기량이 뛰어나면 들을 만한 소리를 낸다. 스피치는 내 몸이 악기다. 마음에 안 든다고 바꿀 수 없다. 목소리는 성형수술도 불가능하다. 그러나 조율만 잘하면 훨씬 좋아진다.

나는 원래 중저음이다. 스피치에는 적합한 목소리 톤이다. 강의를 오래 하니 더 중저음이 됐다. 중저음 목소리는 얼굴 중앙에서 튀어나간다. 저음은 가슴에서 나가고 고음은 머리끝에서 나간다.

어떤 사람은 고음의 목소리를 타고났다. 이런 사람의 스피치는 오래 듣기 힘들다. 아무리 침착하게 이야기해도 청중은 찡찡거리는 소리로 느낀다. 반면 저음은 거만한 인상을 줄 수 있다. 이런 사람은 시건방지다거나 저돌적이라는 오해를 받기도 한다.

특히 젊은 사람이 회의 때 저음으로 말하면 "네가 사장이냐?"며 구박을 많이 받는다. 목소리도 직급에 맞게 내야 인생 살기가 편하다. 이런 사람은 정수리 머리카락 끝으로 목소리가 새어 나간다는 느낌으로 읽는 연습을 하면 좋다.

특히 탤런트 전도연처럼 고음을 가진 사람을 연상하면서 읽으면 효과 만점이다. 반대로 고음인 사람은 가슴에서 소리가 나간다고 생각하면서 탤런트 최민수 같은 저음을 연상하면 좋다. 이때 악상기호를 염두에 두고 읽으면 눈에 띄게 달라진다. 책 한 권을 다 읽을 즈음이면 고음의 음역대가 자연스럽게 중음으로 내려와 있을 것이다.

발음도 원래부터 부정확한 사람들이 있다. 특히나 '실땅님' 같은 혀 짧은 소리는 고치기가 어렵다. 발음은 구강 구조나 혀의 길이에 따라 정해지기 때문이다.

아나운서들은 볼펜을 입에 물고 '가갸거겨' 연습을 한다지만 일반인이 매일 거울 보며 연습한다는 게 쉽지만은 않다. 그러므로 발음을

완전히 고치겠다는 욕심은 버려야 한다. 조금 개선하겠다는 생각이 현실적이다. 스피치에서 최악의 발음은 따로 있다. 바로 웅얼대서 무슨 소린지 하나도 못 알아듣는 경우다.

내 말이 다른 사람 귀에
제대로 도착하게 말하라

내게 개인 코칭을 의뢰한 CEO 한 분이 있었다. 그가 회의를 끝내고 나가기만 하면 임원들이 서로 묻곤 했단다.

"방금 사장님이 뭐라고 했는지 아는 사람?"

이런 일이 회의 때마다 반복됐다. 그러나 아무도 '발음 좀 잘해주세요.' 하지 못했다. 다행히 본인은 자신의 발음이 나쁜 편이라고 시인했다. 나는 몇 번 코칭한 뒤 그에게 단도직입적으로 말했다.

"사장님은 발음이 안 좋은 게 아니라 발음에 성의가 없는 게 문제예요."

그는 성미가 매우 급해서 말하는 와중에 다음 말부터 생각했다. 그러다 보니 뒷말을 뚜렷하게 발음하지 못했다. 그에게 청중이 앞에 있다고 생각하고 말해보라고 했다. 그러자 아무런 문제 없이 말했다. 실제로 그가 강당에서 연설할 때는 직원들이 발음을 신경 쓰지 않았다. 다만 급한 성격이 나오기 시작하면 말이 빨라지고 성의 있게 말해야 한다는 사실을 잊는 것이다.

발음이 시원찮은 사람은 대부분 말이 빠르다. 천천히 말하면 청중이 알아듣는 데 별 지장이 없다. 나는 그에게 느리게 말하는 법을 집중적으로 가르치면서 늘 강조했다.

"내 말이 다른 사람 귀에 제대로 도착하게 말하라."

요즘에는 그의 말이 제대로 들린다. 발음이 안 좋은 사람들은 본인의 발음이 문제라는 사실조차 모른다.

직급이 높아질수록 이런 현상은 심해진다. 사장님, 회장님에게 누가 감히 정확하게 발음하라고 하겠는가? 그저 알아들은 척할 뿐이다. 그도 코칭을 받고 나서야 자신이 얼마나 다른 사람들의 귀를 괴롭혔는지 깨달았다.

발음 문제는 성격이나 습관만 바로잡아도 해결된다

아트 스피치 과정을 이수한 또 다른 컨설팅업체 CEO는 말이 너무 빠른 게 문제였다. A4 1장짜리 원고를 읽으면 보통 사람은 3분 걸리는데 그는 1분 50초 만에 끝냈다. 작정하고 빨리 읽은 게 아니라 원래 말하는 속도가 그랬다. 왜 그런지 관찰했다. 그는 말만 빨리하는 게 아니라 손도 한시도 가만두지 않았다. 쉴 새 없이 흔드는 바람에 보기만 해도 정신이 없었다.

나는 손을 엉덩이 밑에 깔고 말하도록 훈련시켰다. 그러자 금방 말을 천천히 하기 시작했다. 말이 빠른 사람은 손을 묶어놓으면 말이 느려진다. 그동안 돈은 돈대로 내고 무슨 말인지 못 알아들었던 고객

들은 얼마나 괴로웠을까? 아트 스피치 과정을 마치는 날 그는 회사를 살려줘서 고맙다며 인사했다.

　발음 문제는 성격이나 습관만 바로잡아도 해결된다. 발음이 안 좋아서 고민이라면 먼저 말하는 기본자세부터 상기해보자. 기본자세는 성의 있게 말하는 것이다. 마음이 바뀌어야 말이 예뻐지는 법이다.

습관어와 결별하라

　나는 스피치 코치할 때 습관어에 중점을 둔다. 습관어란 사람들이 무의식중에 하는 말이다. 나는 습관어를 제대로 교정시킨다고 자부한다. 대학과 직장에서 오랫동안 귀를 훈련했기 때문이다. 특히 광고 음악 제작사를 다닐 때는 음악을 들으면서 5개의 악기 소리 중 단 1개의 악기 소리만 따로 듣고 악보로 옮기는 훈련을 많이 했다.

　예를 들어 곡 전체에서 드럼 소리나 기타 소리 또는 건반 소리만 따로 뽑아내는 것이다. 그래서 내 귀에는 습관어가 무척 잘 들린다. 내가 습관어를 지적하면 점쟁이 보듯 쳐다보는 사람들이 많다. 습관어만 없애도 스피치는 신기하게 매끄러워진다. 나는 습관어를 발견하면 마치 집구석에 숨은 쥐를 잡은 듯한 개운함을 느낀다.

　영어 스피치 컨설턴트인 조이스 백은 영어를 잘하고 싶으면 먼저 습관어를 없애라고 충고한다. 영어를 못하는 사람일수록 습관어가 난무한다는 것이다. 예를 들어 'umm……' 'you know?' 'and I……' 같은 말은 불필요한 습관어일 뿐이다. 원어민들은 이런 말을 쓰면 하급 영어로 여긴단다.

얼마 전 어느 기업의 대표가 코칭을 받으러 왔다. 그는 5분 동안 습관어를 무려 50번이나 썼다. 그의 습관어는 '갖다가'였다.

"제가 스키를 갖다가 탔는데 오랜만에 타니 힘들어 갖고⋯⋯."

"제가 세미나에서 발표를 갖다가 했는데⋯⋯."

보통 개인 코칭을 할 때는 보조 강사가 두세 명 함께 들어간다. 1명은 실시간으로 그의 말을 받아 적고 1명은 동영상을 찍는다. 나중에 그의 얼굴이 하얗게 질렸다. 습관어마다 줄을 친 다음 그걸 다 뺐더니 원고가 반으로 줄어들었다. 콩나물 1,000원어치를 사서 머리를 뗐더니 500원어치 남은 격이었다. 그는 그동안 부하 직원들에게 스피치 잘한다는 용비어천가만 듣다가 콩나물 머리를 뗀 진실 앞에서 한없이 작아졌다.

"그런 말을 쓰는지조차 몰랐네요. 그런데 훈련을 갖다가 하면 고쳐질까요?"

"대표님, 지금도 쓰셨어요(웃음)."

나는 '갖다가'와 한판 전쟁을 벌였다. 처음에는 고치기가 힘들었다. '갖다가'를 100번 쓰면 그중에 20개만 들리고 80개는 안 들린다고 했다. 워낙 곳곳에 숨어 있어서 말하는 자신조차 몰랐다. 습관어는 말하는 본인의 귀에 들려야 고칠 수 있다. 시간이 지날수록 많이 들리더니 마침내 100퍼센트 들리면서 동시에 말에서 사라지기 시작했다.

그는 2개월을 보내고서야 습관어와 결별했다. 40여 년간 함께 지

내온 '갖다가'와 헤어지자니 꽤 서운한 눈치였다. 습관어가 사라진 자리에는 필요한 말이 채워졌다.

내가 습관어 중에 제일 싫어하는 말은 '네'다. 특히 MC, 개그맨, 강사 등 말을 직업으로 하는 사람들이 많이 쓴다. '네'는 말이 매너리즘에 빠졌다는 증거다. 한 번은 라디오를 듣다가 진행자가 '네'를 몇 번이나 쓰는지 세어봤다.

"네, 지금부터 여러분의 문자를 받겠습니다. 네, 전화주셨네요. 네, 그러면 다음 곡 들어보겠습니다. 네."

그는 1시간 동안 '네'를 무려 75번이나 썼다. 시청자가 대답해야지 왜 진행자가 혼자 북 치고 장구 치고 있을까? '네'를 많이 쓰면 약장수처럼 보인다. 입에 발린 말, 진실성 없는 말처럼 겉만 번지르르하게 보인다.

얼마 전 우리 회사 조회 때 강사 한 분이 '네' 한 번 잘못했다가 눈물을 쏙 뺀 일이 있었다. 스피치를 가르치는 회사에서 감히 '네'를 쓴 죄였다. 우리 회사에서 '네'는 금기어다. 습관어 중에서도 사면될 게 있고 중죄로 취급 받는 게 있다. 대표의 '갖다가' 정도는 가벼운 벌금형이지만 강사나 사회자가 '네'를 쓰는 건 가중처벌을 받는다. '네'만큼 말의 흐름을 자르면서 사람을 짜증나게 하는 말은 없다. 듣는 사람에 대한 배려와 존경심이 없을 때 습관어를 함부로 쓰게 된다. 청중이 대답하기 전까지는 먼저 대답하지 말아야 한다.

나이 드신 분들이 자주 쓰는 습관어가 있다. '에'나 '에 또' 같은 말이다. 이런 말은 사람을 나이 들어 보이게 하고 권위적으로 보이게 한다. 교수나 공무원들은 '예컨대'나 '가령'을 많이 쓴다. 예컨대는 문어체이지 구어체가 아니다. 예컨대보다는 '예를 들면'이 훨씬 낫다. 더 큰 문제는 '예컨대'나 '가령' 뒤에 예시가 안 붙는다는 사실이다.

습관어들은 말과 말 사이에 큰 댐을 짓는 거나 마찬가지다. 습관어의 가장 큰 문제는 자신의 이미지를 깎아내린다는 사실이다.

내가 아는 한 강사는 '제가 볼 때'라는 습관어를 시도 때도 없이 썼다. 한 번은 이렇게 말하는 게 아닌가?

"제가 볼 때 오바마 미국 대통령은 이번에 아시아 중심의 글로벌 정책을 추진하겠다고 밝혔습니다."

그 말은 아침 신문에서 읽은 내용이었다. 그런데 습관어를 붙여 마치 자신이 예측하고 분석한 것처럼 말한 것이다. 이런 습관어는 세상만사가 스피커 본인이 예측한 대로 움직이는 것처럼 들리게 하므로 오해를 불러일으키고 오만한 인상을 준다.

'솔직히'도 많이 쓰는 습관어다. 이 말을 많이 쓰는 사람치고 솔직한 사람 못 봤다. 물론 듣는 사람에게도 솔직하지 않은 사람 혹은 소심한 사람으로 보인다. 그런데 인간관계를 끊게 만드는 최악의 습관어는 '그게 아니라'다.

"아니 그게 아니라 맞어, 네 생각이 정말 맞는 것 같아."

이 말이 습관어가 되면 말의 앞뒤가 맞지 않는다. '그게 아니라' 때문에 뒤에 나오는 모든 말이 다 부정적으로 들린다. 'ㅇㅇ가 아닌 게 아닐까 합니다'처럼 말꼬리에 붙는 습관어도 문제다. 부정어를 두 번 쓰면 자기 말에 책임을 안 지려는 우유부단한 사람처럼 보인다. 'ㅇ

○라는 거죠?'라는 말도 자주 쓰면 사람이 얄미워 보인다.

"리더십은 인생에 꼭 필요합니다."

"리더십은 인생에 꼭 필요하다는 거죠?"

두 말을 비교해보자. 습관어가 붙으니 말이 얼마나 가볍고 얄미운가? 사람들은 습관어를 들으면 그게 그 사람 성격인지 단순한 습관인지 파악하려고 한다. 습관어는 스피커에 대한 불필요한 정보를 제공하므로 이미지에 상당한 타격을 입을 수 있다.

의성어도 습관어라 할 수 있다. 예를 들어 '습~'처럼 침 삼키는 듯한 소리나 '짭~'처럼 입을 오므렸다 벌렸을 때 나는 소리가 여기에 해당된다.

그 외에도 무의식적으로 쓰는 습관어가 정말 많다. 그럴 때는 겸허한 자세로 주변에서 귀명창을 찾아 물어봐야 한다. 판소리 명창에게는 소리는 명창만큼 못하지만 듣는 건 더 잘하는 귀명창이 꼭 1명씩 있다. 명창들은 혹시 음이 안 맞는 데는 없는지 매너리즘에 빠져 기교를 부리지는 않는지 귀명창에게 꼭 확인한다.

나는 직원들에게 새로 생긴 습관어가 있는지 고칠 부분이 있는지 늘 물어본다. 스피치를 자주 하는 리더나 CEO일수록 주변에 귀명창을 두고 자주 귀를 기울여야 한다. 귀명창이 솔직히 말한다고 표정을 일그러뜨리면 안 된다. 누군가가 귀명창을 자처한다면 고맙게 생각하고 받아들여야 한다.

습관어와 치르는 싸움은 생각만큼 만만찮다. 그러나 분명한 것은 습관어와 싸워서 승리하면 스피치도 승리할 것이라는 사실이다.

제스처는 청중에게 내 말을 전달하겠다는 스피커의 정성과 서비스 정신의 표현이다.
제스처는 말을 그리는 도구다.
눈으로 이야기를 듣고 마음에 그림을 그리며 오랫동안 기억에 남게 한다.

Part 5
Visual Speech
비주얼 스피치

OI 제스처

> 그의 스피치는 교향곡이다. 그는 교향곡을 지휘하는 오케스트라
> 의 지휘자 같다.

오바마가 미국 대통령으로 당선됐을 때 한 신문에 실린 헤드라인
이다. 제목 한 줄로 오바마 스피치의 특징을 보여준다. 그는 대중 앞
에 설 때 마치 오케스트라 지휘자처럼 보인다. 그가 지휘자라면 청중
은 관객이다. 지휘자의 지휘에 청중은 울기도 하고 기립 박수를 보내
기도 한다.

오케스트라 지휘자들은 지휘를 할 때 하나같이 과장된 동작을 취
한다. 단정히 빗은 머리가 흐트러질 정도로 온몸을 흔든다. 손을 쉴
새 없이 흔드는 건 물론이고 다리도 구부렸다 폈다를 반복한다. 고개

도 전후좌우로 돌리고 등을 앞으로 구부렸다가 뒤로 펴는 등 전신운동을 한다. 체력 소모가 크다. 그래서 공연을 끝낸 지휘자는 어김없이 살이 빠진다고 한다.

오바마는 청중을 연주자로 대한다

공연을 할 때 연주자와 지휘자는 한몸처럼 움직인다. 지휘자는 격정적으로 연주할 부분에 이르면 미리 예고한다. 그러면 연주자의 동작이 일제히 커진다. 지휘자에 의해 수십 명의 단원이 한몸으로 움직이는 것이다. 만약 지휘자가 빠지면 연주는 어떻게 될까? 단원들은 평소 연습한 대로 소리는 내겠지만 열정이 담긴 연주를 하지 못한다.

CD로 듣는 음악과 현장에서 듣는 음악이 차이 나는 결정적인 이유는 비주얼 때문이다. 관객들은 귀로 음악을 들으면서 눈으로는 지휘자와 단원들의 열정적인 모습을 본다. 그들의 빠른 움직임을 눈으로 보면서 공연을 즐기면 음악이 더 생생하게 다가온다.

오바마의 스피치가 위대한 이유는 청중을 관객이 아닌 연주자로 대하기 때문이다. 그는 청중을 내 음악을 듣는 대상이 아니라 나와 함께 연주하는 사람으로 본다. 그는 스피치의 중요 부분마다 청중이 참여하도록 유도하고 일정 역할을 맡긴다.

오바마는 손놀림의 귀재다. 지휘봉을 흔들 듯 손으로 청중을 지휘한다. 손가락 하나를 위로 세우기도 하고 축도하는 신부처럼 양손을 들어올리기도 하고 또 단상을 손으로 잡기도 한다. 그에게는 그런 동

작들이 지휘다. 청중은 오바마를 보면서 자기도 모르게 손과 다리를 움직인다.

"우리는 새로운 미국을 만들 수 있습니다."

그가 두 손을 머리 위로 들고 넓게 펼치면서 말한다. 그럼 청중도 마찬가지로 두 손을 들고 합창한다.

"할 수 있습니다."

제스처는 말을 포장하는 수단이 아니라 신뢰를 주는 도구다

예를 들어 선생님이 '알아들었니?'라고 묻는데 학생이 입으로만 '예.' 하면 미덥지가 않다. 그런데 학생이 고개까지 끄덕이면 한결 미덥다.

스피치 제스처는 연기자, 아나운서, 강사 등 특정한 사람만 하는 건 아니다. 누구나 스피치 제스처를 자연스럽게 쓴다. 특히 수다를 떠는 아주머니들은 제스처의 달인이다. 그런데 무대에만 오르면 이야기가 달라진다. 다들 제스처 취하는 걸 잊어버린다.

아트 스피치 수강생들도 마찬가지다. 앉아서 하는 스피치는 다들 기가 막히게 잘한다. 손짓과 시선 처리, 표정, 그리고 움직임까지 모든 게 자연스럽다. 그러나 무대로 나오면 동상이 된다. 왜 그렇게 어색해하는지. 어떤 분들은 단상을 붙잡고 꼼짝도 하지 않는다.

특히 정치인과 공무원이 심하다. 그들은 연단에서 이야기할 때 거의 움직이지 않는다. 다만 고개 하나는 기가 막히게 잘 움직인다. 원고를 봐야 하기 때문이다. 그런 사람들이 오바마 대통령의 제스처를 보고 천박하다는 둥 외국인이라 그렇다는 둥 깎아내린다.

우리나라 사람도 개인적으로 이야기할 때는 제스처를 곧잘 쓴다. 고개를 끄덕이고 손을 쓰면서 맛깔나게 이야기한다. 일상 대화에서처럼 무대에서도 자연스럽게 제스처를 쓰면 된다. 별로 힘든 일도 아니다.

지휘자는 몸을 괜히 흔드는 게 아니다. 곡이 빨라지면 어깨를 자연스레 흔들고 느려지면 서서히 동작을 작게 한다. 강하게 표현해야 할 부분에서는 온몸을 정신없이 흔든다. 일부러 과장하는 게 아니라 음의 강약을 따라가며 자연스레 그렇게 할 뿐이다.

스피치에도 음악처럼 콘텐츠에 따른 자연스러운 강약이 있다. 만약 제스처를 제대로 쓰지 못한다면 원인은 둘 중 하나다. 말에 강약이 없어서 몸을 움직이지 못하거나 말에 강약은 있지만 스스로 몸을 경직시키거나다.

악상기호를 활용하는 방법까지 마스터했다면 몸이 움직여야 정상이다. 그렇지 못하다면 어떤 고정관념에 사로잡혀 제스처를 제대로 배우지 못했기 때문이다.

많은 사람들이 방송에서 강의하는 모습을 보며 이렇게 말한다.

"원장님은 연기를 해도 잘하시겠어요."

"예전에 연기 배우셨어요?"

나는 연기를 배운 적도 없고 배우고 싶다는 생각도 한 적 없다. 단

지 강의에 충실했을 뿐이다.

제스처를 쓰면
말이 청중의 귀를 통해 마음에 도착한다

콘텐츠에 집중하면 몸이 저절로 움직인다. 스피치를 한 번도 배운 적이 없는 우리 어머니도 마찬가지였다. 내가 어릴 때 어머니는 태몽 이야기를 자주 들려줬다.

"꿈에서 이따만큼 넓은 10차선 고속도로에 엄마가 서 있는데 수만 명이나 되는 사람들이 워떤 사람을 막 쫓아가는 겨. 그래서 봤더니 백마 탄 기사가 달려가는데 저놈을 잡아야겠다는 생각밖에 안 드는 겨. 그래서 엄마가 신발을 벗어갖꼬 막 뛰어가 백마 꼬리를 꽉 잡았다는 거 아녀. 그러니까 넌 앞으로 수만 명의 사람들이 따르는 큰사람이 될겨. 걱정을 말어."

그때 내 어머니의 표정과 제스처는 어땠을 거 같은가? 10차선을 설명할 때는 더 이상 벌릴 수 없을 정도로 양팔을 쫙 벌렸고 수만 명은 말을 길게 늘이면서 손을 벌벌 떨었다.

'아, 정말 10차선이 넓긴 넓은가 보다. 손이 떨림 만큼 사람들이 많았구나.'

그걸 본 나는 그렇게 연상했다. 백마 탄 기사를 쫓아가는 장면에서는 어머니가 신발을 벗고 뛰는 시늉을 했고 말 꼬리를 잡아채는 장면에서는 손으로 무엇을 꽉 움켜쥐듯 연기했다.

나는 이야기를 듣는 내내 박진감 있고 생동감 있는 영화를 보는 듯했다. 나중에 알고 보니 태몽은 어머니가 지어낸 이야기였다. 어머니는 우리 5남매의 태몽을 일일이 지어내 우리에게 생생하게 들려줬다. 어머니는 내게 꿈을 심어주려고 말의 장단과 고저는 물론 제스처까지 열심히 활용한 것이다. 어머니의 열정이 없었다면 내가 강사라는 꿈을 가질 수 있었을까 싶다.

내가 어머니의 태몽을 강연장에서 들려주면 어떤 사람들은 눈물을 흘린다. 어머니와 똑같은 제스처를 쓰며 내용을 전달했을 뿐인데 명품 연기라며 갈채를 보낸다. 만약 이 이야기를 동상처럼 서서 이야기한다고 상상해보라. 사람들이 감동할까?

박진감과 생동감이 넘치는 에피소드를 청중에게 전달하려면 목소리만으로는 부족하다. 반드시 제스처가 필요하다. 제스처를 쓰면 말이 청중의 귀를 통해 마음에 도착하지만 안 쓰면 말이 목적지까지 제대로 가질 못한다.

몇 년 전 MBC에서 우리 어머니가 특별 강연을 한 적이 있다. 나는 녹화가 시작되기 전까지 걱정이 태산이었다. 어머니가 예전 토크쇼에 출연한 적은 있지만 방송 강연은 토크쇼와 질적으로 다르다. 아무리 말을 잘하는 사람도 카메라 10대 앞에서는 덜덜 떤다. 그래서 원고의 10분의 1도 말하지 못하는 경우가 많다.

"엄마, 원고는? 좀 보여줘."

"됐어, 원고는 무슨……."

나는 조마조마한 심정으로 옆에서 보는데 어머니는 녹화장에서 떨

지도 않고 청산유수로 말했다. 나중에 들어보니 원고를 밤새 외웠다고 한다.

"안녕하십니까. 미경이 엄마입니다. 저는 미경이 엄마라는 게 얼마나 자랑스러운지 몰라요. 미경이가 방송에 나오는 수요일이면 괜히 증평 시내를 돌아다닙니다. 사람들한테 '아유, 둘째딸 왜 그렇게 잘난겨?'라는 칭찬을 들으려고요……."

어머니는 5남매를 키우면서 한 애는 등에서 오줌을 싸고 한 애는 밥 달라고 우는 와중에도 열심히 일만 했다. 새벽 3시에 양장점에 가서 혼자 재단했고 1,000만 원을 빚지고는 3년 동안 수제비 먹으며 '바람아 불어라. 폭풍아 몰아쳐라. 홍순희가 쓰러지나 봐라.' 하고 노래를 불렀다.

어머니는 이런 이야기들을 생생하게 들려줬다. 목소리 연기는 물론 제스처와 표정이 아주 실감 났다. 청중은 지루해할 틈이 없었다. 옆에서 듣고 있던 진행자들은 어머니의 고생담에 울기도 했다. 마지막에 어머니가 목소리를 깔며 말했다.

"제가 오늘 젊은 엄마들에게 꼭 하고 싶은 이야기가 있습니다."

그러더니 옆으로 몇 발자국 걸어가서 멈춰 서더니 당부하는 이야기를 했다. 나는 그 모습을 보면서 깜짝 놀랐다. 어머니는 스피치를 배운 적이 없는데도 당신의 감정에 솔직한 콘텐츠와 열정과 순수함을 간직하고 있었다. 그리고 자연스러운 제스처를 갖추고 있었다. 어머니는 누구보다 멋지게 스피치를 했다.

02 표정과 시선

사람들은 말보다 표정에 더 신경 쓴다

　스피치를 할 때 몸짓 언어가 한두 가지가 아니지만 그중에서도 가장 중요한 건 표정이다. 표정 없이 말하면 콘텐츠 전달이 제대로 안 된다. 스피커뿐만 아니라 무용하는 사람도 마찬가지다. 발끝을 세우고 다리를 쫙 벌리며 목을 곧게 펴는 동작은 무용의 기본이다. 일정 시간 연습하면 그 정도의 동작은 누구나 하게 마련이다.

　승부는 바로 표정 연기에서 갈린다. 발레 「지젤」은 사랑의 갈등과 이별의 아픔이 애절한 표정 연기로 드러난다. 손을 펼쳤다가 가슴에 모으는 발레 동작으로 사랑을 표현하는데 표정 연기가 안 따라주면 손짓은 무의미해진다.

　표정 연기에 대해 오랫동안 고민한 사람이 바로 최고의 발레리나

강수진이다. 사람들은 피멍이 들고 찌그러진 그녀의 발을 기억한다. 그녀는 오랫동안 표정 연기에 자신의 열정을 쏟았다. 얼마 전 나는 강수진의 인터뷰 영상을 보고 매료됐다.

"저는 43세입니다. 많은 사람들이 젊어지고 싶어 하지만 저는 이대로가 좋습니다. 예전 잘 되지 않던 동작과 섬세한 표정 연기를 지금은 할 수 있으니까요. 저를 성장시킨 세월이 무척 소중합니다."

발레의 완성은 표정에 달렸다. 관중과의 커뮤니케이션에서 가장 주효한 도구이기 때문이다.

바이올리니스트 연주자도 마찬가지다. 사라사테의 「치고이너바이젠」을 켜는 정경화의 표정을 봤는가? 얼마나 슬프고 아름다운지 모른다. 슬픈 곡조를 연주할 때는 금방 아버지가 돌아가신 것처럼 그통스러운 표정을 짓다가 발랄한 곡조에서는 장난꾸러기 소녀 같은 표정을 짓는다. 그런데 무표정한 얼굴의 정경화를 상상해보라. 연주하는 본인은 물론 관객도 쉽게 감동할 수 없을 것이다.

예술가들은 관객 앞에서 혼신을 다해 표정 연기를 한다. 스피치도 마찬가지다. 말을 청중에게 효과적으로 전달하려면 표정이 아주 중요하다. 아카데미 시상식을 보면 상을 탄 배우가 말을 제대로 잇지 못하고 환희에 젖은 표정을 짓는다. 그런데도 사람들은 그 사람이 얼마나 고마워하고 기뻐하는지 느낀다.

한국 어머니들은 표정을 읽는 데 다들 선수다. 어머니는 용돈으로 5만 원을 받은 아들이 떨떠름한 표정을 짓는 걸 금방 알아챈다.

"5만 원이라 불만이니?"

"아뇨, 괜찮아요."

이미 늦었다. 입으로는 괜찮다지만 표정으로 이미 불만을 드러냈기 때문이다. 아들이 말은 물론 표정으로도 고마움을 드러냈다면 어머니는 바로 '우리 아들 참 착하네. 5만 원밖에 못 줘서 미안해.' 할 것이다.

스피치에서 표정은 정말 중요하다. '말만 잘하면 그만이지.' '내 표정에 아무도 신경 안 쓸 거야.'라는 생각은 버리는 것이 좋다. 사람들은 말보다 표정에 더 신경을 쓴다. 기쁜 이야기를 하는데 정말 기쁜지 슬픈 이야기를 하는데 정말 슬픈지 표정이 말해주기 때문이다.

콘텐츠 내용에 맞게 표정이 따라주지 않으면 말이 청중의 귀에 잘 전달되지 않는다. 반신반의하며 되묻기도 한다. 제대로 된 표정이면 끝날 일을 일일이 설명해줘야 한다. 발레리나 강수진이 표정 때문에 고뇌했듯이 아무리 말솜씨가 뛰어난 사람일지라도 청중과 소통을 잘하려면 자신의 표정을 돌아볼 필요가 있다.

몇 년 전 우리 어머니가 MBC에서 강연할 때 나를 포함해 딸 네 명이 지켜봤다. 기차 화통 삶아먹은 목소리로 '바람아 불어라, 폭풍아 쳐라, 홍순희가 쓰러지나 봐라.'를 부르는 어머니를 보자 옛날 생각에 왈칵 눈물이 났다. 더군다나 스피치가 얼마나 어려운지 잘 아는지라 씩씩하게 할 말 다하는 어머니가 얼마나 자랑스러웠는지 모른다. 나는 엉엉 울고 말았다. 방송이 나간 후 나는 증평 할머니들이 인정한 최고의 효녀가 됐다.

"아유, 딴 년들은 안 우는디 미경이 우는 거 봐. 걔가 엄마를 제일 생각해. 둘째딸이 제일 효녀여."

얼굴에는 표정을 연출하는 부위가 두 군데 있다. 가장 많이 쓰는 게 입이다. 사진 찍을 때 김치나 치즈를 외치는 이유는 입꼬리를 위로 올려 밝은 표정을 연출하기 위해서다. 스피치를 할 때도 엄숙한 이야기가 아니라면 일반적으로는 표정을 밝게 짓는 것이 좋다. 말 중간중간에도 웃는 편이 좋고 질문 받을 때는 온화한 표정으로 고개를 끄덕이면서 들어줘야 한다. 입꼬리가 처지면 달가워하지 않는다는 인상을 주므로 늘 미소 짓는 연습을 해야 한다.

입 이외에 표정을 좌우하는 것은 눈이다. 입은 웃는데 눈이 안 웃으면 사람들은 대번에 가식적이라고 생각한다. 비웃을 때도 입꼬리는 올라가는데 눈은 안 웃는다. 사람은 내가 얼마나 상대방에게 관심이 있고 사랑하는지를 눈으로 표현한다. 어머니들은 자식들 눈만 봐도 거짓말하는지를 대번에 알아챈다.

어릴 적 우리 자매들은 『소년중앙』을 참 좋아했다. 그런데 어머니가 사주지 않자 계략을 짰다. 양장점 재단대 밑의 나무 서랍에 돈이 꽉 차면 핀셋으로 돈을 집어오기도 했다.

언니는 작전을 세웠고 나는 500원짜리 지폐를 훔쳤고 동생들은 망을 봤다. 그 돈으로 『소년중앙』은 물론 껌이나 과자를 사고도 100원짜리 지폐 1장과 10원짜리 동전이 몇 개 남았다. 그 돈을 찬장 구석에 숨겼는데 며칠 못 가 들키고 말았다.

"야들이 어쩐지 돈 달란 소리를 안 한다 했더니 돈을 훔쳐 쓰느라 그런 겨."

어머니는 자식들 버릇을 고치기 위해 딸 네 명을 앉혀놓고 범인 색출에 나섰다.

"엄마 눈 똑바로 보고 말해. 네가 훔쳤어?"

"안 그랬어요."

언니는 도둑질은 시켰지만 직접 훔치지는 않았기에 당당했다. 동생들도 울먹거리면서 아니라고 고개를 저었다. 엄마는 어린 것들이 설마 가져갔겠나 싶어 무죄를 인정했다. 이제 남은 건 나뿐이었다.

"미경아 니가 가져갔냐?"

"아냐, 아니라니까."

그러나 이미 게임은 끝났다. 안 가져갔다고 소리는 질렀는데 이미 눈이 자백하고 있었다. 결국 그날 엄청 혼나고 반성문까지 썼다. 엄마가 되니 나도 눈빛만으로 아이가 참말하는지 거짓말하는지 알 수 있다.

남녀가 연애할 때도 눈빛으로 수많은 이야기를 나누곤 한다. 어떤 연인이 1주일 만에 만났는데 여자가 물었다.

"나 보고 싶었어?"

"그럼, 당연하지. 네 생각만 했어."

그런데 남자가 딴 데 쳐다보면서 말하면 어떤 여자도 믿지 않는다. 눈빛에서 진심이 나올 때까지 끝까지 따지고 든다.

예전에 성희롱 예방법이 처음 통과될 때 가이드라인에 '게슴츠레하게 눈을 뜨고 아래위를 훑어본다'는 항목이 있었다. 그 내용은 논란을 불러일으켰고 결국 공청회에서 통과되지 못했다. 내 눈은 원래 게

슴츠레한데 나 같은 놈은 여자도 못 쳐다보냐는 항의가 많았기 때문이다. 그러나 머릿속에서 의도하지 않은 눈빛이 밖으로 표출되는 경우는 거의 없다. 눈빛이 게슴츠레하면 이상한 상상을 했다는 증거다.

스피커는 콘텐츠에 맞는 눈빛을 청중에게 보내야 한다

MBC 희망특강 「파랑새」를 준비하면서 성공한 사람들을 직접 인터뷰하곤 한다. 그들의 평균 연령은 60대였고 가끔 70대도 있었다. 그런데 공통적으로 20대 눈빛을 갖고 있었다. 하나같이 눈빛이 이글이글 타오르고 호기심으로 초롱초롱했다. 인간의 신체 기관 중 가장 많은 콘텐츠를 담고 있는 것이 눈이다. 입은 아무리 슬프다고 말해도 눈이 웃고 있으면 그는 역경을 이겨낸 사람이다.

보통 사람들은 상대방의 눈과 입이 일치할 때 진실한 사람으로 생각한다. 낯선 사람을 처음 만났을 때 반가우면 눈빛이 반짝거린다. 반면 입은 '반가워요.' 해도 눈이 '왜 왔어?' 하면 금방 알아본다. 사람들은 바보가 아니기 때문에 눈빛은 절대로 속일 수 없다.

스피치에서도 마찬가지다. 희로애락을 표현하는 중요한 도구가 눈이다. 콘텐츠에 따라 때로는 이글이글 타오르는 눈빛을, 때로는 희망에 찬 눈빛을 보낸다. 그런데 눈이 콘텐츠를 제대로 표현하지 않으면 청중은 금방 알아차린다.

'저 사람, 지금 건성으로 말하고 있구나.' '대충 이야기하고 끝내고

싶어 하는구나.'

눈빛에서 중요한 게 일명 '시선 마사지'다. 사람들은 따뜻한 눈으로 바라보기만 해도 마사지 받은 느낌을 받는다. 연애를 해본 사람은 그 말이 무슨 뜻인지 잘 알 것이다. 한창 연애를 할 때는 서로의 눈빛만으로 충분하다. 사랑은 백 마디 말보다 따뜻한 눈빛에 광합성 작용을 해 새싹들을 파릇파릇 키운다.

스피커가 청중으로만 있다가 무대 위에 오르는 건 절호의 찬스다. 대중적으로 좋은 평가를 받을 수 있는 기회다. 그러나 그들 중 차라리 청중으로 있는 게 더 낫겠다 싶은 사람들이 있다. 그런 사람들은 시선 마사지를 할 줄 모른다. 청중은 모두 스피커로부터 시선을 받고 싶어 한다. 시선을 못 받으면 자신을 무시했다고 생각한다.

몇 년 전 한 여성 정치인이 지역 유세를 할 때였다. 국회의원이 왔다고 주민 50여 명이 악수를 하려고 줄을 섰다.

악수할 때는 상대의 눈을 보면서 웃는 게 기본이다. 고개 한 번 까딱하며 눈을 맞추는 데 1초면 충분하다. 그러면 짧은 악수가 마사지처럼 느껴지면서 마음이 풀어진다. 반대자들도 '막상 만나니 괜찮다.'는 반응을 보인다.

그러나 그 국회의원은 손은 이 사람하고 잡는데 눈은 저 사람한테가 있었다. 말 그대로 그냥 악수만 했던 것이다. 나중에 그 주민들이 어떤 반응을 보였을까? 악수와 시선 처리를 잘못해 순식간에 50명을 불쾌하게 만들었다. 그 정도로 시선이 중요하다.

스피치에서도 마찬가지다. 50명이 앉아 있든 500명이 앉아 있든

똑같이 시선 마사지를 해줘야 한다. 50명이면 좌우 일렬로 나눠 1렬씩 번갈아 눈으로 훑는다. 500명은 10개의 집단으로 나눠서 시선을 보낸다.

결코 사각지대가 있어서는 안 된다. 다리를 이용해 몸 전체를 움직이면서 앞뒤 좌우 대각선으로 전체를 봐야 한다. 2층에 앉은 청중도 챙기는 건 물론이다. 2층에 앉은 청중들은 이미 외면당할 각오를 하고 있다. 2층이 싼 이유는 '외면석'이기 때문이다. 그러나 나는 2층의 청중들도 일부러 부른다.

"2층에 계신 분들, 저 보이세요? 보이시면 손 한 번 흔들어주세요."

그러면 좋아하면서 일제히 손을 흔들며 반응한다.

예전에 가수 이문세 콘서트에 갔다가 재미있는 광경을 목격했다. 그는 콘서트를 한창 진행하다가 느닷없이 특별한 분을 앞으로 모시겠다고 했다.

"저는 그렇게 절 무시하는 사람이 있을 줄 꿈에도 생각지 못했습니다. 사람을 무시해도 유분수지 그렇게 재미있는 공연을 어떻게 턱걸이로 마지막에 살 수 있어요? 돈 아까워서 살까 말까 하다가 노느니 뭐 한다는 생각으로 표를 산 거죠? 마지막으로 표 사신 ○○님, 앞으로 좀 나와보세요."

그러자 2층에 앉았던 한 젊은 여자가 창피해하면서 앞으로 나갔다. 가장 어두운 구석에 있던 사람을 가장 살갑게 챙겨준 것이다. 사실 제일 먼저 표를 산 사람은 안 챙겨도 상관없다. 몇 달 전부터 콘서트를 기다렸을 열성 팬일 테니 말이다.

"표는 대체 언제 사셨어요?"

"어제 샀는데요."

"아니, 내 표가 하루 전까지 남아 있었단 말이에요? 이거 도대체 마케팅을 한 거야 안 한 거야? (일동 웃음) 뒤늦게나마 찾아주신 ○○ 님께 감사하는 의미로 꽃다발을 드리겠습니다."

그녀는 다음 콘서트 표를 제일 먼저 살지도 모른다. 그가 2층 구석에 앉은 관객을 이토록 챙기자 콘서트 분위기가 감동으로 더욱 훈훈해졌다.

그 장면을 보면서 나도 언젠가 꼭 벤치마킹하겠다고 생각했다. 이문세 씨는 시선뿐만 아니라 그보다 훨씬 많은 걸 가르쳐주었다. 가수가 그만큼이나 하는데 스피커로서 어찌 가만 있으랴? 나는 그 뒤로 청중을 골고루 챙기고 뒤에 앉은 청중에게는 시선을 더 주도록 노력해왔다.

우리 때는 총각 교사가 여고에 처음 부임하면 대개는 학생들을 바로 쳐다보지 못했다. 60명에 달하는 여학생이 '선생님 잘생겼어요!' 하면 시선을 어디에도 두지 못하고 당황하기 일쑤였다.

내 여고시절 국사 선생님이 꼭 그랬다. 그분은 1년 내내 교실 뒤쪽만 쳐다봤다. 나중에 내가 「TV는 사랑을 싣고」에 출연해 그분을 찾았다. 나는 방송국에서 50대 중반이 된 선생님과 반갑게 해후했다. 나는 30여 년 만에야 여쭤봤다.

"선생님, 그런데 수업시간에 도대체 매일 어딜 보셨던 거예요?"

"사실은 교실 뒤에 있는 빨간 고무 쓰레기통만 봤단다."

한두 명만 바라보면 금방 사귄다고 소문이 나지, 시선 못 받은 학생들은 외면당했다고 불만이지. 쓰레기통 쳐다보는 게 가장 속 편했단다.

내가 아는 한 공직자는 시선을 여기저기 주다가 혹시라도 외면당하는 사람이 있을까봐 주로 가운데만 쳐다보며 강연했다. 그러나 청중의 평가는 혹독했다. 사람이 차갑고 정이 없다며 뒷말이 무성했던 것이다.

아무리 입으로 따뜻한 이야기를 해도 시선으로 쓰다듬지 않으면 청중은 그 따뜻함을 못 느낀다. 말할 때는 의식적으로 내 시선을 골고루 분산하려고 노력해야 한다. 그러나 안구 운동하듯 눈알만 굴려서는 곤란하다. 정서 불안처럼 보인다.

목 운동을 하듯 두리번거리면서 고개만 돌리는 사람도 천박하게 비친다. 시선을 분산할 때는 눈과 목뿐만 아니라 몸도 따라 움직여야 한다. 좌향좌 우향우 하듯 몸 전체를 돌려서 보거나 아예 움직이면서 걷는 게 좋다.

무대 왼쪽부터 오른쪽까지 혹은 앞뒤로 종횡무진 움직이면 스티브 잡스 못지않은 멋진 퍼포먼스를 연출할 수 있을 것이다.

O3 손은 제2의 목소리다

프레젠테이션은 하나의 완벽한 퍼포먼스다

사람들이 가장 어려워하는 게 손 처리이다. 어떤 유명 아나운서는 마이크를 쥐고 말할 때 손 처리가 어색해서인지 두 손으로 마이크를 꼭 쥔다. 그런데 가끔 '핀 마이크'를 쓸 때는 손을 어디에 두어야 할지 몰라 무척 곤혹스러워했다. 그의 표현에 의하면 두 손을 차라리 잘라버리고 싶단다.

사람들은 식탁에 앉아서 대화할 때는 두 손을 자유자재로 쓰다가 무대에만 서면 차렷자세로 몸이 굳어버린다. 심지어 군인처럼 다리를 45도 각도로 벌리고 양손을 허벅지에 올려놓은 사람도 봤다.

몇 달 전 한 다국적 기업의 프레젠테이션에 참가했다가 깜짝 놀란 적이 있다. 상무가 회사의 비전에 대해 프레젠테이션을 하는데 대리

가 파워포인트 자료를 대신 넘기고 있었던 것이다. 그는 가슴에 핀 마이크를 꽂고 양손을 바지 주머니에 넣은 채 걸으면서 이야기했다. 직원들은 높으신 분이라 당연하게 여겼지만 외부 손님인 내 눈에는 어이없는 광경으로 비쳤다. 그는 여기서 그치지 않았다.

"3층 기획실에서 온 사람 손들어요. 5층 영업팀에서 온 사람은?"

그는 이 질문을 손이 아니라 턱으로 하고 있었다. 나는 어이가 없었다. 그렇게 교만하고 시건방진 사람은 처음 봤다. 과연 아랫사람들이 그에게 뭘 배울까 싶었다. 다국적 기업의 임원 정도 되면 프레젠테이션이 보통 중요한 게 아니다. 할 말을 깨알같이 적은 뒤 연습까지 하며 완벽한 퍼포먼스를 준비한다. 대표적인 인물이 스티브 잡스다.

그는 애플의 CEO로 경영도 잘하지만 젊은이들 사이에서는 프레젠테이션의 달인으로 통한다. 프레젠테이션을 하기 위해 완벽한 쇼를 사전에 준비한다. 청중을 섬기는 마음이 없다면 절대로 불가능한 일이다.

손을 주머니에 넣었다는 건 '너희들이 안 들으면 어쩔 건데?' 하는 마음을 무언중 표현한 행위다. 손이 주머니 속에 있으면 움직일 수 있는 것은 턱과 얼굴, 근육뿐이다. 그런 상황에서 시선 마사지를 할까? 미소를 지을까? 그가 아무리 좋은 말을 한다 해도 몸짓 자체가 교만해서 청중들에게 부정적인 이미지를 준다.

1년 전 외국에서 오래 살다 온 한 CEO를 개인 코칭한 적이 있다. 그도 손이 문제였다. 다행히 그는 한 손만 주머니에 넣었는데 오래된 습관이라 아무리 지적해도 못 고쳤다. 그러나 한국에서는 절대로 안 통하는 게 이 자세다. 예전에 황산성 장관이 기자회견을 할 때 주머니에 손을 넣고 말했다가 난리가 난 적이 있었다.

우리나라 사람들은 몸짓 언어 가운데 다음 3가지를 좋지 않게 보는 경향이 있다. 바로 무엇을 턱으로 가리키는 행동, 손가락으로 상대를 지적하는 동작, 주머니에 손을 넣는 행동이다. 나는 결국 옷핀으로 그의 주머니를 꿰매버렸다. 다행히 극약 처방을 한 뒤에는 횟수를 줄일 수 있었다. 그 뒤로 강의 중 여러 번 넘어질 뻔했다. 습관적으로 주머니에 손을 넣다가 중심을 잃었던 것이다. 그는 그렇게 6개월 이상 옷핀을 꽂고 다닌 다음에야 주머니에 손을 넣는 버릇에서 벗어났다.

내가 아는 한 개그맨은 명사회자로 유명하다. 칠순 잔치부터 대학 행사까지 사회를 정말 많이 본다. 그런 그도 가장 어려운 게 손 처리라며 내가 손을 어떻게 쓰는지 무척 궁금했단다. 그래서 내가 강연하는 영상을 유심히 관찰했고 한 가지 특징을 발견했다고 한다. 1시간 강의하는 동안 손을 내내 가슴 언저리에 두더라는 것이다. 나뿐 아니라 스피치를 잘하는 사람들은 손이 항상 위쪽에 머문다.

보통 축사나 격려사는 강연대가 놓인 무대에서 한다. 사람들은 강연대가 있으면 손으로 짚고 말해도 된다고 생각한다. 보통 강연대 양쪽 모서리 끝을 잡는데 그러면 상체가 앞으로 기울면서 조폭 형님 자세가 된다. 굳이 강연대를 잡아야 한다면 앞쪽에다 원고와 함께 손을 단정히 두는 것이 좋다. 물론 그 손도 가만히 있으면 안 된다. 가끔 움직여줘야 한다.

"오늘 중요하게 생각할 점이 무엇인지 아십니까?"

그렇게 이야기할 때는 검지를 위로 세운다.

"여기 오신 모든 분들에게 감사드립니다."

그럴 때는 손바닥을 펴서 청중을 가리키는 식이다.

아트 스피치 강의에서는 몸짓 언어를 연습할 때 제스처를 넣어야 할 부분을 표시한 다음 연습하게 한다. 연습 장면을 동영상으로 찍어 보여주면 다들 어이없어 한다. 대개 말과 손동작의 박자가 맞지 않아서다. 손동작을 별로 하지 않는 사람은 영 어색하게 보인다. 몸치가 춤을 처음 배우는 것과 똑같다. 특별 처방이 필요하다. 허밍(입술을 다물고 음성으로만 말하는 것)으로 스피치 원고를 읽게 하는 것이다.

"나는 오늘 여러분을 사랑하는 이유 3가지를 말씀드리겠습니다. 첫째, 여러분은 10년간 우리 회사를 위해 헌신했습니다. 둘째, ……."

허밍으로 읽는다고 상상해보자. 억양은 살아 있으나 뜻은 제대로 전달할 수 없다. 따라서 저절로 손을 쓸 수밖에 없다. 실제 많은 수강생들이 '나는'을 표현할 때 손으로 자신을 가리키고 '사랑하는'을 말할 때는 양 손바닥을 펼쳤다.

마치 마임을 하듯 몸을 움직이면서도 손은 허리 밑으로 내리지 않았다. 그렇게 몇 번 연습한 뒤 말하게 했더니 마치 어둠 속에서 광명을 찾은 듯 기뻐했다.

다음부터는 어떤 이야기를 해도 자연스럽게 손이 살아서 춤추기 시작했다. 이번에는 손을 주머니에 넣고 입으로만 표현하라고 했다.

"원장님, 손을 안 쓰니까 무척 답답하네요."

"이제야 실감이 나세요? 그동안 청중은 얼마나 답답했겠어요?"

손을 사용하면 전달 효과가 2배 이상 높아진다

말할 때 손을 사용하면 말만 할 때보다 전달 효과가 2배 이상 높아진다. 똑같은 말도 주머니에 손을 넣고 말하면 청중의 귀에 잘 안 들리고 몰입도 안 된다.

원고를 읽을 때 손이 허리 아래로 내려오는지 어떤지 한 번 살펴보자. 콘텐츠에 걸맞게 셀프 지휘를 해보는 것이다. 자주 연습하면 손이 말보다 메시지를 훨씬 더 강하게 전달한다는 사실을 깨달을 것이다.

손 못지않게 어깨, 등, 허리, 다리 등도 어떻게 움직여야 할지 고민이다. 나는 어깨는 많이 안 쓰는데 허리는 자주 쓰는 편이다. 특히 강조할 부분에서는 마치 오케스트라 지휘자처럼 청중을 향해 허리를 숙이고 손을 뻗으면서 말한다. 이 자세로 말하면 허리를 꼿꼿이 세울 때보다 메시지가 훨씬 멀리 나아간다.

스피치는 서비스 정신이 있어야 합니다. 여러분, 서비스 정신을 가지려면 굉장한 노력이 필요해요. 서비스 정신이 있으면 청중이 나를 다르게 볼 겁니다. 그들이 내게 먼저 다가올 거예요.

그 이야기를 청중에게 한다고 가정해보자. 표정을 짓고 시선을 처리하며 손짓 언어를 사용하고 동시에 허리까지 구부려보자. '그들이'부터 '다가올 거예요'까지 허리를 굽힌다. 이때 청중은 '스피커가 이 부분을 특히 강조하는구나.' 하고 눈치를 챈다.

어느 날인가 어머니에게서 문자가 왔다.

"미경아, 그만 숙여. 너 속옷 보인다."

그날따라 가슴 팬 옷을 입었는데 상체를 깊이 숙이다 보니 그만 실수한 것이다. 그날 이후 녹화할 때는 신경 써서 의상을 고르게 됐다. V자로 깊게 팬 옷은 절대 안 입는다.

몸짓 언어는 콘텐츠와 잘 맞아떨어져야 한다. 내용은 느긋한데 손이 너무 빨리 움직인다거나 내용은 중요하지 않은데 자꾸 허리를 숙이면 곤란하다. 청중이 부담스러워하니 말이다.

나는 어디를 가든 강연대 뒤에서 말하는 경우가 거의 없다. 강연대 위로 가슴만 드러내며 말하면 콘텐츠 전달 효과가 반 이상 떨어진다는 걸 알기 때문이다. 잘 아는 지인이 몇 년 전에 고위직으로 취임했다. 내가 축사를 맡았다. 그날 공무원들이 무대 중앙에 큼직한 강연대를 갖다 놓았다. 마이크는 내 키에 비해 너무 높게 설치돼 있었다.

"원장님, 발판이 필요하시죠?"

"아니, 괜찮아요. 어차피 저는 강연대 안 씁니다."

자리가 자리인지라 분위기는 매우 엄숙했다. 그래서 일단 강연대에 선 뒤 청중에게 양해를 구했다.

"오늘 취임하신 분을 비롯해 여러분께 더 가까이 가고 싶은데 강연대에서 내려와도 될까요?"

사람들이 고개를 끄덕이며 허락했다. 나는 마이크를 들고 밑으로 내려와 걸었다. 청중은 내게서 신선한 충격을 받은 듯했다. 당연히 다들 내 말에 집중했다.

스피커 중에는 일명 '본드 걸' '본드 맨'들이 부지기수다. 본드로 몸을 바닥에 붙인 것처럼 한 발짝도 안 움직이는 사람, 다리는 딱 붙이고 군가 부르듯 몸만 좌우로 흔드는 사람 등을 이르는 말이다. 물론 부동자세도 필요하다. 신중하게 말할 때는 가만히 서서 이야기하는 게 더 효과적이다. 그러나 대부분의 경우에는 천천히 걸으면서 시선 마사지를 하는 게 좋다.

"자, 여러분 저와 함께 이런 생각을 한 번 해보면 어떨까요?"

이 이야기는 사색하듯 천천히 두세 발짝 걸으며 하면 효과적이다. 스피커가 걷기 시작하면 청중은 그를 매우 편안하게 받아들인다. 스피커가 얼굴 표정은 물론 손, 허리, 다리까지 움직이면서 온몸을 이용해 스피치를 하면 모든 콘텐츠가 청중에게 그대로 전달된다.

그런데 보통은 어떤가? 대개 웬만해서는 잘 움직이지 않는다. 아트 스피치에 등록하는 수강생들은 어쩌면 하나같이 본드 걸, 본드 맨 들인지.

나는 답답한 마음에 스피치 댄스를 만들었다. 스피치에서 자주 쓰는 손, 다리, 허리, 표정 등을 총망라해 춤을 개발한 것이다. 영화 「록키」의 배경음악이 나오면 수강생들은 일제히 춤을 추기 시작한다. 오른쪽으로 3번, 왼쪽으로 3번 걷는 것부터 해서 허리를 구부렸다 펴거나 주먹을 쥐었다 펴는 동작 등을 연습한다.

수업 전에는 스피치 댄스를 필히 연습한다. 처음에는 어색하나 한 달 정도 지나면 몸짓이 자연스러워진다. 시간이 더 흐르면 몸짓 언어가 없는 스피치는 스피치가 아니라고 생각할 정도가 된다.

아트 스피치 강의에 새로운 기수의 수강생들이 들어오면 이전 기수의 임원들이 축하 인사를 하는 시간이 있다. 그때 신입생들은 선배들의 자연스런 몸짓 언어에 다들 놀란다.

"제스처가 아주 자연스러워요."

"스피치 댄스 덕이죠. 여러분도 곧 배우실 거예요."

그러면 신입생들은 흥분하며 기대한다. 놀라운 효과를 직접 봤기 때문에 꾀를 부리지 않고 열심히 연습한다. 처음 배울 때는 누구나 몸짓 언어에 어색하게 군다. 그러나 다들 연습하면 제스처 없이는 제대로 말할 수 없다는 걸 깨닫는다. 제대로 된 몸짓은 제대로 된 언어보다 청중에게 훨씬 효과적으로 콘텐츠를 전달하기 때문이다.

▲ 한 손을 펼쳐 올린 제스처
희망적인 미래를 이야기할 때 적절하다.

▲ 오바마의 트레이드마크인 과감한 인사 제스처
청중이 대규모일 때 적절하다.

▲ 두 팔을 크게 벌린 제스처
포용과 화합의 제스처로 분위기를 밝게 만든다.

▼ 오바마가 가장 즐겨 쓰는 제스처
편안하게 설명할 때 부드러워 보인다.

▲ 검지손가락을 강하게 들어올린 제
스처
강력한 의지를 표명할 때 쓴다(주먹
을 쓰는 것보다 덜 공격적이면서도 강
력하다).

사진_연합뉴스 제공

04 무대 위에서는 로커가 돼라

비언어적인 요소가 진실을 말한다

사람은 눈빛, 표정, 손짓, 분위기 등 비언어적인 요소로 말의 진실성을 파악한다. 특히 여자들은 비언어적인 요소에 더 민감하다. 말 못 하는 아기가 얼굴을 찡그리고 허우적거리면 영락없이 기저귀에 똥을 싼 거다. 엄마들은 그런 걸 귀신같이 안다. 회사에서도 남자들은 주로 말에 신경 쓰지만 여자들은 비언어적인 요소에 더 주목한다.

"아까 김 대리 잘난 척하는 표정 봤지? 완전 밥맛 아니니?"

그런 남녀 차이는 곧잘 부부싸움으로 이어지곤 한다. 특히 비언어적 요소 중에는 '공간 언어'라는 것이 있다. 상대방과의 공간이 곧 그 사람과의 관계를 대신 말해준다. 항상 소파에서 아내의 무릎을 베고 텔레비전을 보던 남편이 어느 날 소파 끝에 앉아 있다. 그럼 아내는 바로 불안해진다.

"당신, 왜 거기 앉아 있어?"

"뭐, 그냥 앉은 건데. 앉는 것 가지고도 뭐라고 하냐?"

"요새 나한테 왜 이래?"

10센티미터도 안 되던 거리가 갑자기 1미터 이상 벌어졌다면 남편 심중에 무슨 변화가 있다는 증거다. 적어도 무심해진 것이다. 남편은 공간 언어로 아내에게 시비를 건 것이나 마찬가지다. 부부 사이에 최고의 시비는 '각방 쓰기'이다.

공간은 사람에게 많은 걸 말해준다. 때로는 사랑을 속삭이기도 하고 때로는 시비를 걸기도 한다. 이제 막 만남을 시작한 연인들은 서로 마주 보고 앉는다.

조금 가까워지면 대각선 방향으로 앉고 관계가 무르익으면 옆자리에 나란히 앉는다. 서로 암묵적으로 공간 언어에 동의한 것이다. 뜨겁게 달아오를 때는 서로를 30센티미터 안에 두지 못해 안달한다. 코가 부딪칠 정도로 얼굴을 맞대고 아무도 없으면 껴안는 등 기회만 되면 공간을 좁히려 한다.

마음이 멀어지면 공간도 멀어진다. 한창 사귈 때는 여자를 무릎에 앉히지만 헤어질 때가 되면 가운데에 두 명을 앉히고도 남을 만큼 멀리 떨어져 앉는다. 마음이 멀어지면 몸과 몸 사이에 공간이 커지는 법이다.

공간이 말을 한다

나는 강연을 하면서 청중과 빠르게 친밀해지는 공간이 있는가 하면 오히려 멀어지는 공간이 있음을 알게 됐다. 내가 강연대를 좋아하지 않는 것도 이 때문이다. 청중은 강연대를 일종의 벽으로 느낀다.

강연장에 가면 교육 담당자들이 VIP실에서 기다리라고 한다. 기업 대표나 고위 공무원 등을 만나기 전에 일단 대기하라는 것이다. 그러나 나는 항상 강연장을 먼저 보겠다고 요구한다. 공간을 모르면 내 말이 막히거나 허공에 뜰 수 있다. 강연장에 들어가면 몇 명이 앉는 자리인지 공간 배치는 어떻게 돼 있는지 확인한다.

500석 자리에 100명이 띄엄띄엄 앉아 있기도 한다. 더구나 앞자리 몇 줄은 텅 비워놓는 경우도 많다. 특히 공무원 대상 강연이라면 공간에 더욱 신경 써야 한다. 공무원 조직일수록 단상이 높다. 단상이 공연 무대처럼 높고 강연대까지 갖춰져 있으면 나와 청중 사이에 엄청난 거리감이 생긴다. 물론 마이크가 있어 말은 들리겠지만 공간 언어가 부정적으로 작용할 수밖에 없다. 대개는 마이크 없이 육성으로 앞에서 10줄 혹은 20줄까지 말이 전달돼야 적당한 공간이다.

그때 먼저 할 일은 강연대부터 없애는 것이다. 아니면 아예 활용하지 않는다. 그리고 자리를 다시 구성한다.

"지금부터 맨 앞자리부터 다시 채우겠습니다. 뒤에서 10번째 줄까지 앞으로 나와주세요."

사회자가 해봐야 소용없는 말이다. 강사가 직접 해야 한다. 그냥 말로만 해서는 안 된다. 책이나 사인 등 나름대로 인센티브를 주어야 한다. 자리를 다시 배치하는 것은 번거롭고 귀찮은 일이다. 그러나 2시간 내내 서로 말을 못 알아듣는 것보다 처음 5분간 불편한 게 훨씬 낫다. 청중을 내 품에 쏙 들어오게 해야 제대로 말을 할 수 있으니 말이다.

첫 인사는 무대에서 하는 것이 좋다. 강연이 본격적으로 시작되면 어느 한순간을 포착해 마이크를 들고 무대에서 내려와 움직이는 연출도 해보자. 그러나 계단식 극장이면 상관없지만 바닥이 평평한 구조면 뒷사람이 제대로 볼 수 없으니 어쩔 수 없이 무대에서만 이야기할 때도 있다.

기본적으로는 무대 위에 서서 강연을 이끌어간다. 하지만 가끔 특히 청중이 졸 때는 강연장 전체를 전후좌우로 움직이면서 말하는 것이 효과적이다. 가수들이 앙코르를 받은 뒤에 객석으로 내려와 노래하는 것처럼 청중 사이를 왔다 갔다 하면서 움직인다. 그러면 사람들이 강사를 쳐다보느라 졸 틈이 없다.

내가 강당 뒤까지 걸어갈 때는 이유가 있다. 챙겨야 할 사람이 있어서다. 집에 무슨 우환이 있는지 표정이 안 좋은 사람에게 "안 그래요? 그렇죠?" 하면서 등을 툭 친다. 그러면 그 사람의 표정이 금방 좋아진다. 모든 청중은 자신을 드러내고 싶어 하기에 관심을 받았다고 생각하면 태도가 바뀐다.

"제가 문제를 낼 테니 맨 뒤에 있는 분 말씀해주세요."

관심을 보인답시고 멀리 있는 사람에게 더 멀리 느끼게 하는 질문을 해서는 곤란하다. 질문을 할 때는 마이크를 들고 질문자에게 가는

것이 옳다. 옆에 다가가 마이크를 직접 입에 대주고 질문하면 청중은 행복해하면서 열심히 대답한다. 다음에는 "이번엔 이쪽으로 가볼까요?" 하면서 텔레비전 토크쇼 하듯 마이크를 잡고 움직인다. 그런 방식으로 맨 뒤에 앉은 청중들까지 챙기는 것이다.

김장훈 콘서트에서 생긴 일이다. 시작과 함께 어디선가 노래가 흘러나왔다. 당연히 무대 위라고 생각했는데 막이 열려도 그가 보이지 않았다. 조금 뒤 김장훈 씨는 예상을 뒤엎고 뒷문에서 나와 객석 사이 좁은 통로를 노래하며 내려왔다. 팬들은 예상한 공간 언어가 깨지자 열광적으로 박수를 치며 환호했다.

나도 가끔 무대 뒤나 옆에서 걸어 나갈 때가 있다. 복도에 있다가 사회자가 프로필을 읽을 때 뒷문을 열고 등장하면 효과 만점이다. 보통 강사들은 맨 앞줄에 VIP와 함께 있다가 무대 옆 커튼 뒤에서 등장하곤 한다. 일반적인 방식이지만 청중이 보기에는 식상하게 느낄 수 있다. 커튼 뒤에서 신비스럽게 나오는 것은 트로트 가수에게 어울릴지 모른다. 하지만 나처럼 청중과의 친근감이 먼저인 사람들에게는 적합하지 않다. 말로 소통하는 것이지 히트곡으로 소통하는 게 아니기 때문이다.

내게 맞춰 친근감을 나타내는 공간 언어를 최대한 긍정적으로 계획하고 연출하는 일도 중요하다. 내가 청중에게 말을 걸기 전에 이미 공간이 먼저 말을 걸고 있다는 점을 잊지 말자. 충분치 않다면 뒤늦게라도 바꿔야 한다.

연말에 콘서트 갔을 때의 일이다. 이번에도 가수가 어디에선가 노래를 불러서 김장훈 씨 때처럼 뒤에서 나오는 줄 알고 목이 빠져라 돌아봤는데 1절이 끝나도 나타나지 않았다. 당황해하는 찰나 갑작스레 스포트라이트가 한 관객을 비췄다. 그는 객석에 앉아서 노래를 부른 것이다. 주변 관객에게 미리 양해를 구해 감쪽같이 연출했단다. 스포트라이트와 함께 객석에서 걸어 나오는 가수에게 관중은 홀딱 반해버렸다. "나는 여러분과 함께합니다."를 이미 공간 언어로 다 말한 것이다. 그걸 보며 언젠가 기회가 되면 한 번 해보리라 결심했다.

　그런 방식은 CEO들에게도 적합하다. 신년사를 할 때 커튼 뒤에 숨어 있다 나오지 말고 직원들 사이에 조용히 앉아 있어 보자. 미리 짠 각본대로 스포트라이트가 비추면 자리에서 일어나 이렇게 말하는 것이다.

　"여러분 한 해 동안 고생하셨습니다. 여러분에게 감사와 칭찬의 말씀을 드리려 이 자리에 섰습니다. 저와 함께 회사를 키워온 건 바로 여러분입니다. 지금 저는 여러분과 함께 있는 게 무척 행복합니다."

　바로 기립 박수를 받을 것이다. CEO의 스피치도 친근감이 가장 중요하다. 강연을 오래 하다 보면 이 회사가 권위적인지 아닌지를 공간으로 확인할 수 있다. 권위적인 조직은 사장이 맨 앞줄에 앉는다. 그 옆에 좌청룡 우백호처럼 임원들이 버티고 있는데 꼭 직급대로 앉는다. 심지어 늦게 들어온 직원 이름 적으려고 보초를 세우는 회사도 있다. 어떤 곳은 사회자가 무대 옆 사회자 강연대에서 한 시간 동안 꿈쩍도 안 한다. 내 입장에서는 자꾸 신경 쓰이고 짜증 난다. 그럴 때는 한 마디 안 할 수 없다.

"아직도 거기 계셨어요? 끝날 때 꼭 부를 테니까 걱정 마시고 어서 들어가세요."

반면 소통을 중요하게 생각하는 사장들은 청중 사이에 섞여 있다. 사장 찾는 데 한참 걸릴 때도 있다. 평등한 소통을 원한다면 말할 때뿐만 아니라 들을 때도 평등해야 한다.

나는 수년 전 최고의 공간 언어를 경험했다. 수원에 강의를 하러 갔을 때다. 300명을 수용하는 강당에 500명이나 몰렸다. 주최 측은 난감해하며 앉을 자리가 없으니 돌아가라고 했다. 내가 보기에는 여분의 공간이 많았다. 그래서 가운데 통로와 단상 밑의 공간에 신문지를 깔고 사람들을 앉혔다. 그러고도 60~70명이 서 있었다. 나는 그들에게 앞으로 나오라고 했다. 처음에는 쑥스러워서 아무도 안 나왔다. 그럴 때는 꼭 집어 말하는 게 상책이다.

"거기 빨간 셔츠 입으신 분, 이리 나오세요. 친구들하고 같이 오셨어요? 선물 드릴 테니까 함께 앞으로 나오세요."

결국 그들은 무대에서 나를 가운데 두고 빙 둘러앉았다. 나는 사람들에 둘러싸인 채 강연했다. 청중들이 뿜는 뜨거운 에너지를 느끼면서 한 강연은 두고두고 잊을 수 없었다. 그날 그곳은 내가 만든 최고의 공간이었고 강연은 최고의 공간 언어였다.

누구나 살다 보면 즉석 스피치를 해야 할 상황과 맞닥뜨린다.
언제 어디서 마이크가 날아올지 모른다.

Part 6
Standing Speech
스탠딩 스피치

OI 자기소개

스피치는 상황에 따라 크게 스탠딩 스피치standing speech와 싯다운 스피치sit-down speech로 나뉜다. 스탠딩 스피치는 자기소개, 강연, 연설 등 대중 앞에서 하는 공공 스피치를 말한다. 싯다운 스피치는 앉아서 하는 대화를 가리킨다. 여기에는 모임에서 식사를 하면서 하는 런치 토크, 디너 토크, 차 마시면서 하는 대화, 식탁에서 가족과 하는 대화 등이 포함된다.

보통 사람들은 싯다운 스피치에 별 부담을 느끼지 않는다. 특히 주부들은 기본적으로 싯다운 스피치의 달인들이다. 매일 친구들과 수다를 떨기 때문이다.

"어머, 철수 엄마는 어쩜 그렇게 말을 잘해? 나가서 강의해봐."

그러나 내로라하는 철수 엄마도 녹색 어머니회에서 자기소개를 하려니 긴장한다. 왜 그렇게 사람들 앞에만 서면 머릿속이 하얗게 변하는지, 어떤 말을 처음에 하고 나중에 해야 하는지, 얼마 동안 이야기해야 적당한지, 또 자세는 어떻게 취해야 하는지 모든 게 어색하기만 하다.

스탠딩 스피치는 일단 자리에서 일어나는 순간부터 온전히 자기만의 시간이 주어진다. 싯다운 스피치처럼 누군가 끼어들거나 질문하지 않는다. 그래서 말을 자유롭게 할 것 같지만 오히려 반대다. 자유가 통제된다. 스탠딩 스피치에서는 1분도 긴 시간이다. 그 긴 시간을 혼자서 말해야 하니 부담스러운 것이다.

누구에게나 스탠딩 스피치를 하는 순간이 있게 마련이다. 특히 자기소개는 스탠딩 스피치의 필수과목이다. 사회생활을 하는 직장인은 물론이고 가정주부도 반상회, 학부모 모임, 봉사 활동 등에서 한 번쯤은 자기소개를 하니까 말이다. 꼭 공식 모임이 아니더라도 회식이나 술자리 도중 느닷없이 누군가를 지목해서 자기소개를 강요하기도 한다. 대개는 마지못해 자기소개를 하는데 대충 이렇다.

"안녕하세요. 만나서 반갑네요. 이 모임에 제가 들어올 수 있게 돼서 기쁘게 생각하구요. 쑥스러워서 말을 못 하겠는데 앞에 나오니깐 더 떨리네요. (몸을 비비 꼬면서) 아무튼 오늘 모임이 잘됐으면 좋겠고요. 만나서 반갑습니다."

어떤 사람은 만나서 반갑다는 말만 대여섯 번 반복한다. 자기소개에 정작 자기는 통째로 빠진 것이다. 어떤 사람은 자기가 어디서 태어났는지, 지금 뭘 하는지, 회사 자본금은 얼마인지, 가족 관계는 어

떻게 되는지 구구절절 이야기한다. 자기소개 하는데 자신의 온갖 히스토리를 이야기하는 걸로 착각한다. 그렇게 1분 이상 이야기하면 아무도 안 듣는다.

심지어 자기소개 시간에 사회를 보는 사람까지 있다. 오지랖 넓은 행동이다.

'오늘 이 자리에 모인 여러분, 마음껏 즐기시고 마음 터놓고 대화하세요. 이 자리는 여러분을 위해 만든 특별한 저녁입니다.'

이러면 첫 만남부터 시건방진 인상을 심어주게 된다.

자기소개는 첫인상을 형성하는 기초자료다

자기소개를 통해 말하는 사람의 성품과 일에 대한 프로 의식까지 엿볼 수 있다. 그만큼 자기소개는 스탠딩 스피치에서 가장 신경 써야 하는 스피치다.

우리는 지금까지 자기소개를 제대로 배우지 못했다. 어린 시절을 한 번 떠올려보자. 우리는 여러 학교 학생이 모인 여름 캠프에서 자기소개를 이렇게 했다.

"안녕하세요? 저는 ○○초등학교 6학년 1반 김철수입니다."

소속과 이름을 말하면 더 이상 할 말이 없다. 중고등학교로 올라가도 마찬가지다. 자기소개가 무엇인지 제대로 배우지 못한 사람은 30대 과장이 돼서도 초등학교 6학년 때와 똑같이 말한다. 말 잘하는 사람은 그나마 길게 말하고 그것도 아니면 항상 '만나서 반갑습니다.'

로 끝낸다. 그 정도로 우리의 스탠딩 스피치 실력은 막 걸음을 뗀 수준밖에 안 된다.

자기소개는 몇 가지 기본기만 알아도 확실히 달라질 수 있다.

시간을 지켜라

음악은 장르에 따라 대체로 시간이 정해져 있다. CM송은 30초를 넘겨서는 안 되고 가요는 길어야 4분 30초다. 그 시간을 넘기면 사람들이 지루하게 생각한다. 자기소개는 동요와 비슷하다. 1분에서 1분 30초를 넘겨서는 안 된다. 자기소개를 뮤지컬로 했다가는 몰매 맞는다. 그러나 상황을 보면서 시간을 조절하는 센스도 필요하다.

식사 모임에서 20명이 자기소개를 한다면 각자 1분씩 하면 총 20분이고 3분씩 하면 60분이다. 음식을 앞에 놓고 기다리는 것처럼 고역은 없다. 그때는 무조건 1분씩 시간을 지켜줘야 한다. 그러나 초과하는 사람이 한둘은 있다. 자기소개는 일반적으로 1분 30초 내 끝내야 한다. 시간 초과는 타인의 시간을 뺏는 무례한 짓이다. 반드시 명심하자.

스톱워치를 앞에 놓고 1분 동안 어제 겪은 일들을 이야기해보자. 생각보다 긴 시간일 것이다. 1분 안에 무조건 할 말을 다해야 한다.

자기소개는 길어도 문제지만 짧아도 좋지 않다. 어떤 사람은 소속과 이름만 밝히고는 '좋은 시간이 됐으면 좋겠습니다.'로 끝낸다. 이는 내키지 않는 모임에 참석한 듯 무성의한 인상을 준다.

1분 내지 1분 30초라는 시간을 지키기 위해서는 몸이 시계가 되는 훈련을 해야 한다. 1분은 10포인트 글자 크기로 A4 반 분량을 보통 속도로 읽을 때 걸리는 시간이다. 10번만 해보면 몸이 시간의 길이를 체득한다. 중요한 건 자기소개를 성의 있게 준비하려는 마음가짐이다.

1시간 분량 강연안을 짜듯 콘텐츠 구조를 짜라

1시간 강연이라고 하면 '그렇게 긴 시간 동안 어떻게 말하느냐?'고 벌벌 떤다. 그런데 1분 30초짜리 자기소개라면 '대충 생각나는 대로 이야기하면 되지.' 하다가 일을 망친다.

짧은 CM송 작곡이 훨씬 힘들 듯 원래 짧은 스피치일수록 더 어렵다. 1분이지만 1시간과 맞먹는 콘텐츠 구조를 짜야 한다. 일반적으로 '이름 소개-모임과의 연관성-본격적인 자기소개(에피소드로 포장)-에피소드 하나-마무리 멘트'가 적당하다.

흔히 저지르는 실수 중 하나가 자기소개에 자기를 빠뜨리는 것이다. 이 모임에 왜 왔는지 주최자와 어떤 관계인지 얼마나 즐거운지 등 다른 건 다 챙기는데 정작 자신에 대해서는 이름만 밝히고 만다. 심지어 어떤 사람은 이름 말하는 것도 잊고 제자리로 들어가서야 큰 소리로 "참, 제 이름은 ○○○입니다." 하기도 한다. 100명 중에 10명이 이렇다.

자기소개에는 처음부터 자기 이름을 분명히 밝혀야 한다.

"안녕하세요? 저는 어디의 ○○○입니다."

이 정도면 적당하다. 이때 회사나 이름 앞에 형용사구로 꾸미면 자기소개의 격이 달라진다.

"안녕하세요? 저는 스피치 강사이면서 스피치 연구도 하는 아트 스피치 연구원의 원장 김미경입니다."

"안녕하세요? 저는 30년간 우리나라 굴뚝 기업의 수장으로서 살아온 ○○○입니다."

"안녕하세요? 신발을 만들어 해외에 수출하는 ○○상사의 ○○○ 입니다."

형용사구를 붙여 자신을 귀띔해주면 사람들은 호기심을 가지고 몰입한다. 사람들이 안으로 들어오도록 마음의 문을 열어주는 것과 같다.

그 다음에는 모임과 나와의 연관성을 이야기해줘야 한다. 사람들이 그것만큼은 잘 빠뜨리지 않는다. 그러나 진부하다는 게 문제. 몇 년 전 S그룹 회장이 주최하는 모임에 간 적이 있다. 20명 정도가 모여서 간단하게 자기소개를 했다. 그때 나는 그 회장과의 인연에 대해 이렇게 이야기했다.

"제가 얼마 전 이 회사 조찬 모임에서 여성 마케팅을 주제로 강연했습니다. 거기서 저는 회장님에게 한눈에 반해버렸어요. 참석자들 대부분은 앞자리에 폼만 잡고 앉았는데 회장님은 열심히 필기를 하시더군요. 나중에 알고 보니 회장님이 제게 더 호감을 가지셨더라고요. 그게 좋은 인연으로 이어져 오늘 이 자리까지 오게 됐습니다."

그때 유머를 섞으면 더 좋을 것이다.

모임과의 연관성을 밝혔다면 그 다음은 본격적인 자기소개로 들어간다. 여기서 중요한 건 주제다. 짧은 시간 안에 이야기하려면 선택과 집중을 잘해야 하기 때문이다. 자기소개에서 가장 나쁜 건 말 그대로 자기소개만 하는 것이다.

본격적인 자기소개에서는 자신을 가장 잘 표현해줄 만한 에피소드 하나를 곁들인다. 사람은 누구나 자신을 나타내는 상자 10개 정도는 가지고 있다. 나도 스피치 전문가로서의 김미경, 세 아이의 엄마로서의 김미경, 기업 CEO로서의 김미경 등 여러 개의 상자가 있다. 여기에서 모임 성격에 맞는 상자 하나를 여는 것이다.

가끔 엉뚱한 상자를 여는 사람들이 있다. 기업인 모임에서 만난 한 CEO는 자기 아들 유학 이야기만 3분 동안 했다. 심지어 성적이 낮은 자녀가 있으면 자기한테 유학 상담하라는 말도 덧붙였다. 도피성 유학의 실체만 드러낸 셈이었다.

만약 내가 주부 모임에서 자기소개를 할 때 회사 대표로서 느끼는 고뇌를 말하면 어떻게 될까? 대번에 잘난 척한다는 뒷말이 나올 것이다. 아이 키우는 엄마로서의 고충을 이야기하며 나를 소개해야 청중이 공감할 것이다.

자기소개는 단순히 내가 누구인지 밝히는 게 아니라 모임 성격에 맞는 자기소개 한 상자를 선물함으로써 서로 소통하게 만드는 물꼬라 할 수 있다. 그리고 자기소개의 최종 목표는 다음에 또 만나고 싶다는 인상을 주는 것이다.

얼마 전에 한 국회의원의 생일 파티에 초대 받았다. 지인들이 수십 명 모였다. 다들 학식과 재력을 갖춘 사람들이었다. 그러나 화려한 이력에 비해 자기소개를 제대로 못 하는 사람들이 아주 많았다. 그중 제일 한심한 사람은 이랬다.

"저는 ○○○인데요. 얼마 전에 갤러리 오픈했는데 놀러 오세요."

그 갤러리가 뭐 하는 곳인지 어디에 있는지 아무런 정보도 주지 않고 밑도 끝도 없이 놀러 오라는데 어이가 없었다.

또 비즈니스 모임에서 자기 회사 매출이 얼마인지, 마케팅은 어떻게 하는지, 어느 사이트에서 물건을 살 수 있는지 말하는 사람들이 있다. 홍보도 중요하지만 노골적으로 광고하면 알 만한 처지에 서로 낯 뜨겁다.

자기소개를 잘하는 사람은 확실히 대화도 잘한다. 자기소개를 마구잡이로 하는 사람은 대화도 서툴다. 뿐만 아니라 대화의 상대로 선택 받기도 힘들다. 20명이 모인 저녁 식사 자리라면 2시간 동안 밥 먹으면서 대화하는 사람은 불과 5~6명에 불과하다.

사람들은 자기소개가 불분명하거나 인터넷 사이트를 알려주며 접속하라는 사람과는 거리를 둔다. 부담스럽기 때문이다. 자기소개는 내 전부를 보여주며 사람들에게 전폭적인 공감을 얻자는 게 아니다. 가볍게 공개해 함께 어우러질 실마리를 제공하는 것이다. 자기소개에 부담을 느껴 모든 이야기를 하려고 하면 청중은 더 부담스럽다.

모임에 맞는 자기소개 상자를 골랐으면 이제는 에피소드로 포장할 차례다. 나는 학부모 모임에 가서 앞서 언급한 우리 어머니의 가짜 태몽을 생생하게 들려주곤 한다.

"저는 자식 잘되기를 바라는 엄마가 낳은 열정의 산물입니다. 여기에 오신 엄마들도 똑같은 마음일 텐데요. 오늘 이 모임이 우리 아이들에게 좋은 교육 환경을 조성하는 계기가 됐으면 좋겠습니다."

기독교 CEO 모임에서 만난 한 여성 CEO는 젊은 시절 중국에서 선교한 이야기를 들려주었다. 중국 당국의 감시를 피해 선교 활동을 하느라 여간 힘든 게 아니었단다. 그녀가 담담하게 회상하자 참석자들은 고개를 절로 끄덕였다. 그녀는 에피소드를 통해 모임에 참석할 만한 사람이라는 검증을 받았다. 자기소개를 어떻게 하든 모임에 참석할 자격이 있음을 스스로 보여줄 필요가 있다. 그러자면 에피소드를 하나 준비하면 좋다.

이제 마무리 멘트. 여기에는 전체 화합을 유도하는 말이 적당하다. 모임의 성격과 목적을 다시 한 번 상기하면서 '나도 일조하겠다' '함께 만들어가자' 같은 애정과 격려의 말을 하면 무난하다. 그런데 자기소개를 더 멋지게 할 방법은 없을까?

취미를 활용해 퍼포먼스를 연출하라

얼마 전에 알게 된 한 CEO는 무대에 나가 자기소개를 이렇게 시작했다.

"오늘 처음 뵙는 분들도 있고 아는 분도 많은데 자기소개 겸 오랜

만에 만난 인사로 제가 1년간 열심히 배운 걸 보여드려도 되겠습니까?"

그는 사람들이 박수로 호응하자 피아노 앞에 앉아 이브 몽땅의 「고엽」을 연주했다. 독수리 타법으로 하는 연주였지만 멜로디는 살아 있었다. 나이 많은 CEO가 갑자기 피아노 연주를 하니 다들 감탄했다. 그는 연주를 마친 뒤 마이크를 잡고 이렇게 말했다.

"제 피아노 선생님은 아내입니다. 나이 오십이 넘어서 아내에게 피아노를 배워보니까 참 새롭고 뭐든 할 수 있겠다는 자신감이 생기더군요. 앞으로도 매년 새로운 목표를 정해 도전하고 정복하기로 마음먹었습니다. 여러분도 한 번 도전해보세요. 인생이 살맛 납니다."

그는 연주와 자기소개로 숨겨두었던 인품과 매력을 한껏 발산했다. 자기소개를 퍼포먼스식으로 하면 청중에게 신선한 첫인상을 남기게 된다.

O2 즉석 스피치

즉석 스피치는 세상에서 가장 공포스러운 스피치다. 어떤 모임에 밥만 먹는 줄 알고 갔는데 갑자기 웬 남자가 다가와 귀에 속삭인다.

"대표님, 죄송하지만 식사하시고 잠깐 무대에서 한 말씀 해주시죠."

그런 이야기를 들으면 제아무리 카리스마 있는 사람도 움찔하게 돼 있다. 열에 아홉은 안 한다고 손사래 친다. 마지못해 수락하면 갑자기 입맛이 뚝 떨어진다.

여러 행사를 다니다 보면 종종 긴급 상황을 목격하게 된다. 한 번은 기업 창립기념식에 갔는데 한 말씀 하기로 한 사람이 불참했다. 팀장이 여러 사람에게 부탁했지만 다들 고개를 가로저었다. 정 안 되면 건배사라도 해달라고 간청했지만 그것조차 하겠다는 사람이 없었다.

결국 빌다시피 해서 간신히 한 분이 건배사만 했다. 그 정도로 즉석 스피치는 모든 사람들이 부담스러워한다.

준비 없이 갔는데 갑자기 스피치를 해달라고 하면 일단 아무 생각이 안 난다. 무슨 말을 해야 할지 우물쭈물하다가 '만나서 반갑습니다'만 3번 하고 내려오는 사람도 있다. 가만 있으면 중간은 갈 텐데 괜히 나섰다가 행사에 민폐 끼치고 이미지만 나빠지기 십상이다.

그러나 누구나 살다 보면 즉석 스피치를 해야 할 상황과 맞닥뜨린다. 언제 어디서 마이크가 날아올지 모른다. 그런데 사람들은 즉석 스피치는 그렇게 겁내면서 즉석 노래는 잘한다. 모임에서 갑자기 노래를 시키면 말로는 "에이 뭘, 딴 사람 시켜." 하면서도 머리로는 이미 곡목을 생각하고 있다. 리모컨 들고 누군가 다가오면 "부산 갈매기!"라고 즉석에서 제목이 나간다. 심지어 노래방에서 하도 불러 번호로 이야기하는 사람도 있다. 즉석 노래는 많이 당해봐서 평소에 만반의 준비를 해놓은 것이다.

공적인 행사에서의 축사

젊었을 때는 스탠딩 스피치에 대한 부담이 비교적 덜하다. 젊었을 때는 직급이 낮다 보니 이야기할 기회가 많지 않다. 공식적인 스피치는 윗분들이 주로 한다. 그러나 술도 피할 수 없는 자리가 있듯 말도 피해갈 수 없는 자리가 있다. 특히 일정한 지위에 오른 리더와 CEO들은 원하지 않아도 항상 스피치해야 할 상황에 몰릴 수밖에 없다.

CEO들 중에는 봉사단체 회장이나 동창회 회장 등 여러 가지 직함을 가진 분들이 많다. 심지어 동창회장만 5군데 맡은 분도 봤다. 그런 사람은 나 같은 스피치 전문가보다 스피치할 기회가 더 많다. 창립기념일 축사, 직원들 결혼식 주례, 취임사 같은 공식적인 스피치 외에 '한 말씀' 해달라는 즉석 스피치까지 더하면 엄청나다.

시장이나 국회의원 같은 공직자들은 하루에 축사만 5~6번 한다. 그런데 그분들의 축사에는 항상 뭔가가 빠져 있다. 자신과 축하를 받는 사람과의 관계 설명이다. 옆집 돌잔치에 가야 할 사람이 여기로 잘못 온 것처럼 느껴진다. 청중은 축사를 들을 때 스피커가 진심으로 축하하러 온 사람인지 아닌지 탐색한다.

청중 입장에서 제일 기분 나쁜 축사는 주최 측이 돈을 주고 모시는 듯한 사람이 하는 말이다. 주로 국회의원들인데, 행사 주최자와 한두 번 봤거나 전화로 소개 받아서 오는 경우다.

창립기념일 축사에는 기본적으로 그 회사의 히스토리가 나와야 한다. 창립 과정에서 겪었던 좌절과 성공 등이 들어가야 말에 뼈대가 생기고 진심으로 축하하는 뜻이 전달된다. 그러나 자격 없는 사람이 와서 권위 있게 몇 마디 떠들다 가면 분위기만 엉망이 된다. 그럴 때는 꼭 주최자가 배웅하러 나가게 마련이라 나머지 손님들은 기분마저 잡친다. 지방자치단체일수록 그런 일이 더욱 비일비재하다. 창립기념일 축사인지 준공식 축사인지도 모른다. 그러나 성의가 있다면 즉석에서 말을 지어내서라도 한다.

"1년 전에 사장님과 처음 만났는데 참 좋은 사업하시는구나, 요즘에도 황소처럼 제조업을 하시는 분이 있구나 싶어 존경심을 가졌습니다. 연배는 저보다 훨씬 높지만 이 고장 출신으로서 존경하는 사장님이 뜻 깊은 창립기념일에 절 불러주셔서 영광으로 생각합니다. 오늘 저는 아버지 사업을 축하하는 기분으로 이 자리에 왔습니다."

그렇게 말하면 청중은 그가 주최자와 큰 인연이 없다는 걸 대충 눈치 챈다. 그래도 말이라도 성의가 있으니 얼마나 고마운가?

어떤 국회의원들은 시작부터 엄살을 떤다.

"일주일 전에 갑자기 축사를 해달라는 연락을 받아서 스케줄 조정하느라 힘들었습니다."

그는 자신들의 표를 깎아먹는 이야기다. 이런 사람들이 회사 연혁을 제대로 알고나 있을까? 기껏해야 국가 경제가 어떻다는 둥 이 지역 출신으로 앞으로 이런 일을 하겠다는 둥 선거 유세만 하고 간다. 어떤 이는 사회자처럼 내빈들을 극진히 챙긴다. 그렇게 권위에 눌려 말의 앞뒤 구분도 못 하는 사람들이 적지 않다.

"뭐야, 저 인간 왜 불렀어?"

청중은 대번에 부정적인 반응을 보인다. 말은 좀 거칠어도 말할 거리가 있는 사람의 이야기는 들을 만한 법이다.

따라서 축사는 사회적 지위보다 정말 할 말이 있는 사람이나 모실 만한 사람을 잘 선택해야 한다. 모시면 폼날 것 같은 높은 분은 피하는 게 좋다. 중요한 행사일수록 솔직하고 겸허해질 필요가 있다. 대상을 잘못 선정하면 청중은 기분 상하고 주최자는 망신당한다.

행사가 겉치레인가 아닌가는 사회자의 행태를 보면 알 수 있다.

"바쁘신 중에도 이 자리에 참석해주신 ○○○ 국회의원님께 감사드립니다."

그렇게 시작해서 관련 단체장들을 일일이 거명한다. 나는 심지어 120명까지 이름 부르는 경우를 봤다. 그러나 호명된 사람은 공식 행사만 끝나면 우르르 나가버린다. 앞에서 5줄이 텅 빈 채 2부 행사를 진행하는 경우도 많이 목격했다. 주최 측은 물론 남은 사람들까지 김 새게 하는 일이다.

하객을 소개할 때도 품격이 있어야 한다. 윗분부터 순서대로 챙길 게 아니라 "참석해주신 모든 분들에게 감사드린다."라고 전체 하객에게 먼저 인사하는 것이 예의다. 그 다음 주요 인사를 소개할 때도 다음처럼 살짝 센스를 발휘해주는 게 좋다.

"시장님과 좋은 인연을 맺으며 우리 시를 열심히 지원해준 몇 분을 특별히 소개해드립니다."

그때도 "○○○ 국회의원 오셨습니다." 하기보다는 "이번에 고생 끝에 예산을 따내 청소년 수련관을 건립해주신 ○○○ 국회의원님 오셨습니다."라고 하는 게 더 낫다. 올 만한 사람이 왔음을 알려주면 홍보도 되고 당사자도 좋아하니 말이다.

"이 자리에 시장님보다 더 높은 분이 오셨습니다. ○○○ 시의장님입니다. 이분이 없으면 우리 시의 살림은 바로 마비됩니다."

짧은 에피소드가 들어간 형용사구를 넣으면 재미있는 소개가 된다. 형용사구를 넣어 소개하는 하객은 10명 이내가 적당하다. 나머지는 10~20명씩 그룹을 만들어 단체와 이름만 부르면 된다. 그렇게 소개하면 참석자들의 정보도 충실하게 전달하고 품위도 지킬 수 있다.

얼마 전 이승한 홈플러스 회장이 『창조 바이러스 H2C』라는 책을 출간하고 출판기념회를 열었다. 윤은기 서울과학종합대학원 총장과 내가 축사를 맡았다. 축사할 사람을 정하느라 이 회장과 담당 임원들이 꽤 고심한 듯하다. 축사는 서평을 대신하는 중요한 스피치이기 때문이다.

그날 모임에는 이 회장의 사업 파트너와 지인들만 600명 이상 참석했다. 그중에서 선택 받기란 현실적으로 쉽지 않은 일이다. 그래서 2명 안에 들었다는 게 무척 기뻤다. 모르긴 몰라도 남녀 1명씩 선정했을 것이다. 내가 그 많은 여성들 중에서 선정됐다는 사실이 무척 기분 좋았다.

물론 책임만큼 부담감도 상당했다. 1주일 동안 차 안에서 키워드를 썼다 지웠다 반복하며 고민했다. 의상도 신경 써서 골랐다. 축사를 할 사람이 후줄근하게 입고 가면 행사를 무시하는 것이나 다름없다. 양장으로는 축하 분위기가 안 날 것 같아 멋스러운 한복을 입고 갔더니 사람들이 무척 좋아했다. 축하의 반은 옷이 한 것이나 다름없었다.

미리 행사장에 가서 꼼꼼히 확인하며 사회자에게 강연대보다는 마이크에 더 신경 써달라고 부탁했다. 나는 강연대에서 인사만 하고 자연스럽게 걸어 나와 청중과 호흡했다. 아마 하객들도 나처럼 축사하는 사람은 처음 봤을 것이다.

출판기념회의 축사는 일단 책 내용을 많이 담아야 한다. 내 이야기를 듣고 청중이 책을 사보고 싶은 생각이 들면 일단 성공이다. 축사

는 기본적으로 도입부-본론-종결부 구조를 갖는다. 나는 도입부에서 나와 그의 인연을 밝혔다.

"이 회장님과 저는 첫눈에 서로 반한 사이입니다. 저는 그의 열정과 눈빛에 반했습니다. 60이 넘은 나이에 저토록 초롱초롱하고 호기심 많은 눈빛을 한 사람은 처음 뵀거든요. 그런데 저는 이 책을 보면서 전보다 2배 더 반해버렸습니다. 아마 이 책을 보시면 여러분도 저처럼 그에게 반하실 겁니다. 책에는 그의 모든 것이 담겨 있습니다."

본론에서는 '이 책에 담긴 인간 이승한의 3가지 모습'이라는 주제로 이야기를 풀었다.

첫째는 이 회장의 순수를 이야기했다. 책에서 순수함이 담긴 부분을 발췌해 에피소드로 활용했다.

"그가 어렸을 때 부모님은 정미소를 운영했다고 합니다. 그런데 어머니가 차례 기다리는 손님들이 배가 고플까봐 칼국수를 무료로 대접했답니다. 막내였던 이승한 회장은 어릴 때부터 어머니 곁에서 칼국수 나르는 아르바이트를 했지요. 그는 그 경험을 통해 순수하게 장사하는 법을 배웠습니다."

둘째는 이승한 회장의 호기심을 이야기하고, 셋째는 지치지 않는 젊음을 주제로 이야기하며 관련 에피소드를 언급했다. 청중은 내가 들려주는 이야기 속으로 빠져들었다. 종결부에서는 마무리와 함께 깜짝 이벤트를 연출했다.

"지금부터 이승한 회장을 경매에 붙이겠습니다. 단돈 1만 3,000원입니다. 이 돈으로 그의 인생 경험과 혜안을 사는 방법이 있습니다.

여러분도 아시다시피 이 회장은 무지 비싼 사람입니다. 연봉이 어마어마하죠. 그를 가장 값싸게 사는 법은 그가 쓴 책을 사는 것입니다. 이 책으로 여러분의 창의성도 기르시고 직원들의 창의성도 키워보세요. 여러분을 통해 창조 바이러스가 퍼져나갈 것입니다.

그런 의미에서 우리의 마음을 모아 이승한 회장에게 드립시다. 자, 손으로 하트를 만들어보세요. 제가 '이승한'을 외치면 '사랑해' 하면서 하트를 날립니다."

그날 청중은 일제히 하트를 날렸고 그는 하트 600개를 받았다. 그 순간 기립 박수가 나왔다. 많은 사람들이 내게 다가와 명함을 받으면서 칭찬했다. 폭발적인 반응을 체감하자 강연과는 또 다른 뿌듯함을 느꼈다.

'5분짜리 축사가 이리 사람들 마음을 움직이고 감동을 줄 수 있구나. 앞으로도 정말 많이 준비해야겠다.'

아무리 규모가 큰 강연도 하루면 준비했던 내가 5분짜리 축사를 위해 1주일 내내 고민하다 보니 스스로도 왜 이러나 싶었다. 내심 잘하고 싶었나 보다. 축사가 끝난 뒤 내 자신에게 만점을 줬다. 나를 초대한 이승한 회장이 만족하는 모습을 봤기 때문이다.

그때 이후 축사 의뢰가 들어오면 정말 충실히 준비한다. 사양한 적도 몇 번 있었다. 당사자를 한두 번밖에 만나지 않아 잘 모르는 경우였다. 관계가 진전된 뒤에 가야 진실한 스피치가 나오지 어정쩡한 관계로 가면 인사치레에 불과한 말만 하게 된다.

얼마 전에는 봉사단체 회장으로 취임한 모 기업 대표의 취임식 축

사를 맡았다. 그분과는 오랜 친분이 있었기에 기꺼이 부탁을 받아들였고 3일 동안 준비했다. 도입부에서는 그와의 인연을 밝힌 후 김수한 추기경의 말을 인용했다.

"김수한 추기경이 돌아가시면서 남긴 말이 '사랑하라. 그리고 화해하라.'였습니다. 사랑하라는 알겠는데 화해하라는 잘 모르겠죠? 우리가 돈을 훔친 것도 아니고 뺨을 때린 적도 없는데 누구와 무엇을 화해하라는지 이해가 안 갑니다.

그러나 사실은 우리 모두 세상과 불화하고 있습니다. 업계에서 1등해서 영세업체 망하게 한 것도 불화이고 마케팅 열심히 해서 번 돈을 고객을 위해 쓰지 않는 회사도 세상과 불화하는 것입니다.

돈을 벌면 수익의 10퍼센트는 힘겨워하는 사람들과 나눠야 합니다. 그게 바로 화해입니다. 자본주의 사회에서 얻은 성과물을 혼자만 독차지하면 세상과 불화하는 것입니다. 그런데 우리 사회에는 누가 가르쳐주지 않아도 알아서 화해하는 분들이 있습니다. 바로 이 자리에 모인 여러분입니다."

축사는 주최자는 물론 청중과 공감대를 찾는 게 매우 중요하다. 이승한 회장의 출판기념회 때는 다들 이 회장의 지인이라 공감대를 찾기가 쉬웠다. 그러나 봉사단체 회원들 중에는 대표를 가까이 접하지 않은 분들도 많아 공감대가 별로 없었다.

나는 본론에서 내가 왜 여러분을 존경하는지, 그리고 그가 회장직을 수행하는데 왜 충분한 자격이 있는지 에피소드를 섞어 이야기했다. 종결부는 봉사단체답게 훈훈하게 마무리했다.

"오늘 이렇게 세상과 화해하는 분들 앞에서 축사할 기회를 주셔서 정말 감사합니다. 앞으로 저도 이 모임에 끼워주세요. 저도 여러분처럼 제가 가진 능력으로 세상과 화해하고 싶습니다. 만약 청소년 봉사자들을 대상으로 강연이 필요하다면 무료로 봉사하겠습니다."

나는 박수 치며 환하게 웃는 대표와 청중을 보면서 보람을 느꼈다. 강연은 청중을 위한 것이지만 축사는 주최자 한 사람을 위한 맞춤형 스피치다. 스피커 입장에서는 강연과는 또 다른 재미를 느낄 수 있다.

사적인 행사에서의 축사

얼마 전 지인의 박사 학위 취득 축하파티가 있었다. 15명 정도가 조용한 레스토랑에서 와인을 곁들이며 즐겁게 식사했다. 분위기가 무르익자 즉석에서 노래를 부르자고 제안했다.

그러자 누군가가 일어나 무반주로 아날로그 시대에 외웠던 「예스터데이」를 부르기 시작했다. 클라이맥스에서는 몇 명이 3도 화음으로 멋지게 코러스까지 넣었다.

나는 반주 없는 노래가 그토록 아름다운 줄 처음 알았다. 마늘과 조미료를 뺀 담백한 야채 그대로의 맛이랄까? 그동안 우리가 노래방 기계에 익숙해져서 노래의 참맛을 잃어버린 게 아닐까 싶었다. 멋진 선창에 힘입어 나머지 사람들도 무반주로 노래를 부르기 시작했다. 우리는 마치 외국 영화에서 식탁을 두드리면서 아카펠라로 노래하는 장면처럼 한 편의 영화를 찍었다.

그 후 나는 반주 없이 부를 수 있는 노래 3곡을 골라 가사를 달달 외웠다. 덕분에 어딜 가든 무반주로 노래할 자신이 생겼다.

반주 없는 즉석 노래가 깔끔한 맛이 있듯 즉석 스피치도 꾸미지 않은 깔끔한 매력이 있다. 그러나 반주 없이 하려면 미리 가사를 외워야 하듯 원고 없이 이야기하려면 자신만의 완성된 공식을 갖추고 있어야 한다. 갑자기 즉석 스피치를 요청 받았다면 무대에 서기까지 5분에서 10분 정도 시간이 있을 것이다. 그동안 메모지에 일단 할 말을 써보자.

만약 친구 김미경의 생일파티에서 즉석 스피치를 하게 됐다면 김미경의 특징을 떠올려본다. 김미경이 나와 30년 된 친구라면 '30년 친구 김미경'을 주제로 정한다. 그 주제로 A-B-A' 구조를 만드는 것이다. 그럼 내용이 뻔하다. A는 지난 30년간의 우정을 짚고, B는 우정을 잘 드러내주는 에피소드를 넣고, A'는 앞으로도 이어질 30년 우정을 이야기하면 된다.

먼저 A에서 주제에 맞는 이야기를 한다.

"제가 미경이와 30년 동안 친구로 지냈습니다. 여러분, 30년 동안 친구로 지내기가 얼마나 어려운지 아시죠? 특히 여자들끼리는요. 섭섭하고 삐치고 싸울 일이 정말 많아요. 그런데도 30년 이상 됐다는 건 둘 중 하나는 성격이 좋다는 이야기 아니겠어요? 그게 절까요, 미경일까요? 물론 미경이죠. 우리가 30년 동안 친구로 지낼 수 있었던 이유는 딱 한 가지 사건 때문입니다."

이어 B에서 이를 검증하고 설득할 수 있는 재미난 에피소드로 청중을 끌고 간다.

"제가 고등학교 때 중간고사를 보다가 갑자기 위경련을 일으켰죠. 근데 하필이면 그때 양호 선생님이 출장중이라 약을 탈 수가 없었어요. 너무 아파서 시험을 망쳐버렸죠. 점심시간에 밥도 못 먹고 배를 움켜쥐고 있었어요.

그때 미경이가 수위 아저씨 자전거를 훔쳐 타고 몰래 밖에 나가서 약을 사온 거예요. 그걸 먹고 나머지 시험을 무사히 볼 수 있었어요. 그런데 다음날 보니까 얘가 팔에 붕대를 감고 있는 거예요. 알고 봤더니 자전거로 학교 앞 가파른 비탈길을 오르내리다가 넘어져 다쳤던 거예요. 그때 생긴 피딱지가 얼마나 컸는지 몇 년 동안 흉터가 남을 정도였어요.

그때 미경이가 저를 얼마나 사랑하는지 알게 됐죠. 저는 가끔 싸우거나 갈등이 생길 때면 미경이의 피딱지를 떠올리곤 한답니다."

A'에서는 다시 30년 우정으로 돌아가 마무리한다.

"고등학교 1학년 때 처음 만나서 친구가 된 지 벌써 30년이 됐는데 앞으로도 30년, 아니 그 이상 서로가 늘 용서하고 헌신하는 친구로 지냈으면 좋겠어요.

저의 가장 큰 소원은 미경이의 생일파티 때마다 참석해 축하 인사를 하는 것입니다. 올해로 47번째이니까 80번째, 90번째 생일까지 함께하고 싶습니다. 미경아, 다시 한 번 생일 축하한다!"

A에서 주제를 제시하고 B는 그에 걸맞은 간단한 에피소드 하나를 곁들이며 A'는 주제를 다시 상기하면서 마무리하는 식이다. 이를 공

식처럼 머리에 넣고 다니면 즉석 스피치도 문제없다.

건배사

즉석 스피치는 건배사를 겸한 경우가 상당히 많다. 그럴 때는 주제를 압축한 구호를 만들어 바로 건배 제창을 하면 된다. 그렇다면 건배사만 부탁 받았을 때는 어떻게 해야 할까?

회식 자리에 가보면 '원더걸스(원하는 만큼 더도 말고 걸러서 스스로 마시자)' '당나귀(당신과 나의 귀한 만남을 위해)' '진달래(진하고 달콤한 내일을 위해)' 같은 축약한 말들이 난무한다. 그런데 그조차도 못 외워 수첩을 뒤적이거나 휴대폰에 저장된 걸 읽는 사람이 있다. 그런 잡스러운 말, 골프장에서 주워들은 말, 인터넷에서 베낀 말로는 품격 있는 건배사를 만들 수 없다. 이유는 식상하기 때문이다.

즉석 스피치의 가장 큰 특징은 신선함이다. 밭에서 막 따온 야채로 샐러드를 만든 듯 신선한 맛이 확 풍겨야 한다. 미리 원고를 준비해서 하는 스피치는 잘 짜인 것 같지만 자칫 지루하고 권위적일 수 있다. 그러나 즉석 스피치는 화자와 모임 성격을 그대로 드러내서 분위기를 활기차게 만든다.

건배사는 대체로 밝고 희망찬 자리에서 이뤄지고 일단 잔을 든 상태에서 시작하기 때문에 서론이 길어지면 김샌다. 청중이 팔이 아파 잔을 들었다 놨다 하면 이미 실패다. 그렇다고 진달래나 원더걸스 같은 것은 절대 하지 말자. 언제부터 3행시 놀이가 대세가 됐는지 모르지만 남들이 한다고 따라서 할 필요는 없다. 건배사의 핵심은 내가 하고 싶은 말을 하는 것이다.

내가 아는 지인이 얼마 전 레스토랑을 개업했다. 오랫동안 금융회사에 다녔는데 워낙 젊었을 때부터 음식에 조예가 깊어 외국 출장 때마다 칼이나 도마 같은 조리 도구들을 사오곤 했다. 일찌감치 조리사 자격증도 땄다. 오랫동안 준비해온 만큼 은퇴하자마자 아시아 퓨전 레스토랑을 차렸다.

개업식 때 지인들이 여러 명 찾아왔는데 한 대학 동창에게 건배사를 부탁했다. 그런데 그 동창이 무슨 말을 해야 할지 모르겠다며 갑자기 나를 구석으로 끌고 갔다.

"미경 씨, 무슨 말을 하죠?"

모임에 가면 그분처럼 구석으로 나를 데려가는 사람이 꼭 있다. 대부분 즉석 스피치 제안을 받고는 사색이 된 사람들이다. 아예 펜과 수첩을 들이밀며 처음부터 끝까지 원고를 써달라는 사람도 있다.

"하고 싶은 이야기가 뭔데요?"

"저는 저놈이 정말 부럽습니다. 우리 나이에 하고 싶다고 정말 도전하는 사람이 어디 있나요? 한 번 망하면 끝장인데. 그 용기가 부럽죠. 회사 생활하면서 준비해왔다는 것도 대단하고요. 「뉴욕의 가을」이라고 오래전 영화데 거기서 리처드 기어가 증권회사 때려치우고 레스토랑 개업하거든요. 그걸 보면서 감탄했는데 지금 저 친구가 딱 그러고 있네요."

듣고 보니 건배사로 만들기에는 더없이 안성맞춤인 콘텐츠였다.

나는 방금 한 이야기를 그대로 하라고 했다. 단 마지막 건배 제창 때 '위하여!'로 하면 밋밋하니까 '부럽다, 친구야!'로 해보라고 귀띔했다. 10분 뒤 건배사는 이랬다.

"저는 제 친구가 이렇게 멋진 일을 저지를지 몰랐습니다. 오래전 영화 「뉴욕의 가을」에서 리처드 기어가 직장을 그만두고 레스토랑을 여는 장면을 보며 부러워했는데 세상에 그걸 제 친구가 했네요. 친구를 통해 대리 만족하는 기쁨이 이런 건가 봅니다. 친구가 잘되길 바라는 마음을 담아 제가 '부럽다!' 하면 다함께 '친구야!'를 외쳐주십시오."

이날 "부럽다 친구야!"를 외쳤던 지인들은 물론이고 초대한 레스토랑 사장의 얼굴에서 행복한 미소가 떠나질 않았다. 이 근사한 건배사는 그분밖에 못 한다. 친구가 잘되기를 바라는 마음과 부러운 마음 등 평소에 하고 싶은 말을 다하면서도 품격이 있다. 진달래는 감히 비교도 할 수 없다.

한 공직자의 부인이 미술대학원을 졸업하고 첫 번째 개인전을 열었다. 나이 마흔이 되도록 집에서 살림만 하다가 뒤늦게 미술대학을 가고 대학원까지 졸업한 당찬 여성이었다. 지인들을 불러놓고 축하 파티를 하는데 남편이 건배사를 하게 됐다. 마침 내게 스피치 코치를 받던 참이라 그분 역시 와인 잔을 든 채 나를 구석으로 끌고 갔다.

"원장님, 무슨 말을 할까요?"

이럴 때 나는 한결같다. 무슨 말을 하고 싶은지 묻는 것이다.

"솔직히 저기 앉아 있는 저 여자가 내 와이프 같지가 않아요. 미대

들어간다고 할 때 겉으로는 뭐라 안 했지만 속으로는 살림만 하던 여자가 뭘 하겠나 싶었습니다. 그런데 젊은 애들보다 더 열심히 공부해서 전시회까지 여니 멋있어요. 집사람이 맞나 싶기도 하고."

"콘텐츠 좋은데요. 건배사에서 그 이야기를 하세요."

조금 뒤 그가 와인 잔을 들고 자리에서 일어났다.

"오늘 제 아내의 그림 전시회를 축하하러 와주신 여러분께 감사의 인사를 드립니다. 저는 40년 넘게 내조자로 살아온 제 아내를 무척 사랑합니다. 그러나 여러분 앞에서 죄송한 말씀이지만 제게는 사랑하는 여자가 따로 있습니다."

그러자 사람들은 화들짝 놀라고 부인의 얼굴은 노래졌다.

"그 사람은 40년간 저를 뒷바라지한 여자가 아닌 오늘 예술가로 다시 태어난 화가 이혜경입니다. 화가로 다시 태어난 제 아내를 저와 똑같은 마음으로 사랑하고 지켜봐주시기 바랍니다. 제가 '이혜경!'을 외치면 다같이 '사랑해!'를 외쳐주십시오."

아내는 남편의 건배사에 감동해서 그 자리에서 눈물을 보였다.

건배사의 성패는 나만 할 수 있는 이야기인가 아닌가에 달렸다. 정말 마음속 깊이 하고 싶은 이야기를 살짝 풀어놓고 그걸 축약해서 구호로 외치면 된다. 이처럼 멋진 건배사를 한다면 모임에 참석한 사람들이 달리 볼 것이다.

즉석 스피치는 스피커의 성품, 품격, 이미지를 한꺼번에 드러낸다. 따라서 빠른 시간 안에 구조를 만들고 콘텐츠를 채우는 연습을 자주 해야 한다. 분명한 건 즉석 스피치도 훈련하는 만큼 실력이 일취월장

한다는 사실이다. 그 다음부터는 머릿속에 주제 하나만 갖고 무대에 올라도 이야기가 술술 나온다. 물론 지금껏 쌓아온 인생 경륜도 도움이 될 것이다. 누구나 스스로를 믿는 만큼 말하게 돼 있다. 즉석 스피치의 기본은 스스로를 믿는 것이다.

O3 아트 프레젠테이션

요즘 프레젠테이션을 하려면 파워포인트가 필수다. 그러나 스스로에게 물어볼 필요가 있다. 이야기를 꼭 파워포인트로 해야 할까? 오히려 말로만 하는 게 낫지 않을까? 파워포인트는 생각 외로 듣는 것을 방해한다.

사람들이 말보다 영상에 더 주목하기 때문이다. 텔레비전에 빠져 있으면 옆사람이 뭐라고 하는지 안 들리는 것과 마찬가지다. 실제 프레젠테이션에서도 청중은 스피커의 말보다는 파워포인트 화면에 더 집중하는 경우가 많다.

그럼 프레젠테이션 스피치를 잘하려면 어떻게 해야 할까?

파워포인트의 장단점을 파악하라

프레젠테이션 주제에 파워포인트 자료가 꼭 필요한지 먼저 판단하라. 내가 추구하는 방식이 설득과 논리라면 파워포인트를 활용하는 것이 낫다. 그러나 감동과 설득이라면 다시 생각해보자. 청중이 내가 말하는 에피소드 속으로 정신없이 빠져들어야 하는데 눈이 화면을 본다면 난감하다. 이는 한 배에 사공이 둘 있는 셈이다. 청중은 누구를 따라가야 할지 혼란스럽다.

나는 강연할 때 파워포인트를 거의 안 쓴다. 만약 '여성의 프로 의식'이라는 주제라면 스토리로 설득해 스스로 돌아보게 하는 게 낫다. 다큐멘터리를 생각한 게 아니라면 사진을 보여주는 건 무의미하다. '행복한 미래를 위한 커뮤니케이션' 같은 주제도 파워포인트가 오히려 방해되는 경우가 많다. 온갖 표정과 몸짓 연기로 파워포인트보다 훨씬 더 리얼한 볼거리를 연출할 수 있다.

물론 파워포인트를 꼭 써야 할 때도 있다. 성희롱 예방 교육에서 사례나 통계를 파워포인트로 제시하면 신뢰성이 훨씬 높아진다.

"○○일보 2003년 8월 23일자에 실렸습니다."

"교육이 실시되고 난 뒤 성희롱 사건이 전년에 비해 30퍼센트 이상 감소했습니다."

근거 자료를 보여야 신뢰도가 높아지는 강연은 파워포인트가 필요하다. 그러나 이 이야기 끝에 한국 문화 속 남녀차별과 고정관념을 극복하자고 설득할 때는 파워포인트가 별 도움이 되지 않는다.

어떤 강사는 남녀차별을 설명하면서 밥상 그림을 보여주었다. 예전에는 남자들이 여자들과 겸상하지 않았음을 보여주는 자료라는 것이다. 그러나 정작 그 이야기는 10초 만에 끝내고 현재 존재하는 남녀차별의 심각성을 15분 동안 이야기했다. 문제는 청중이 여전히 밥상 그림을 보느라 말에 집중하지 못했다는 것이다.

'우리 집은 옛날에도 안 그랬는데.'

청중은 그런 생각을 하느라 강사의 말을 흘려듣는다. 그렇기 때문에 파워포인트로 도표와 그래프를 보여주다가도 감성과 설득이 필요한 부분에서는 과감히 끝내야 한다.

강연에도 강력한 리더십이 필요하다. 청중은 강사에 대한 믿음이 확실하면 정서적으로 기대며 따라간다. 그런데 파워포인트는 곧잘 맥을 끊는 방해꾼 역할을 한다.

일반적으로 스피치 초보들은 파워포인트 없으면 말을 잘 못 한다. 암기도 소홀히 한 데다 청중을 설득할 자신이 없기 때문이다. 그러나 방패로 쓰일 파워포인트가 오히려 방해하는 경우가 종종 있다. 주제와 어긋나는 화면을 보여주면서 청중을 혼란스럽게 하는 일은 더 이상 없도록 하자.

파워포인트를 넘어서라

프레젠테이션에 파워포인트를 활용하기로 했다면 스피커는 파워포인트를 자유자재로 다룰 줄 알아야 한다.

프레젠테이션에서는 그걸 만든 사람과 말하는 사람이 다를 때 실

수가 발생한다. 스피커가 프레젠테이션 만든 사람만큼 내용을 속속들이 알지도 못하면서 '대충 눈으로 보고 읽으면 되지.' 하는 순간 프레젠테이션은 망쳐진다.

일단 화면에 도표나 텍스트가 뜨면 청중은 저절로 그걸 읽는다. 청중이 그림을 읽는 게 이해의 1단계라면 나는 3단계 수준의 말을 해야 한다. 파워포인트와 혼연일체가 되든지 아니면 이겨야 한다. 파워포인트 내용을 완전히 소화해 축약하기도 하고 앞으로 갔다가 뒤로 갔다가 막힘없이 자료를 제시할 수 있어야 한다. 스피치 초보가 암기 도우미용으로 파워포인트를 쓸 바에는 차라리 없는 게 낫다.

프레젠테이션을 준비하려면 더 많이 노력해야 한다. 일반 스피치는 나만 제대로 하면 된다. 하지만 프리젠테이션은 파워포인트도 잘 다뤄야 하기 때문이다. 파워포인트보다 나은 인간이 돼야 프레젠테이션을 제대로 할 수 있다.

파워포인트에도 스토리 라인이 필요하다

원고는 할 말을 채우면 되지만 파워포인트는 스피치 설계도를 먼저 그리고 슬라이드를 하나씩 추가하는 식으로 만들어야 한다.

내가 파워포인트로 강의하는 주제 중에 '다양성 매니지먼트'가 있다. 남녀의 다양성을 이야기하려면 근거 자료가 필요하다. 여성이 남성보다 어떤 분야에서 앞서는지 도표로 제시하고 출산율이 매년 얼마씩 떨어지고 있고 어떤 문제를 일으키는지 그래픽으로 설명한다.

각각의 슬라이드는 총 20장을 넘기지 않는 대신 다양하게 준비한다. 어떤 슬라이드는 키워드, 어떤 슬라이드는 그림, 어떤 슬라이드는 도표 등 가장 효과적인 시각 자료를 준비하는 것이다.

따라서 디자인도 고려하지 않을 수 없다. 아무리 스피치가 품위 있어도 파워포인트 디자인이 엉성하고 내용이 미흡하면 프레젠테이션 전체가 그런 취급을 받기 때문이다.

마치 영화 한 편을 연출한다는 각오로 파워포인트를 준비해야 한다. 영화는 먼저 시나리오를 만들고 배우를 캐스팅하며 현장을 헌팅한다. 촬영한 한 컷 한 컷이 모두 주제와 밀접하게 연관돼 있다. 마찬가지로 파워포인트도 각 슬라이드가 스피치 주제를 향해 있어야 한다.

또한 영화가 관객의 정서적 움직임을 예측하며 편집하듯 프레젠테이션도 청중의 반응을 계산하며 슬라이드를 편집해야 한다. 그러려면 스피커 본인이 직접 파워포인트를 만들어야 한다.

몇 년 전 S그룹에 강연을 하러 갔을 때다. 그 강연은 파워포인트 자료가 필요했는데 USB가 호환이 안 돼 파일이 열리지 않았다. 1년에 2번 정도 이런 일이 생기곤 한다.

결국 나는 파워포인트 없이 강의하기로 했다. 교육 담당자들이 엄청 긴장하면서 정말 할 수 있겠냐고 여러 번 물었다.

"상관없습니다. 스토리는 이미 제 머릿속에 다 들어 있으니까요."

어차피 파워포인트는 20장이 채 안 됐다. 처음부터 끝까지 스토리를 내가 만들었으니 문제 될 게 없었다. 현장에서 다시 만들라고 해도 똑같이 만들었을 것이다. 일러스트는 무리겠지만 도표, 원, 그래

프 등은 그릴 수 있었다. 실제 강연할 때도 칠판에 손수 그리면서 했는데 아무런 문제가 없었다.

스피치로 먹고 사는 강사들은 장비나 장소 탓을 해서는 안 된다. 청중이 부르는 곳이면 어디든 달려가야 한다. 한 번은 강당에 물이 새서 갑자기 야외에서 강의하게 됐다. 야외에서 파워포인트가 될 리 있나? 직원들은 돌밭에 앉았고 나는 땡볕에 확성기를 들고 떠들었다. 그래도 강의는 끝내고 와야 한다. 프로는 어떤 돌방 상황이 벌어져도 자신이 원래 목표한 성과를 거두어야 한다.

파워포인트가 없다고 겁 낼 정도면 이미 파워포인트의 노예라는 이야기다. 하물며 파워포인트 없으면 한 마디도 못 하는 사람은 말해 무엇하랴? 내용이 뭔지 몰라 입도 뻥긋 안 했으면서 실수로 파워포인트 자료 2페이지 빠졌다고 애꿎은 부하만 잡는 상사도 허다하다.

파워포인트에서는 무엇보다 스토리 라인을 제대로 준비해야 한다. 전체 스피치가 어디로 가는지를 보면서 중요한 포인트를 뽑아 시각 자료를 만드는 것이다. 도입에 필요한 것, 본론에 강조할 것, 클라이맥스에 필요한 것 등 각각의 슬라이드마다 존재 이유가 명확해야 한다. 그래야 일목요연한 스토리가 되니까 말이다. 말하다 깜빡 잊을까 봐 불안해서 삽입한 영상은 없어야 한다. 파워포인트를 만든 뒤 말을 지어내면 청중은 금방 눈치 챈다. 어떤 화면에서는 10분 이야기하더니 어떤 건 1분 이야기하고 잘 나가는가 싶더니 툭 끊기고 이해가 될 만하면 넘어가는 식의 프레젠테이션은 분위기만 어수선해진다.

잘된 프레젠테이션은 청중이 '그림이 있으면 좋겠다.'고 여길 때

어김없이 딱 나오고 '예전에도 비슷한 사건이 있었는데.' 할 때 신문 기사가 화면을 채운다.

시각 자료는 그때그때 갈증을 풀어주는 요소로 등장해야 한다. 스토리 라인이 없는 파워포인트는 쓸데없이 청중을 피곤하게 한다.

강연성 프레젠테이션 vs. 프레젠테이션성 강연

강연성 프레젠테이션과 프레젠테이션성 강연을 잘 구분해야 한다. 강연성 프레젠테이션은 강연이 더 큰 요소다. 그때 파워포인트는 임팩트 있게 스토리 라인을 뒷받침해주는 도구가 돼야 한다. 프레젠테이션성 강연은 프레젠테이션 비중이 더 크다.

스티브 잡스가 하는 것이 바로 프레젠테이션성 강연이다. 보통 신제품 보고회나 프로젝트를 따내기 위해 경쟁사를 두고 벌이는 프레젠테이션 등이 여기에 해당된다.

만약 2010년도 우리 회사의 인사정책 방향에 대해 프레젠테이션을 한다고 가정해보자.

지금부터 2010년도 우리 회사의 인사정책에 대해 말씀드리겠습니다. 인재를 크게 3가지로 구분했습니다. 첫째는 투명한 인재, 둘째는 창의적 인재, 셋째는 자기 계발형 인재입니다. 먼저 투명한 인재에 대해서는 3가지 가이드라인을 설정했습니다. 첫째, 뒷거래하지 않는다. 둘째, 접대 받지 않는다. 셋째, 접대하지 않는다.

대부분은 파워포인트에 적힌 순서대로 줄줄 읽는다. 그러나 청중은 듣지 않는다. 스피커가 도표를 읽는 것보다 청중의 눈이 훨씬 빠르기 때문이다. 5번째 줄을 이야기하는데 눈은 이미 10번째 줄에 가 있다. 다 읽으면 아예 눈 감고 잔다. 그래서는 프레젠테이션이 보고도 무엇도 아니다. 스피커는 각 화면과 글이 무엇을 의미하는지 해설하고 설득하기 위해 무대에 올라갔다.

지난 10여 년간 우리나라의 인재 육성 전략에는 큰 변화가 있었습니다. 그것이 무엇일까요? 바로 윤리적인 직업의식을 바탕으로 자기계발을 유도해 창의성 있는 인재로 만드는 것입니다. 이는 전 세계적인 추세이고 우리 회사 역시 같은 목표를 가지고 있습니다. 따라서 2010년도 인재 육성 전략도 이 3가지 방침을 토대로 만들었습니다.

똑같은 파워포인트 자료라도 이렇게 하면 스토리가 된다. '자기계발형 인재를 육성하기 위해 회사는 어떻게 지원할 것인가'라는 내용을 설명할 때도 화면에 있는 대로 "영어 수강료 10만 원, 체력 단련비 5만 원……"이라고 읽으면 장사꾼 같다.

"여러분 자신에게 도움이 되고 회사 발전에도 도움이 된다면 어떤 것이라도 좋습니다. 여기 제시한 것 외에도 다른 좋은 자기계발 프로그램이 있다면 기꺼이 지원해드리겠습니다. 부서별로 잘 의논해 보시기 바랍니다."

굳이 액수를 말하지 않아도 다 이해한다. 스피커가 일일이 읽지 않았다고 해서 10만 원짜리를 20만 원으로 청구하지는 않는다. 그렇게 큰 줄기만 짚는다면 60쪽짜리 파워포인트도 금방 넘어간다.

어떤 사람은 도표도 순서대로 읽는다.

"이 도표를 보시는 바와 같이 왼쪽에는 뭐가 있고 오른쪽에는 뭐가 있으며 아랫줄을 보시면……."

애들 수능 강의도 아니고 이게 뭔가? 도표가 의미하는 것만 짧게 언급하고 지나가야 한다.

파워포인트를 활용한 스피치도 요령이 있다.

1단계는 밑에서부터 거꾸로 읽는 것이다. 목표부터 시작해 세부 내용으로 끝나는 게 아니라 세부 내용부터 시작해 설명하는 것이다.

"이렇게 하면 12월에 목표가 달성되리라고 봅니다."

2단계는 중간부터 읽는 것이다. 전략을 먼저 말하고 목표와 세부 사항 사이를 자유자재로 넘나들 수 있어야 한다.

3단계는 한 화면당 텍스트가 3~5줄을 넘지 않도록 파워포인트를 작성하는 것이다. 처음에는 5줄만 쓰고 나머지는 스토리를 만들어 설명하다가 나중에는 3줄로 줄인다. 그렇게 연습하다 보면 파워포인트에 스토리 넣는 실력이 빠르게 발전할 것이다.

스티브 잡스는 자타가 인정하는 프레젠테이션성 강연의 대가다. 그 바쁜 사람이 프레젠테이션을 어쩌면 그렇게 잘하나 싶었는데 동영상을 보니 프레젠테이션 자체를 즐기는 것 같다. 스티브 잡스의 프레젠테이션은 한 마디로 종합예술이다. 동영상, 디자인, 음악, 조명 위치, 스크린 위치, 자신의 동선 등을 완벽하게 계산해서 한 편의 쇼처럼 치밀하게 이끌어가기 때문이다. 프레젠테이션을 할 때 조명을 잘못 설치하면 강연자는 시커먼 유령처럼 보인다. 효과음이 말소리 보다 커서도 안 된다. 스피커는 프레젠테이션을 하기에 앞서 세세한 것까지 챙기는 감독이 돼야 한다.

한국의 CEO는 주로 프레젠테이션을 평가하고 선택하는 사람이지 직접 프레젠테이션을 하지 않는다. 당연히 파워포인트를 다룰 줄 몰라서 간단한 수정도 못 한다. 어쩌다 프레젠테이션을 직접 하게 돼도 스스로 프로젝터 리모컨을 눌러가며 진행하지 않는다. 대부분 파워 포인트를 만든 사람이 옆에서 화면을 전환한다.

"다음!"

"아니 앞으로 말고 뒤로 넘기라니까!"

"다음 장 왜 없어?"

프레젠테이션 당사자가 이리 호통을 치면 중간에 분위기가 가라앉는다. 실제 비즈니스 현장에서 비일비재하게 일어나는 일이다. 웬만한 리더들은 파워포인트를 익혀서 파워포인트를 직접 만들고 스스로 리모컨을 눌러가며 프레젠테이션을 주도해야 한다. 이조차 단상 뒤에서 사회자처럼 이야기하면 설득력이 떨어진다.

스티브 잡스처럼 전후좌우로 움직이면서 자유롭게 무대를 활용해야 한다. 스피커가 목소리만 담당하는 성우가 아니라 설득하는 주체란 사실을 증명하기 위해서라도 파워포인트와 똑같은 비중으로 움직여야 한다.

CEO는 프레젠테이션의 달인이다

CEO들은 프레젠테이션을 직접 해봐야 한다. 다국적 기업은 프레젠테이션을 잘하는 사람이 승진도 빠르다. 단순히 말 잘하는 사람이 승진한다는 의미가 아니다. 프레젠테이션에 능한 사람은 사업을 일목요연하게 정리할 정도로 경영을 꿰뚫으며 윗사람과 아랫사람을 설득하는 재능도 갖추었다고 할 수 있다.

외국 기업에서는 프레젠테이션을 못 하면 승진이 불가능할 정도다. 회사 비즈니스에 대해 무엇을 파악하고 있는지 어떤 비전과 계획을 갖고 있는지 설명할 능력이 없다고 판단하기 때문이다. 자기 머리로 설명할 능력도 없는 사람이 어떻게 고객과 상하 직원을 설득하겠는가? 따라서 다국적 기업의 CEO들은 대체로 그 어떤 직원들보다 프레젠테이션을 잘한다.

ADT 캡스의 이혁병 회장은 1년에 50여 회 정도 프레젠테이션을 한다. 직원들에게 하는 프레젠테이션이 30여 회, 임원들과의 소규모 프레젠테이션이 10여 회, 타이코Tyco 그룹의 아시아 CEO들이 모인 자리에서 하는 대규모 프레젠테이션이 3회 정도 있다. 이 자리에서 그는 한국의 사장, 아태지역 영업·마케팅 총괄 부사장으로서 올해 무엇을 했고 내년에 어떻게 할 것인지 1시간 동안 프레젠테이션을 한다. 물론 준비는 본인이 직접 한다.

그는 젊은 시절부터 외국인 CEO 밑에서 지독한 프레젠테이션 훈련을 받았다. 맨 처음에는 파워포인트 자료를 300장 만들고 그걸 100장으로 줄이고 다시 80장으로 줄인 다음 마지막에는 30장으로만 프레젠테이션을 했다. 그가 실제 청중에게 설명하는 건 30장이지만 자신의 머릿속에는 300장에 대한 정보가 들어 있는 것이다. 그 정도 돼야 질문에도 당황하지 않고 대응할 수 있다.

대형 프레젠테이션을 준비할 때는 한 달 밤을 꼬박 새우기도 했다. 파워포인트 자료 1장을 만들기 위해 수십 장의 자료를 뒤져야 했다. 30장을 만들려면 수만 장의 자료를 봤다는 이야기다. 따라서 그의 프레젠테이션은 수만 장의 자료가 집대성된 엑기스나 다름없다. 그렇게 프레젠테이션을 준비하면 어떤 분야든 내부 사정까지 훤히 꿸 수밖에 없다.

이혁병 회장은 지금도 본부장들에게 끊임없이 프레젠테이션을 시킨다. 본부장들이 업무를 어디까지 파악하고 있는지 한눈에 알아보기 위해서다. 학부모 노릇을 오래 하다 보면 아이들 참고서 값이 2만 원인지 1만 원인지 다 안다. 때로는 1만 원인 줄 알면서 2만 원에 속아주기도 한다. 그러나 모르고 속는 것과 속아주는 것은 다르다.

사장이 '프레젠테이션의 달인'이면 아무리 팀장 말이 청산유수라도 속지 않는다. 실적을 얼마나 올렸는지, 파워포인트 자료에 알맹이가 있는지 알기 때문이다. 그러나 프레젠테이션을 많이 안 해본 사장들은 화려한 비주얼과 말솜씨에 속아 넘어간다. 듣느라 정신이 없어서 뭘 질문해야 하는지도 모른다. 이혁병 회장은 프레젠테이션에서 서두가 장황하면 바로 끊는다.

"본부장님, 파워포인트 자료 30장이 의미하는 게 뭔지 결론을 먼저 말씀해주시겠습니까?"

이 회장은 어떤 프레젠테이션이든 1분 안에 줄여서 말할 수 있어야 한다고 강조한다. 앞에서 명료하게 결론부터 설명하라는 것이다. 그걸 못 하면 차라리 프레젠테이션을 하지 않는 게 낫다고 말한다.

CEO들은 프레젠테이션 잘하는 직원들을 우대할 필요가 있다. 그래야 직원들의 실력이 늘기 때문이다. 그러려면 CEO부터 프레젠테이션에 대한 생각을 바꿔야 한다. 대리가 만든 파워포인트 자료를 가지고 "다음!"만 외치는 사람 밑에서는 절대 프레젠테이션 잘하는 직원이 나올 수 없다.

아는 건설회사가 수천억 원짜리 대규모 프로젝트를 따내기 위해 준비에 들어갔다. 프레젠테이션 경쟁에 들어가야 하는데 내부에 자료를 만들 만한 인재가 없었다. 그래서 비싼 값에 외주를 주고 파워포인트 자료를 만들어왔다. 그런데 그것조차 제대로 소화하는 직원이 없었다. 할 수 없이 말 잘하는 사람을 외부에서 초빙해서 프레젠테이션을 하게 했는데 결정적으로 청중의 질문에 제대로 대응하지 못했다. 당연히 그 회사는 입찰에서 떨어지고 말았다.

프레젠테이션과 영업은 뗄 수 없는 관계다. 시간이 갈수록 이런 경향은 더 강해진다. 따라서 CEO도 프레젠테이션 대회를 열어 입상자에게 인센티브를 주는 등 프레젠테이션에 대한 강력한 의지를 표명해야 한다. 전략적으로 인재를 키워야 경쟁에서 밀리지 않고 살아남을 수 있다.

요즘은 초등학교 때부터 프레젠테이션을 시킨다. 무엇이든 처음 습관이 중요하다. 내가 만든 자료가 수십 장이든 수백 장이든 1분 안에 축약해서 설명하는 능력을 키우고 각각의 시각 자료는 캡션만 달고도 이야기를 풀 수 있게 훈련해야 한다. 어렸을 때부터 연습해야 직장에 들어가서 실력 있는 인재로 두각을 나타낼 수 있다.

O4 외부 강연

한국은 모든 게 빨리 바뀌다 보니 강연 주제도 빨리 바뀐다. 특히 기업 강연의 주제는 더 빨리 바뀐다. 예전에는 프로 의식이나 주인 의식에 대한 강연 의뢰가 많이 들어왔다. 그러나 지금은 이도 촌스러운 콘텐츠가 됐다. 자본가가 힘이 있었을 때나 주인 의식이지 요즘은 그렇지도 않다.

16년 전에 내가 처음 강의를 시작했을 때는 회사마다 '오피스 레이디 트레이닝 코스OLTC'라는 프로그램이 있었다. 여자 직원들에게 커피 잘 타는 방법, 전화 잘 받는 방법, 타이핑 치고 상사 잘 모시는 방법 등을 가르치는 교육이었다.

물론 지금 이런 교육을 했다간 몰매 맞는다. 최근에는 일과 집안일의 효율적 병행을 꾀하는 '워크 앤 패밀리 밸런스 프로그램Work and

family balance program'이 유행이다. 인재가 바뀌면 회사의 인재 육성 방식이 바뀌고 방식이 바뀌면 교육 프로그램도 달라진다.

강연 현장에는 전문 강사들이 있는가 하면 각 분야 전문가들도 많다. 이시형 박사나 황수관 박사는 의사로서, 한비야 씨는 구호 전문가로서, 송승환 씨는 문화예술인으로서 활발하게 강연하고 있다.

우리나라도 외국처럼 전문가 강연 시장이 점점 커지고 있는 추세다. 그러나 경영 분야는 아직 수요에 비해 전문 강연자들이 많지 않다. 외국에는 잭 웰치나 톰 피터슨 같은 전문 강사로 활동하는 전직 CEO들이 적지 않다. 그들은 활발한 저술과 강연으로 전성기 못지않은 영향력을 누리고 있다.

경영자들뿐만 아니라 전문가들도 은퇴를 한다. 나이가 들거나 전성기가 막을 내려 더 이상 한자리에 머무를 수 없는 시기가 온다. 탤런트, 개그맨, 운동선수, 영화배우 같은 대중스타들도 마찬가지다. 한때 최고의 인기를 얻은 스타일지라도 시간이 지나면 대중의 관심에서 차츰 멀어진다.

그러나 은퇴와 함께 그들의 농익은 콘텐츠마저 그대로 사장되는 것은 안타까운 일이다. 그들이 대중스타로 떠오르기까지의 히스토리 속에는 뼈를 깎는 자기와의 싸움, 철학, 소신 등 강의 콘텐츠로 만들 수 있는 내용들이 무궁무진하기 때문이다. 특히 MBC 희망특강 「파랑새」를 통해 스타들의 성공 요소들을 분석하면서 '그분들 입으로 이 이야기를 직접 하면 얼마나 실감나고 좋을까'라는 생각을 자주 하곤 했다.

문제는 그분들의 스피치 실력이다. 개그맨들은 1분 동안의 짧은 코미디를 잘 하지만 60분 강의는 감히 엄두도 못 낸다. 노련한 연기자도 대본 없이는 한 마디도 못하는 경우가 많다. 스피치 실력이 없어 자신을 표현도 못 할 뿐더러 자신이 갖고 있는 콘텐츠를 사람들에게 영향을 끼칠 수 있는 강의 콘텐츠로 연결시키지도 못한다.

나는 몇몇 지인들과 그런 고민을 나누다가 얼마 전 '스타 스피커 팀'을 만들었다. 그들 입으로 자신의 이야기를 할 수 있도록 도와주는 것이다. 개인 코칭을 통해 강의설계도 짜주고 설득 포인트를 찾아주며 에피소드가 단순한 수다로 끝나지 않도록 논리적으로 마무리해주는 작업을 진행했다.

그분들은 자신의 이야기를 몇 시간 동안 쏟아냈을 뿐인데 1시간짜리 강의안이 척척 나오니 모두들 신기해하곤 한다. 실제로 내게 개인 코칭 받은 스타 중 몇몇은 벌써 강의 현장에 뛰면서 적지 않은 부수입을 벌고 있다. 아예 앞으로는 30명 정도의 정예부대로 '스타 스피커 팀'을 만들어 연말에 강의 콘서트를 할 생각이다.

사회 각 분야 전문가들의 강연 시대가 온다

우리나라도 성공의 꿈을 키우는 대학생과 일반인 그리고 경영 노하우를 전수 받으려는 중소기업 사장 등이 'CEO 강사'를 찾는다. 은퇴를 앞둔 CEO들은 자신이 쌓은 경영 노하우를 전수하는 강연에 대해 한 번쯤 고민해볼 필요가 있다. 그러나 안타깝게도 현장에서 쌓은 업적과 노하우를 영향력 있는 콘텐츠로 만들어보려는 시도를 하지 않는다. 50대 중반부터 미리 준비하면 좋을 텐데 은퇴한 뒤 대책을 고민하는 이들이 대다수다.

CEO들은 대체로 강연을 얕본다. 평소에 하던 사내 강연쯤으로 생각하는 것이다. CEO가 사내에서 강연할 때는 감히 가격을 매길 수 없다. 제대로 된 평가 없이 대부분 좋다고 말한다. 그러나 돈으로 환산되는 외부 강연은 단돈 5만 원일지라도 엄청난 노력을 해야 한다. 사내 강연처럼 생각하고 어수룩하게 나갔다가는 바로 욕을 먹는다. 강연장에서는 CEO가 아닌 강사로 평가받기 때문이다.

우리 회사에 강연하는 법을 배우러 오겠다는 이들 중에는 사내 강사 출신들이 많다. 본인 스스로 말을 꽤 잘한다고 생각하지만 실제로는 우물 안 개구리인 경우가 많다. 청중은 같은 직원이라 웬만하면 잘했다고 하지 "그 정도로 먹고 살겠니?" 하지 않는다. 회사에서 주는 월급 받으며 강의하다가 막상 독립하면 거친 황야를 경험하게 된다. 안에서는 칭찬받다가 밖에서 좌절하는 사내 강사가 부지기수다.

자본주의 사회에서 강의는 1분 1초도 돈으로 환산된다. 프로 의식을 가지고 치열하게 준비하지 않으면 살아남지 못한다.

강연을 하기 전에 알아두어야 할 것들

강의안을 만들 때는 먼저 청중의 요구부터 정확히 파악해야 한다. 청중의 상황을 분석해 적절한 사례로써 설득 포인트를 찾아야 한다.

전문 강사들은 워낙 기업 강연을 많이 다니기 때문에 아주 잘한다.

나는 국내 상장된 회사란 회사는 거의 다 가봤다. 화장품 회사 중에 안 다녀본 데가 없어서 화장품을 뭘 쓰느냐고 물으면 적당히 얼버무린다. 웬만한 회사의 성격은 다 파악하고 있다. 강사는 그 기업의 내부 갈등이 뭔지, 왜 이직률이 높은지, 직원들이 왜 매너리즘에 빠지는지 당연히 파악해야 한다. 아무리 좋은 내용을 이야기해도 "그래서 그게 우리 회사랑 무슨 상관인데?"라는 반응이 나오면 실패다.

얼마 전 한 건설회사에서 모 식품회사 사장을 강연에 초청했다. 참신한 마케팅과 남다른 조직 문화로 식품업계를 제패한 노하우를 알고 싶어서였다. 그런데 만약 사장이 부탁 받은 그대로 자신의 경험과 노하우만 말하고 오면 어떻게 될까? 자칫 잘못하면 저렴한 회사 홍보가 돼버린다.

"요즘 전반적으로 여성 고객들이 늘어나면서 여성들을 대상으로 영업하는 사례가 늘어나고 있습니다. 우리 회사도 여성 CEO와 만나서 이야기할 수 있는 여성 임원과 여성 본부장을 뽑는 등 여성 마케팅을 강화하고 있습니다."

그러면 우리 회사 이야기만 하는 셈이다. '나는 하고 싶은 말을 할 테니 교훈은 당신들이 알아서 찾으라'는 것과 다를 바 없다. 다행히 그는 성의가 있어서 자신의 콘텐츠를 건설회사와 접목했다.

"여러분 회사도 마찬가지일 겁니다. 아파트를 구매할 때 여성의 선택 비중이 80퍼센트 이상이라고 하더군요. 남자들은 회사에만 있어 상황을 잘 모르므로 여성들이 아이들 교육 환경과 집값, 아파트 디자

인을 꼼꼼히 따집니다. 아파트 이름이 푸르지오, 래미안, 자이로 바뀐 것도 여성들 귀에 좋게 들리라고 한 것 아닙니까?

여성 마케팅이 중요해지고 있는데 여러분 회사는 여성 임원이 있습니까? 지금 제 눈에는 한 명도 안 보입니다. 사는 사람은 여잔데 파는 사람이 몽땅 남자면 서로 코드가 맞겠습니까?"

그는 이날 조직 문화를 이야기하며 일과 가정과의 밸런스 리더십에 대해서도 강조했다.

"남자가 일만 열심히 하느라 가정에 소홀해지면 얼마나 힘듭니까? 그래서 우리 회사는 일과 가정의 밸런스를 소중하게 생각합니다. 남자 직원들이 지방에 발령 나면 차비는 물론 아내에게 선물할 꽃다발 경비도 따로 지원해줍니다. 그렇게 가정을 잘 챙겨야 지방 근무도 잘할 수 있고 일의 능률도 높아집니다."

여기까지 이야기하고 끝내면 안 된다. 중요한 키워드를 전달할 때마다 우리 회사 사례가 한 번 들어가면 상대방 회사도 들어가야 한다. 안 그러면 '저 회사는 꽃다발 경비도 주고 부럽네.' 하다가 나중에는 '잘난 척하러 왔나?' 하게 되니까 말이다.

"여러분도 참 힘드시죠? 아파트 공사하고 분양하고 클레임 접수 끝날 때까지 조그만 사무실에 남자들끼리 자면서 오랫동안 근무하지 않습니까? 그렇게 객지 생활을 하면서 현장 식당에서 밥 먹고 담배 많이 피우면 몸이 축납니다. 그래도 돈은 꼬박꼬박 부인 통장으로 들어가죠. 그렇다고 통장이 부부 사이를 관리해주는 건 아니거든요.

월급 통장 말고 '마음의 통장'이라는 게 따로 있어서 아내 마음까지 잘 어루만져줘야 합니다. 그걸 잘못해서 부장 달고 이혼 당하는 남자들 많습니다. 지방 근무는 그래도 괜찮은데 해외에 파견 나가면 부인 얼굴은 고사하고 애기 출산 때도 가지 못합니다. 나중에 아내가 당신이 '애 낳을 때 언제 옆에 있어준 적 있느냐?' 구박하면 할 말이 없어요. 가정을 위해서 평생 열심히 일했지만 정작 집에서는 대접을 못 받습니다. 그런 일이 안 생기게 하려면 남자가 가정에 신경 쓰도록 회사가 도와줘야 합니다.

남자가 바깥일 하면 집안에 신경 안 써도 된다는 정서가 자리 잡지 않도록 밸런스 교육 프로그램을 실시하고 부인 선물도 챙겨줘 보십시오. 회사 분위기가 달라집니다. 우리 세대까지는 별 문제 없었지만 요즘 20~30대 가장들이 그렇게 했다가는 집에서 쫓겨납니다."

그렇게 건설회사의 애환을 언급하면 청중의 눈빛과 대우가 달라진다. 어떤 직원은 중간에 쉴 때 옆에 다가와 담뱃불을 붙여주며 토로한다.

"그것만 힘든 줄 아세요? 이런 일도 있습니다."

그만큼 강의 내용에 공감하고 위로를 받았다는 이야기다. 내 이야기만 해서는 서로 공감하고 이로받기가 불가능하다. 내 사례와 그들 사례가 탁구공처럼 왔다 갔다 해야 한다. 성공 사례 강사가 빨리 망하는 이유도 그 때문이다. 자기 성공만 이야기하지 '성공하기 위해서 당신들은 이러저러한 일을 해야 한다'고 말하지 못하니까 반짝 떴다가 조용히 사라지는 것이다. 따라서 CEO 강사들은 상대방 회사의 다양한 정보와 살아 있는 사례를 부지런히 수집해야 한다. 처음에 강연 청탁은 매우 편안하게 들어온다.

"부담 가지실 필요 없습니다. 사장님의 경영 노하우를 편안하게 들려주시면 돼요."

그러나 정말 편안하게 자기 이야기만 했다가는 욕 듣기 십상이다. 사람이 화장실 갈 때와 나올 때가 다르듯 청중은 강사가 무대에 서면 많은 것을 요구한다. 일단 외부 강연에 나서면 50만 원을 받든 100만 원을 받든 하나의 상품이다. 치열하게 준비해 상대방 회사에 실질적으로 도움 되는 메시지를 주어야 책임을 완수한 것이다. 그럴 자신이 없다면 내부 강의만 하는 게 낫다.

일단 전문 강사의 길로 들어서고자 한다면 강의 전 단계에서 신중을 기해야 한다. 이 강의를 왜 하게 됐는지, 이 강의의 대상은 누군지, 목표는 무엇인지 교육 담당자와 긴밀히 대화해서 확립해야 한다. 그리고 내가 준비한 콘텐츠가 맞지 않다면 신속하게 바꿀 수 있어야 한다. 그러나 초보 강사들은 이 점을 가장 어려워한다.

예전에 공무원 대상 강의 요청이 들어왔는데 주제가 '행복한 인생'이었다. 대상도 국장급 이상이라 일도 열심히 하면서 인생을 즐기는 방법을 이야기하려고 준비했다. 그런데 알고 보니 그분들은 승진에서 밀려나 1년 동안 교육만 받는 대기 발령자가 아닌가? 당연히 청중의 분위기가 좋을 리 없었다. 결국 급하게 우울한 사례를 빼는 조치를 취했다.

직급만 알아서는 전체 그림을 그리기 힘들다. 강연의 목적을 알아야 대상자가 어떻게 분류되는지 정확히 알 수 있다. 직원들의 리더십을 기르는 것인지, 조직 내 커뮤니케이션을 강화하는 것인지, 아니면 임원 승진에서 탈락한 사람들을 위로하는 교육인지 정확히 파악해야 한다.

외부에서 선호하는 강의 주제가 '글로벌 리더의 조건'이라고 해서 해외 수출과는 별 관련 없는 로컬 기업에서도 똑같은 내용으로 강의하는 건 맞지 않다. 내부 사정을 파악해 '글로벌 리더의 조건'에서 '행복한 리더의 조건'으로 주제를 바꿔야 한다.

주제가 바뀌면 소주제, 키워드, 에피소드까지 달라진다. 일단 콘텐츠를 다 넣은 다음 소주제와 소주제 사이의 빈틈은 청중을 다리 삼아 건너는 것이 가장 자연스럽다. 스피치는 나 혼자 걷는 게 아니라 주인공인 청중과 손을 잡고 함께 걷는 것이다.

"지금까지 제가 열정적인 삶에 대해 이야기했는데 여러분도 회사에서 열정적으로 살지 않았으면 절대 이 자리까지 오지 못했을 겁니다. 그러나 건설회사 임원에게 또 한 가지 필요한 게 있습니다. 바로 끈기입니다."

초보 강사들은 마치 프레젠테이션을 하듯 말한다.

"지금까지 열정에 대해 말씀드렸고 다음은 끈기에 대해서 말씀드리겠습니다."

사례 발표식으로 하면 청중은 소외당한 기분이 들면서 '잘난 척하네.'라는 뒷말을 남긴다. 처음 시작도 마무리도 청중을 주인공으로 내세워야 한다.

또 하나 주의할 점은 웬만하면 경쟁사 이야기는 안 하는 것이 좋다.

그 회사가 가장 싫어하는 경쟁사를 무심코 말하는 건 대단한 실례이다. 몇 번 실수하면 아무리 콘텐츠가 좋아도 잘했다는 이야기는 못 듣는다. 같은 업종의 기업들을 나열하는 순서도 신경 써야 한다. 내가 강연하는 회사가 자타가 공인하는 업계 3위라도 맨 처음에 언급해야 한다. 이는 강연자의 기초예절이다.

강연 준비는 처음이 제일 어렵다. 90분 강연을 위해 A4 30장을 깨알 같은 글자로 채워야 하기 때문이다. 보통 외부 강연은 1시간 반에서 2시간 정도 길이다. 그러나 막상 무대에 올라가면 무지막지하게 긴 시간이다. 이런 강연을 하나 준비하려면 그 10배 20배의 시간이 필요하다.

친구 중에 방송국 피디가 있다. 그의 말로는 1시간짜리 3부작 자연 다큐멘터리를 제작하는 기간이 장장 6개월이란다. 그동안 쓴 필름 분량만 해도 어마어마하다고 한다. 또 다리품은 얼마나 팔아야 했는지 알 사람만 안다고 한다. 마찬가지로 90분 강연을 하려면 엄청난 콘텐츠가 필요하다.

일단 전직 CEO라면 그동안 직원들에게 했던 잔소리를 비롯해 경영 전략, 마케팅, 재무, 조직 문화 등 할 말을 먼저 글로 써보자. 여기서 중요한 것은 나만의 콘텐츠를 만드는 것이다. 나를 드러낼 수 있는 제목이나 신조어 등을 많이 개발할수록 좋다. '맨땅의 헤딩'을 의미하는 'MH 마케팅' '두바이를 따라잡는 창의적 발상'처럼 단서가 될 만한 키워드를 엑기스 뽑아내듯 뽑는 것이다.

이 모든 것을 깨알같이 써서 A4 17~20장을 채워야 한다. 초안(일명 깨알)을 쓸 때는 에피소드는 물론 '이렇게 귀한 자리에서 좋은 이야기를 나눌 수 있게 돼 기쁩니다'까지 그대로 써야 한다. 그리고 이걸 소리 내서 최소한 10번 읽는다. 읽다 보면 그 안의 단어, 신조어, 키워드 등이 입에 붙기 시작한다.

그렇게 전체 내용을 머릿속에 넣은 다음에 주제, 소주제, 키워드, 에피소드만 따로 정리해 A4 1장짜리 구성안을 만든다. 강의하기 직전까지 이것만 보면서 실제처럼 강연을 해보자.

처음에는 머릿속에 담아두었던 깨알이 줄줄 나오지 않는다. 20장의 내용이 마음속에 완전히 녹아들었다 싶을 때 구성안만으로 계속 연습하면 30퍼센트 정도 깨알과 다른 내용을 말하게 된다. 처음에는 에피소드를 간단히 말하고 지나갔는데 시간이 지나면 감정이 실리면서 점차 길어진다. 연습이 제대로 되고 있다는 신호다. 깨알과 똑같이 말하지 말고 열정으로 탄력받은 말들이 튀어나와야 한다. 이 연습을 5번 반복한다.

이때 시간을 재라. 90분 강연인데 어영부영 120분 동안 한다면 큰일이니까 말이다. 본론까지는 잘 나갔는데 결론을 못 내면 결국 밑도 끝도 없는 이야기가 된다.

처음에는 혼자 연습하더라도 구성안을 놓고 연습할 때는 가족이나 부하 직원들 앞에서 시연해보자. 이왕이면 박수 잘 치고 환호 잘하는 청중일수록 좋다. 청중과 에너지를 주고받다 보면 내 말에 탄력이 붙는 걸 실감할 것이다. 거울을 보고 혼자 연습하면 못 하는 것만 보이고 자꾸 다음 말을 잊어버리게 된다.

외운 걸 읊는 게 아니라 하고 싶은 말을 한다는 심정으로 5번 이상 연습하고 나중에는 구성안 없이 최종 리허설을 2번 정도 해보자. 이 때는 현장에 있는 것처럼 몸짓 연기까지 해야 한다. 손짓, 표정, 동선 까지 신경 쓰며 연습하는 것이다.

이처럼 총 20번에 가까운 연습을 하고 무대로 올라가야 단돈 1만 원이라도 받을 자격이 생긴다. 그게 바로 프로 의식이다. 한 번만 제 대로 훈련하면 두 번째부터는 외부 강연이 훨씬 쉬워진다. 그러나 이 과정을 거치지 않으면 할 때마다 힘들고 어렵다. 게다가 좋은 소리 못 듣고 이미지만 나빠진다.

만약 어떤 CEO가 외부 강연을 성공적으로 했다면 단 한두 시간으 로 엄청난 회사 홍보를 한 셈이다. 실제 강연 한 번으로 그 회사 임직 원들이 우리 회사의 고객이 된 경우도 많이 봤다. 최대한 고객 만족 을 목표로 콘텐츠를 만들고 청중을 섬기는 자세로 강연에 임하라. 그 러면 그들이 나를 섬기는 결과를 가져온다.

현직에 있을 때부터 1년에 5~6차례 정도 도전해보자. 콘텐츠 개발 은 물론 자신이 몸담은 회사도 품격 있게 홍보하는 좋은 기회가 될 것 이다.

KI신서 2431

김미경의 아트 스피치

1판 1쇄 발행 2010년 5월 28일
1판 14쇄 발행 2010년 6월 21일

지은이 김미경
펴낸이 김영곤 **펴낸곳** (주)북이십일 21세기북스
출판콘텐츠사업부문장 정성진 **TF팀장** 안현주
기획 서유상 **편집** 김춘길 이광국 최순애
아트디렉터 정태성 **디자인** 표지 twoes 본문 노승우
마케팅영업본부장 최창규 **마케팅** 김보미 김현섭 허정민 **영업** 김용환 이경희
출판등록 2000년 5월 6일 제10-1965호
주소 (우 413-756) 경기도 파주시 교하읍 문발리 파주출판단지 518-3
대표전화 031-955-2100 **팩스** 031-955-2151 **이메일** book21@book21.co.kr
홈페이지 www.book21.com **커뮤니티** cafe.naver.com/21cbook

ISBN 978-89-509-2384-6 13320
값은 뒤표지에 있습니다.

아트 스피치 연구원 교육 프로그램

최고경영자 과정

대상_ 고품격 스피치가 필요한 CEO, 임원

내용_ 리더를 위한 스피치 역량강화 프로그램. 스피치 베이직에서 상황별ㆍ목적별 즉석 스피치까지.

기간_ 매년 2학기(3월/9월) 진행(14주간 주 1회 3시간)

실무자 과정

대상_ 다양한 스피치 상황을 접하는 실무자

내용_ 인터뷰, 보고, 회의진행, 프레젠테이션 등 성공적인 직장생활을 위한 실습 위주의 스피치 프로그램

기간_ 매년 2학기(3월/9월) 진행(12주간 주 1회 3시간)

3일 속성 스피치 '무탁스' 과정

대상_ 취업과 커리어 전환을 준비하는 사회 초년생

내용_ 스피치 기본기와 상황별 스피치 대처 능력 배양을 통한 자신감과 경쟁력 강화를 위한 3일 속성 스피치 프로그램

기간_ 매달 1회 3일 과정(주말)

1:1 개인/ 그룹 코칭

대상_ swot 분석을 통해 개인 또는 소그룹으로 맞춤 교육을 희망하시는 분

내용_ 개인의 니즈, 목적, 특성을 분석해 최단기 스

피치 실력을 높여주는 교육과정

코칭 분야_ 정치 커뮤니케이션 / 기업 커뮤니케이션 / 프레젠테이션 전문가

빅토리 스피치

대상_ 각종 선거를 준비하는 예비 출마자

내용_ 청중 분석에서 연출까지, 거리 유세에서 미
디어 스피치까지. 선거에 필요한 모든 스피
치 상황을 일대일로 교육 받는 프로그램

코칭 분야_ Writing / Speech / Voice / Image / Media

아트 스피치 마스터 과정 "파랑새"

대상_ 아트 스피치 최고경영자, 실무자, 일대일 코
칭을 이수한 원우

내용_ 지속적인 스피치 역량 개발을 위해 마련된
과정으로 "CEO 특강"을 통한 100% 실습 & 피드백 과정

기간_ 매월 1회. 1년 12회 과정

특징_ 발음과 발성 트레이닝 / 파랑새 주제 인물 특강

전문 교수진의 온라인 피드백 / CEO 특강 촬영 & 개인 CD 제작

초등학생 아트 스피치 캠프

대상_ 초등학교 4, 5, 6학년 학생

내용_ 당당하고 자신감 있고 재미있게 말하는 방
법을 통해 미래의 리더로 성장할 수 있도록
마련된 프로그램

기간_ 매년 2회(여름 방학, 겨울 방학), 4박 5일 프로그램

특징_ 다양한 Activity 구성

반복적인 실습과 전문 강사진의 심층 피드백

ART SPEECH

www.artspeech.co.kr
서울시 마포구 서교동 484-25
전화 02-557-0783 팩스 02-338-6768